"대학과 교수사회, 이대로는 안 된다"의 저자 조광섭 교수의
교수생활 20년의 이야기

우리 시대의 대학인이 한번쯤 생각해 보아야 할 이야기,
수험생과 학부모가 읽어보아야 할 대학 이야기,
교육 관계자에게 던지는 이야기.

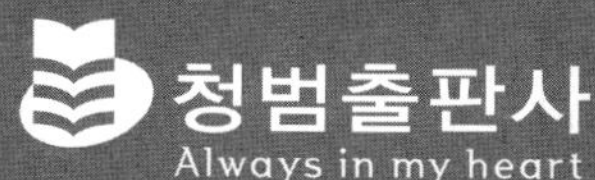

출간의 변

1988년 교수 생활을 시작하였다. 금년이 2010년이면, 만 22년이 지났다. 대학 근무 20년이면, 대학으로부터 축하행사와 약간의 포상을 받는다. 대학 근무 10년, 20년, 그리고 30년을 기념하는 행사가 있다. 그리고 65세가 되면, 정년 은퇴식을 별도로 치른다. 그때는 기념강연이나 회고 연설을 한다. 간혹, 정년 논문집이 출간되기도 한다. 논문집은 주위의 지인들이나 제자들이 나서서 발간하기도 한다. 혹은 어떤 교수는 회고록을 내기도 한다. 지난 20년의 교수 생활. 결코 짧지 않은 세월이었다. 이쯤에서 지난 교수생활을 정리해 보고자 한다. 이제 20년을 결산하고, 남은 10여년을 설계하고자 한다. 물론, 설계랄 것도 없다. 지난 20년 동안 고뇌에 찌든 나의 교수생활을 돌아보고, 조금은 다른 각도에서 나머지 10년의 교수생활을 마감하고자 한다.

이런 형태의 책이나 글은 인문사회대학의 교수들이나 쓴다. 이공계 교수가 이런 책을 낸다는 것은 흔하지 않다. 이것이 이 글을 쓰는 이유 중의 하나다. 사실 2008년도에 책을 내려고 하였다. 그러나 이런 글을 쓰려고 하면, 시간이 그렇게도 아깝다. 논문 작업과 논문 구상을 하는 쪽으로 자꾸만 신경이 쓰인다. 좀처럼 이런 글을 쓰기가 쉽지 않았다. 이제 작심하고 쓴다. 아마도 한 달 이내 이 글을 완성하지 못하면 책을 내지 못할 것이다. 이공계 교수가 글을 쓴다는 것이 그 만큼 어렵다.

또 다른 뜻은 94년에 출간된 "대학과 교수사회 이대로는 안 된다"는 책의 후속편을 쓰고 싶었다. 대학사회가 이제는 되는지, 아직도 멀었는지에 대한 이야기가 있어야할 때이다. 왜 이런 책을 내고자하는가? 그것은 우리 대학인들이 한 번쯤은 대학을 깊이 생각해 보자는 것이다. 대학교수들이 우리 자신들을 돌아보는 계기가 되었으면 한다. 대학 구성원 모두가 대학에서 일어나는 잡다한 일들을 다시 한 번 들어다 보는 계기도 필요하다. 특히, 우리 사회가 대학과 교수사회를 한번쯤 엿볼 수 있는 기회를 제공하는 것도 좋다. 대학입시를 준비하는 학생들과 학부모들에게 대학 이야기를 들려주고 싶었다. 그리고 교육과 관련된 우리가 직면한 몇 가지 문제들을 생각해 보았다. 이러한 문제들에 대한 해결책을 교육에 종사하는 분들에게 던지고 싶었다.

지난 20년의 교수생활은 정말 억척스러웠다. 하루도 교수 생활의 테두리를 벗어나지 않은 것 같다. 아침에 눈떠서 일과를 마치고, 잠자리에서까지도 연구와 관련된 내용에 골몰하였다. 논문을 작성하는 과정에서, 해결되지 않는 문제들을 꿈속에서도 풀다가 벌떡 깨어 일어나서 그 계산을 해보곤 하였다. 이 글을 읽고, 나 같은 교수들이 어떻게 생활하고 있는지에 대하여 힐끗 처다 보아 주었으면 감사할 따름이다. 앞으로 더 많은 분들이 대학과 교육에 대하여 여러 측면에서 이야기하였으면 한다.

이 글을 쓰는 마지막 의도는 대학인과 우리 사회가 대학을 좀 더 이해하는 계기가 되었으면 좋겠다. 물론 이 글이 나의 의도와는 다르게 여러 가지로 파문을 일으킬 여지도 있을 것이다. 그렇다고 문제를 문제가 없는 것인 양, 적당히 넘길 생각이라면, 이 글을 쓰는 의미가 없을 것이다. 읽는 이에 따라서는 매우 언짢은 이야기도 있을 것이다. 이런 모든 것들이 우리 대학인이 헤쳐 나가야할 과제로 여겨 주었으면 한다.

옥의관에서 저자 씀

차 례

제 2 부 대학가면, 공부 않는다. 옛 말이 되었다

제 3 부 대학과 교육, 어디로 갈 것인가

부록

제 1 부

대학교수 20년

제1부 : 대학교수 20년

1 3류 학과

"우리가 LG나 삼성에 입사할 줄은 꿈에도 생각하지 못했습니다."라고 졸업을 앞둔 어느 학생이 말하였다. "이제는 더 이상 그런 말 하지 마! 우리는 3류가 아니야!"라고 내가 말하였다.

2008년 5월 중순 어느 날.

삼성전자 LCD총괄부서의 신입사원 공개 채용의 최종 발표가 있었다. 우리 전자물리학과 학생들이 6명 지원하여 5명이 합격했다는 것을 확인하였다. 4명은 4학년 학부 졸업예정자고, 1명은 지난 3월에 대학원을 졸업한 여학생이다. 한 달 전에 원서를 접수하여 서류 전형에 합격하였고, 몇 주 전에 최종 인터뷰를 마쳤다. 나도 이들의 합격 여부에 촉각을 곤두세우고 있던 터다. 오늘의 최종 합격자 발표는 매우 기쁘다.

특히, 이번에 대학원을 졸업한 S양은 내가 지도교수이기 때문에, 그 기쁨이 두 배다. S양은 그동안 SSAT 준비가 미흡하여 삼성에 원서조차 내지 못하였다. S양의 소망은 삼성에 입사하여 연구생활을 하는 것이다. 그동안 여러 기업체에서 리쿠르트 제안이 있었으나, 고집스럽게 삼성만을 희망하였는데, 이번에 뜻을 이루었다. 서울 월드컵 축구에서 히딩크가 '어퍼컷' 세리머니를 하는 것과 같이 기쁘다.

학생 몇 명이 대기업에 취업한 것. 이게 뭐가 그리 기뻐할 일이냐고 반문할지도 모른다. 그러나 교수 생활에서 우리학과의 학생들이 희망하는 기업에 취업하여 합격 소식을 듣는 것은 얼마나 행복한 일인지, 느껴 보지 않은 사람은 모른다.

그렇다.

지난 20년 동안, 우리 전자물리학과는 3류 학과의 서러움을 극복하였다. 취업부문에서 국내의 어느 학과보다 질적으로 우수한 결과를 최근 10년 동안 보여 주었다. 적어도 최근 몇 년간 대기업(LG계열사, 삼성계열사 등) 취업 현황이 그것을 말해주고 있다. 매년 30명 정도가 대기업과 그 계열사에 취업하고 있다.

우리학과의 학부 및 대학원 졸업생이 연간 60명임을 감안하면, 대기업 취업이 50 %를 상회한다. 대기업으로는 삼성전자와 LG계열이다. 아래의 표는 2007. 03~2008. 03의 취업 실태이다. 삼성계열사 27명, LG계열사 9명, 하이닉스 4명, 기타 중소 벤처기업 15명 등, 총 55명이다. 이 표에서 보듯이 우리학과의 취업의 특징은 질적인 면에서 매우 우수함을 보여 준다. 특히, 대기업 취업이 42명으로서 80%를 육박한다. 취업의 질은 전공에 맞는 실질적인 희망 취업을 의미한다.

이러한 취업 현황을 볼 때, 국내의 어느 대학 어느 학과가 이런 결과를 보여줄 수 있겠는가. 우리는 자랑스럽다. 우리대학의 어느 공과계열의 학부에서도 이런 결과는 보여주지 못한다. 어느 일류대학의 어느 학과가 이런 결과를 보여주는가?

〈표 : 2007. 3~2008. 3 기간의 우리학과 취업 현황〉

구분	회사	명단
삼성계열	삼성전자 (11명)	정우진, 정원철, 김성남, 강민규, 김황조, 유지현, 임대현, 이주영, 강미조, 신상초
	삼성SDI (12명)	장정미, 강윤, 이혜정, 유나름, 이수범, 권원희, 이현식, 김동현, 석수곤, 처제성, 김도유, 한승훈.
LG계열	LG필립스 (6명)	김선웅, 오승석, 이강국, 이학성, 심성보, 안상현
	LG마이크론	길도현
	LG이노텍	이성실, 김상범
하이닉스		강현, 권용배, 정요범, 채원종
중소 벤처회사		도시바삼성(안지선), 한솔라이팅(송혁수, 이민규, 정세훈), 독일SCHOTT-Korea(김상진), DMS(김정현), 동부일렉트로닉스(백운성), LMS(이사리), 후지제록스(최동윤), 케이맥(정강원), 네오세미테크(한다운), 전자부품연구소(김지하), HMI(송승희), 녹십자(방상진), 현대기아자동차연구소(백제현), PSK(김동한), LS산전(박근철), 시티은행(서희진), 럭키(양석호), 캐세이퍼시픽(박상준)

오늘 날 우리학과가 이러한 결과를 낳기까지의 이야기는 20년 전으로 거슬러 올라간다.

88년 종합대학이 되면서 신설된 광운대 물리학과이다. 그 어느 누가 우리를 알아 줄 것인가? 광운대하면 공과대학이고, 전자공학이다. 우리는 공대가 아니라, 이과대이다. 대기업들은 각 대학과 해당 학과별로 평가기준이 있는 듯하다. 기준에 미치지 못하는 학과의 취업 지원서는 모두 쓰레기통으로 간다. 이제는 인터넷을 통하여 지원하기 때문에, 지원 기준에 미치지 못하면, 지원서의 전산 입력도 안 된다고 한다.

90년도 초반만하여도 우리학과 졸업생들은 취업이 어려웠다. 대기업 취업은 엄두도 내지 못하였다. 대학원 졸업자도 취업을 못하였다. 참으로 안타까웠다. 고작, 지역의 보습학원에서 초중고생들 가르치는 학원 선생이다. 우리가 아무리 교육을 잘해도, 기업이 필요로 하는 맞춤 교육을 한다 하여도, 아무리 우수한 학생을 배출하여도, 취업의 문은 여전히 우리 앞에 굳게 닫혀 있었다. 이 육중한 문을 어떻게 열 수 있을 것인가? 이 문제를 어떻게 극복할 것인가?

매년 말 졸업시즌이 되면, 사은회를 한다. 학생들 중에는 "내가 LG에 입사할 줄은 꿈에도 생각하지 못했습니다."라고 한다. "나도 너희들이 삼성에 입사할 것이라고 상상하지 못하였다."라고 맞장구 쳤다. 그것은 우리 학생들 스스로 우리가 3류 학과라고 생각하였기 때문이었다. 일류는 10대 이내의 대학. 2류는 20대. 3류는 20대 이내에도 끼지 못하는 대학의 학과이다. 그러나 우리는 3류가 아니야! 더 이상 그런 소리하지 말라!

우리는 어떻게 극복한 것일까? 그 답은 간단하다. 기업이 우리학과를 알아주기 시작하였다. 우리학과에 대한 기업의 인지도가 높아진 것이다. 취업을 위한 면접에서 면접관이 지원자에게 이런 질문을 한단다. "너희 학과의 모 교수님, 잘 계시냐?" 이 질문으로 그 학생은 합격된 것이나 다름없다.

누가 우리학과를 누가 알아줄 것인가? 광운대는 전자공학으로 특성화된 대학으로 잘 알려져 있다. 우리도 전자 및 전기관련 기초실습을 중요시 한다. 만지고 조작할 수 있도록 한다. 게다가, 광운대 전자물리학과 하면, 디스플레이 산업에 발 빠르게 대응해 왔다. 디스플레이 기술을 선도하려고 부단히 애를 썼다. 초기의 PDP와 LCD 백라이트하면, 광운대 전자물리학과 모르면 간첩이다. 이제는 OLED이다. 태양광 기술이다. 그리고 플라즈마 공정 기술이다.

발 빠른 연구 변신. 누구보다 많은 연구 논문 출간. 기업이 관심 갖는 연구. 기업이 필요한 선행 연구. 그 부산물로 관련 실험 실습이 가능하게 되었다. 이제는 우리학과를 알아주게 되었다.

교수님들, 자기 전공 분야를 버려라. 자기 전공만을 고집하면, 정작 필요한 연구를 못한다. 쓸데없는 연구가 된다. 우리가 3류 학과를 극복할 수 있었던 비결은 간단하다. 기업이 당장 필요로 하는 연구. 연구와 기술 인력의 배출은 동일 선상에 있다는 것을 깨달았다. 예를 들면, 텔레비전 화면의 휘도를 재어 볼래? 휘도계를 써 본적이 있나? 우리 학과는 이 물음에 대하여 자신 있는 대답을 할 수 있게 되었다.

이제, 기업은 우리학과 졸업생들을 새롭게 평가하고 있다. 일단 입사하면, 천직으로 생각한다. 죽어도 살아남겠다는 각오로 임한다. 반면에, 소위 명문대학 출신들. 교과서 내용 좀 안다? 그러나 일선 현장에서 업무 처리 능력이 없다. 재교육이 필요하다. 상사, 부서장, 그리고 선임자가 가장 선호하는 직원. 밑바닥에서 궂은 일 도맡아서 하는 연구원. 묵묵히 기술 개발을 지원하는 사람. 땜질 능력이 있는 사람. 고도의 머리는 상사가 쓴다. 우리 연구원은 지원을 한다. 신속한 지원, 열성적인 지원, 신속한 문제 해결, 즉석에서 문제를 해결하는 능력이 있는 자들이다. 장비가 고장 났다. 하찮은 일이다. 외부 업체를 부르면 시간만 흐른다. 직접 해결하는 형이다. 누구를 택할 것인가? 학부 때부터 실험실에서 인턴 실습. 강의실 교육만으로 졸업한 사람과 비교된다.

전자물리학과

2000년대에 이르러 우리나라도 대학을 평가하기 시작하였다. 대학을 평가하고, 그 평가를 토대로 대학을 대접 하자는 것이다.

특히, 수험생들에게 올바른 정보를 제공한다는 것이다. 그동안 모든 대학이 완전히 가려져 있었다. 이제 장막 뒤에 숨어있지 말고, 감추지 말고, 떳떳하게 내놓고, 자랑할 것은 자랑하고, 고쳐야 할 것은 고치자. 그래야 발전한다. 언제까지 숨어 지낼 터 인가. 언제까지 안주 할 것인가.

가장 먼저 중앙일보가 대학을 평가하였다. 중앙일보의 대학 평가는 1997년 초반에 시작되었다. 중앙일보의 전국 물리학과 평가가 그 해에 시작되었다. 그 후 2차 전국 물리학과 평가가 2007년에 있었다. 그 무렵 대학교육협의회(대교협)의 평가도 시작되었다.

대학평가가 제대로 이루어지려면, 더 많은 시간이 필요할 것이다. 이제 시행 초기 이므로 허점도 많다. 대학과 대학 구성원들, 특히 교수들의 반발은 평가에 대한 비협조로 나타났다. 그러한 비협조는 평가의 목적을 퇴색시켰다. 서열화를 부추긴다는 등의 핑계로 평가에 응하지 않았다. 그게 무슨 소리인가? 실제로는 밝히기가 싫어서이다. 그리고 대부분은 열악한 환경 탓으로 돌리려고 하였다. 연구 환경을 갖추어 주고 난 이후에, 평가하라는 것으로 반격의 논리를 폈다. 그러한 비협조는 대부분 평가 거부로 나타났다. 그러나 세월이 10년 쯤 지나고 나니, 이제는 분위기가 약간 달라졌다. 대학들이 홍보의 수단으로 활용하고자 한다. 오히려 좋은 평가를 받기 위하여, 로비를 한단다. 그러나 아직도 실질적이고 강제성 있는 평가는 어렵다. 자신 없는 자들은 여전히 꽁무니를 빼는 비겁함을 보인다. 중앙일보도 대교협도 이제는 보다 실질적인 평가를 해야 한다. 평가 거부는 '거부' 라고 발표해야 한다.

실질적인 평가는 있는 그대로 보여주라는 것이다. 발전의 계기가 되고, 자극제가 되도록 하라는 것이다. 서열화를 두려워할 이유가 없다. 작은 학과라 하여 불이익 없도록 해야 한다. 다른 것 볼 것 없다. 교수의 연구와 학생들의 취업부문이 가장 중요하다. 그리고 학생들의 교육부분을 객관적으로 평가하면 된다. 교수 연구부분은 교수 일인당 연구논문 수가 가장 중요하다. 프로젝트 및 연구비 유치 실적도 그 다음으로 중요하다. 특히, 기업체로부터의 연구비 유치는 가산점을 부어야 한다. 해외기업으로부터의 연구비 유치는 점수를 더 주어야 한다. 특허 출원도 중요하다. 교수들의 연구 평가 기준은 BK21프로젝트의 평가 기준이 바람직하다. 교수들이 맡고 있는 수업 시간 수와 같은 이상한 것을 평가한다. 교수들의 강의 시간의 많고 적음이 그리 대단한 이슈가 될 이유가 없다. 강의 평가는 학생들이 각 교수의 강의를 평가하는 직접적인 평가만을 반영하면 된다. 그리고 학생들의 실질적인 취업 현황을 평가해야 한다. 취업의 질을 평가해야 한다. 임시직으로 개인 교습 학원의 강사를 취업이라고? 이는 위장 취업이다. 취업률 높이려는 허수 취업을 분간해야 한다. 취업률을 억지로 높이면, 엄벌해야 한다. 평가 내용에 추가한다면 학과 운영 자금이다. 학과 특성화도 중요하다. 제대로 된 평가 제도를 확립하기 위하여 욕을 먹더라도 엄격한 잣대로 평가해야 한다. 발전의 계기 및 경쟁구도를 마련하는 계기로 삼아야 한다. 수험생들의 대학 및 학과 선택의 기준을 제시하도록 해야 한다. 평가 결과를 정부의 지원과 직접적으로 연계하여야 한다.

그동안 입시학원들이 대학을 평가하는 기관의 역할을 해온 셈이다. 입시학원은 대학의 각 학과를 수능점수로 서열화하였다. 이는 사실상 인기도의 서열일 뿐이다. 그들은 대학의 학과에 대한 정보가 거의 없다. 이런 학원도 이제는 대학 및 관련 학과의 평가 결과와 내용을 눈여겨보고 반영할 수 있도록 해야 한다. 그런 자료를 평가 기관에서 결과물로 내놓아야 한다. 실제로 수험생들이 대학과 관련 학과의 정보를 접할 수 있는 길은 거의 없다. 이로 인한 폐해는 매우 크다. 대학의 학과를 전혀 알지 못한 채, 그냥 찍어서 간다. 그 학과에서 무엇을 하는지, 장래에 자신이 가고자하는 길과 맞는지, 전혀 모르고 간다. 가서는 방황한다. "이게 아니네!" 하면, 이미 늦었다.

2008년의 전국 물리학과의 대교협 평가에는 서울대학의 물리학과도 평가에 임하지 않았다. 비겁하다. 나름대로 이유와 논리가 있을 것이다. 그러나 평가는 사회에 대한 대학의 도리이다. 바르게 알려줄 의무가 있다. 그렇게 감추어서 세계 일류가 되려고 하는가?

우리학과는 지금까지 어느 조사 기관이든지 간에 항상 평가에 응하였다. 있는 그대로 보여주고, 우리를 뒤돌아보는 계기로 삼았다. 뭐가 그리 두렵고, 감추어야 할 것이 있고, 부끄러울 것이 있는가? 나는 이 책에서도 우리학과와 나 스스로의 평가 결과를 공개하고자 한다.

2000초 중앙일보 평가에서, 우리학과는 전국의 물리학과 중에서 7위를 하였다. 교수 1인당 국제 연구 논문이 실질적으로 1위였다. 실질적이라는 말은 당시에 우리학과의 교수 수는 고작 6명이었다. 대부분의 물리학과의 교수는 20명 이상이다. 우리와 비슷한 수준의 대학들도 10명 이상이다. 우리는 아직도 교수의 수가 8명이다. 2007년 중앙일보가 실시한 2차 전국 물리학과 평가에서는 종합 점수에서 10위권에 들지 못하였다. 부문별로는 교육여건 9위, 연구비 수주 실적 4위, 교수들의 특허 실적이 1위였다. 그리고 교수 및 학생들의 연구 분야에서 논문상과 학술상 등의 수상 실적이 1위였다. 작은 규모의 학과에서 대단한 성과이다. 연구부분은 여전히 10위권의 최우수 평가를 받았다. 이제는 평가 방법을 보다 실질적이고 객관화할 필요가 있다. 우리 같은 규모가 작은 학과와 교수 수가 20명이나 되는 학과를 총량으로 평가하는 잘못이 없기를 바란다. 이러한 점을 평가기관이 감안하여야 한다. 최근 대교협 평가 자료를 소개한다.

대교협 평가

교수 연구부문, 학생부문, 시설부문 등을 평가하였다. 우리학과의 경우는 솔직히 시설은 그다지 좋지 않다. 공간이 협소하다. 그러나 서울의 땅 값을 따져 보면, 우리의 한 평의 공간에 해당하는 공간은 지방 대학의 열 평에 해당한다. 우리는 그러한 개념으로 좁은 공간을 최대한 활용한다. 우리학과의 공간들을 보면, 돌아설 틈이 없다. 요리 저리 비집고 다닌다.

아무 것도 하지 않고 있으면서, 실험실만 넓게 덩그러니 차지하고 있으면, 어쩌자는 말인가. 이런 비좁은 곳에서도 알찬 결과가 나온다. 외국 대학들을 봐도, 공간을 효율적으로 사용한다. 우리나라의 어떤 학과들처럼 아무 것도 없으면서, 아무 일도 안하면서, 자리는 넓게 차지하고 있는 것을 보면, 참으로 한심하다.

사실은 어떻게 교육을 하는가가 더 중요하다. 활용도가 중요하다. 넓은 공간에서 뭐하나? 실험한답시고, 구슬 굴리기 실험을 한다. 유치원에서나 했음직한 그런 수준의 실험을 대학에서도 한다. 유치하기 짝이 없다. 장난감 수준의 실험 및 장비? 우리는 그런 실험 안한다. 대교협 평가단이 이해를 못할 것이다. 결국 기초 실험이 좀 부실하다고 평가한다. 그들이 보기에는 말이 기초 실험이지 우리가 보기에는 장난감 갖고 노는 것이다. 우리는 2학년 이상의 전공 부분 실험은 장난감을 갖고 노는 실험은 않는다.

그러면 어떤 실험을 하는가? 기업에서는 모두 첨단 장비로 논다. 대학에서 학생들은 장난감으로 장난치다가 기업에 간다. 기업에서 대학 교육을 얕보는 이유이다. 적어도 기업에서 보유하고 사용하는 장비와 동등하거나 더 우수하지 않으면 안 된다. 휘도계를 예로 들면, 우리는 7천만 원을 호가하는 장비를 가지고 실험한다. 어느 대학의 물리학과에서 휘도 가지고 실험하는 학과가 있나? 내가 아는 한, 없다. 인버터 조립 실험을 어디서 하나? LCD 백라이트의 광학 특성 실험 누가 하나? PDP 패널가지고 특성 실험하는 학과? OLED 제조 공정 실험하는 학과 있나? 이것이 바로 기업이 필요로 하는 실험이다. 이것을 홍보하고 평가단에 납득을 시켰어야 했다. 소위, '디스플레이 인증 교육' 이다. 이러한 교육이 쉬운가? 물론 대학 차원의 재정적인 지원이 절대적으로 필요하다. 그러나 학교만 처다 보고 있을 수 없다. 교수가 유치한 연구비, 연구의 결과물, 그것들이 실험 실습과 직접 연관되어 있다. 첨단이 따로 있냐? 당장 교수가 하는 실험 기자재로 실험하고 경험을 쌓겠다는데? 무슨 기초 실험이 부족하다는 평가냐? 교수들이 연구 안하는 대학의 학과는 별 볼일 없다. 결국 구슬치기 실험밖에 할 일이 있겠느냐? 대학의 학과 평가는 다른 것 볼 것 없다. 교수의 연구 업적만 보면 된다. 열악한 시설과 환경에서 놀라운 연구 성과? 놀란 것 없다. 우리학과는 그렇게 하고 있다.

대교협 평가에서 우리학과 교수들과 대학 관계자 그리고 대교협 평가위원과의 최종 간담회의 분위기이다.

먼저, 평가위원장의 총평을 들어 보자. "광운대 전자물리학과는 플라즈마 및 디스플레이 분야로의 특성화가 돋보인다. 특이한 사항으로는, 대부분의 대학에서는 학과에서 은퇴하신 원로교수들을 학과에서 배제하는 것이 일반적인데, 광운대는 원로교수님들을 모시고 학과에 도움을 받고 있는 것이 매우 인상적이며, 바람직하다고 본다."

이어서, 평가위원 1의 평이다. "3~4학년의 실무 교육이 매우 인상적이다. 특히, 장비 및 기자재의 측면에서 타 대학 물리학과에서는 할 수 없는 일들을 학부 교육에서 실시하고 있다. 그러나 상대적으로 기초 실험실습 관련 여건이 매우 취약하다. 타 대학에 비하여 기초실험실습 공간도 절대적으로 부족하다. 실험실습 예산도 실질적으로 기초 실습 기자재 및 재료비로 사용되는 액수가 적다. 특히, 학부 저학년용 기초 실험실습공간들이 너무 좁고 취약하다. 최소한 40명 이상을 수용할 수 있는 실습 공간이 1 개 이상 확보되어야 한다."

평가위원 2의 이야기이다. "교수 연구 분야가 매우 탁월하다. 연구 실적과 연구비 수혜 실적을 보면, 전국 유명 대학의 관련 학과의 수준을 상회한다. 연구 환경과 열악한 공간 등의 여건을 감안하면, 이러한 연구 성과를 가져온 원인이 연구 대상이다."

평가위원 3의 평가이다. "학과의 발전 계획과 관련하여 실험실의 확보 대책이 없는 것 같다. 향후 2년 이후에 3,000평 규모의 건물을 지을 계획이라고 하였으나, 그 공간이 얼마나 전자물리학과에 배당될 것인지도 의문이다. 이 부문이 발전 계획의 감점 요인이었는데, 총장님이 안 계시므로 확인할 수도 없다."

대교협 평가 결과에 대한 학과의 자체 분석이다. "평가를 위하여 총장님 이하 교무위원들의 많은 관심과 지원에 감사드립니다. 특히, 학장님께서 실사 방문 평가 현장을 끝까지 지켜주셔서 큰 힘이 되었습니다. 약 6개월의 준비 기간 동안, 대학의 관련 부처에서 많은 협조를 해주었습니다. 우리 학과 교수들도 최선을 다하였습니다. 그러나 평가 대비하여 자체적으로 다소 미비한 점들도 있었습니다. 실험실습비 관련하여, 좀 더 철저한 대비를 못 한 점도 있습니다. 실험실습 공간의 문제는 학과에서는 해결할 수 없는 과제였습니다. 특히, 단기적으로 기초 실험실 공간으로 40명 이상을 수용하는 실험실에 대한 학교의 배려를 기대합니다."

대교협 평가 결과의 부문별 특기 사항은 다음과 같다. (교육여건 부문): 전공실험/실습 공간은 학생 1인당 1.29 m^2(기준 : 2.0 m^2)으로서 기준에 미달한다. 실험실습기자재는 학생 1인당 (기준: 300만 원 이상)에 미흡하다. 이르 인한 감점 합계가 -3점이다. 평가 위원들의 평가에서 전공실험실습과 무관한 비마관의 대학물리실험실은 불인정(0 %), 옥의관 일반물리실험실 50% 인정, 실험준비실은 100% 인정, 전자공학실험실은 100%, 천둥실은 20%, CL-SEM실 20%, OLED실험실 20%, 전자소자실험실 20%로 인정을 받았다. 그러나 최종 결과는 기준에 미달하였다. 특히, 학부 실험실습에서 기초 기자재의 보층을 지적받았다.

발전 계획부문에서도 평가 위원들에게 깊은 인상을 주는 완벽한 발전 계획을 제시하지 못하였다. 연구부문에서도 향후 지속적인 노력이 필요함을 느꼈다. 특히, 학생들의 취업을 위한 각별한 계획과 노력이 절실하였다.

교수 연구부문에서는 교수 1인당 논문 수가 전국 최고 수준이고, 교수 1인당 연구비 수혜도 전국 최고 수준임에 대하여 학과 교수로서 자긍심을 갖는다. 교수 연구 실적에서 교수 1인당 연구실적은 평가 기준 점수 1.0에 대하여 실적은 9.3로서 탁월한 실적을 인정받았다. 교수 연구비 수혜부문의 평가 기준은 교수 1인당 연간 2,000만원이다. 평가결과는 교수 1인당 약 8,500만원으로 평가 기준의 4배 이상으로 탁월하였다.

BK21-프로젝트

BK21-프로젝트란 'Brain Korea 21' 이다. 21세기에 두뇌 한국

을 건설한다는 목표를 가지고 '교육과학기술부(교과부)'가 각 대학에 지원하는 프로젝트이다. 각 대학의 연구 수준을 선진국 수준으로 끌어 올린다는 계획이다. 교수들의 연구 수준 향상을 위하여 대학원생들에게 매월 장학금을 지급하는 획기적인 프로그램이다. 대학을 국제적 수준으로 끌어올리기 위하여, 연구 결과의 국제 논문 게제 및 특허를 장려하고 있다. 이 사업은 2000년부터 현재까지 10년 동안 각 대학에 지원되었다. 1단계 사업은 2000년~2005년, 2단계는 2006년~2011년까지이다.

이 사업의 선발 기준은 종래의 다른 프로젝트들과는 사뭇 다르다. 특징으로는 대학의 교수들의 연구 성과에서 국제논문의 수를 가장 중요한 선발 기준으로 삼는다는 것이다. 이를 근거로 하면, 매우 객관적인 평가에 의한 선발과 지원을 할 수 있다는 것이다.

지난 10년간 BK21 사업의 성과에 대한 구체적인 자료는 내가 가지고 있지 않다. 그러나 특징적인 사업성과로는 각 대학의 연구 수준이 세계 유수 대학의 수준에 근접하게 되었다는 것이다. 최근 우리나라의 국제 논문 게재의 실적을 보면, 이제 세계 10위권에 진입하였다는 것이다. 이는 다른 요인도 있겠으나, 분명히 BK21 사업의 성과임을 의심할 여지가 없다.

2009년을 기준으로 BK21사업은 전국의 70개 대학, 626개 사업에 연간 2000억 원을 지원하고 있다. 이들 중 사업단은 255개, 핵심사업팀은 371개이다. 사업단은 대학단위로 대개 교수 20명 규모이고, 사업팀은 학과단위로 교수 3~5명으로 구성되어 있다. 총 255개의 사업단은 과학기술(162개 사업단), 인문사회(디자인 영상 6개 포함 64개 사업단), 전문서비스(의학 18, 치의학 6, 경영학 5, 총 29개 사업팀)이다. 총 371개 핵심사업팀은 기초과학(수학, 물리, 화학 등, 61개 팀), 응용과학(공학 분야, 220개 팀), 그리고 인문과학(86개 팀)이다. 매년 평가하여 10%의 기준의 팀이 신규 팀으로 교체된다.

2009년 1월, 2단계 두뇌한국(BK)21 사업 중간평가가 발표되었다. 신규 교체율은 12%이다. 총 70여개의 사업단(팀)이 탈락하였다. 서울대는 사업단 2개와 사업팀 3개를 합하여 총 5개가 탈락하였다. 중앙대가 6개가 더 늘어난 것이 눈에 띤다. 두산의 박용성 회장이 이사장이 되면서 교수 분위기가 쇄신된 탓인지는 알 수 없다. 사업단이 탈락된 대학에는 올해부터 정부 지원금이 중단된다.

서울대, KAIST, 그리고 연세대는 사업단(팀)의 탈락 수가 많은 대학이다. 서울대는 44개에서 39개로 5개 줄었고, KAIST(16개→12개)가 4개, 연세대(33개→30개, 탈락 사업단 3개)와 영남대(7개→4개)는 3개가 줄었다.

반면 중앙대는 9개에서 15개로 6개나 늘었다. 서강대, 고려대, 강원대, 인하대, 전남대, 충남대, 충북대, 등은 지원 사업단수가 2개씩 늘었다.

2008년을 기준으로 정부 지원금은 사업단에 8억7000만원, 사업팀은 1억7000만원이다. 서울대는 약 23억 원의 지원금이 올해부터 중단된다. 3개의 사업단이 탈락한 연세대의 경우 26억 원의 지원금이 중단된다. 반면 중앙대는 연간 24억 원의 지원금을 향후 4년간 지원받으며, 2개 사업단이 증가한 고려대와 서강대는 각각 18억 원씩을 추가 지원받게 된다.

이와 같이 중간평가로 사업단과 사업팀이 교체되기 때문에, 신규 신청 사업단이 그동안 상당한 준비를 하여 경쟁이 치열해 졌다. 신규로 선정된 70개 사업단 증 상당수 27개(38.6%)가 2006년 선정 당시 신청했다가 고배를 마신 사업단이라고 한다.

BK21 10년의 결산

우리대학은 핵심사업에 3개의 팀이 수혜 받고 있다. 물리분야에서 우리학과인 전자물리학과(지난 10년간 연속 수혜)와 공대전자계열 2개 팀이 공학분야에서 2단계 사업부터 지원을 받고 있다.

우리학과는 이 사업에 2000년부터 1단계 사업과 2006년부터 시행한 2단계 사업 현재까지 10년간 핵심분야에 참가하고 있다. 2000년 당시에 이 사업이 발표될 때에, 우리가 기뻐한 이유는 이 사업의 선발이 교수들의 국제 논문의 수를 중요한 기준으로 한다는 것이다.

대학과 교수는 다른 것 없다. 논문으로 말한다. 뒤에서도 이야기 하겠지만, 논문이 모든 것을 말해준다. 이제는 대학과 교수를 논문으로 평가할 때가된 것이다. 다른 프로젝트는 제안 설명도 해야 하고, 한 마디로 프로젝트 내용을 잘 만들어야 한다. 그러한 작업은 참으로 지루할뿐더러 지원 여부의 결정에도 심사위원들의 주관적인 판단에 상당히 좌우될 수 있다. 따라서 지원을 받기 위하여 음으로 양으로 그 노력이 만만찮다. 그러나 이 사업의 선발 기준은 단순하고 객관적이다. 어느 누구도 공개적이고 공정한 평가에 대하여 반론의 여지가 별로 없다. 또 그렇게 되기를 희망한다.

우리학과가 최근에 이르기 까지 졸업생들의 취업에서 자랑할 만한 결과를 가져온 원인으로는 다음의 2 가지를 들 수 있다. 하나는 바로 BK21이다. 지난 10년간의 수혜이다. 또 하나는 우리학과가 'PDP 연구센터' 를 동일한 시기에 유치한 것이다. 이 두 가지로 우리학과의 모든 것이 설명된다. 전국의 어떤 학과가 이런 형태의 PDP 센터를 유치하고 있나? 동시에 BK21 10년째? 몇 안 된다. 우리학교 내에서도 우리학과가 유일하다. 우리대학 전체로는 현재 3개 팀이 받는다. 공대 2개 팀과 자연대 소속의 우리학과이다.

BK21 프로젝트에 참여 못하는 학과는 학과도 아니다. 좀 가혹한 이야기인지는 몰라도? 이렇게 가혹하게 이야기를 하는 이유가 있다. 우리대학이 이공계 학문의 특성화를 이루었다고 큰 소리치고 있으면서도, 그동안 무엇을 하고 있었는 지 알 수 없다. 밥을 굶겼냐? 용돈을 안 주었냐? 공부를 못하게 했냐? 월사금이 아깝다. 부끄러운 줄 알아야 한다. 깊이 반성해야 한다. 당연히 우리 교수들의 책임이다.

BK21은 획기적인 사업임에 이론의 여지가 없다. 그러나 세계화도 좋다. 국내 학회 다 죽는다. 국내 논문도 어느 정도 감안해야 한다. 다행히 최근에는 국내의 논문도 실적으로 평가하고 있다. 그리고 프로젝트의 유치도 선발 기준에 주요한 기능을 한다고 한다. 이 사업이 우리학과에 미친 영향은 크다. 우리학과의 석사와 박사 학위 수여 기준도 이 사업의 영향을 받았다. 우리학과에서는 석사학위는 국내 논문 출간 필수로 하고, 박사는 SCI 논문의 게재를 필수 요건으로 하고 있다.

지난 10년간의 BK21의 수혜 결과를 구체적인 자료를 근거로 공개한다. 본 사업은 연간 2억 원, 지난 10년간 총 20억 원을 지원받았다. 그 중에 약 12억 원이 순수하게 대학원과정의 장학금으로 지원되었다. 그리고 연간 2천만 원, 총 2억 원이 대학원생들의 국제 활동비로 지원되었다. 국제활동비는 대학원생들의 연구 결과를 국제학회에 참가하여 발표하게 하였다. 대학원생들의 이러한 경험은 매우 뜻있는 사업이었다. 우리학과 대학원 졸업자들이 학창시절 가장 뜻 깊은 일로 해외 학회 참가를 들고 있다.

연도별로 지원 규모를 표 1에 나타내었다. 국고가 15억 원, 본교 대응자금이 3억 원, 그리고 산업체 대응자금이 1억3천만 원, 총 20억 원의 규모이다.

표 1. BK21 연도별 재원. 국고 15억, 본교대응자금 3억, 산업체대응자금 1억3천, 총 20억 원.

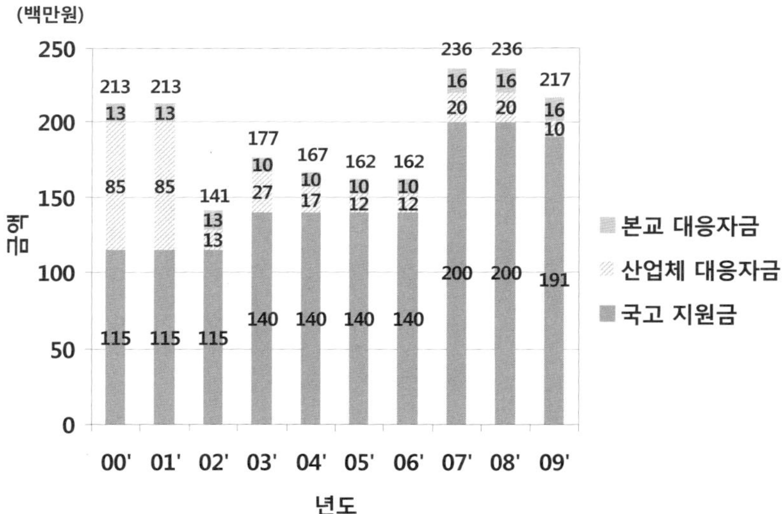

표 2는 대학원 장학지원금이다. 지난 10년간 연인원 총 167명이다. 석사과정이 124명, 박사과정에 43명을 지원하였다.

표 2. 연도별 BK21 대학원 장학금 지원. 석박사과정 연구원 연인원, 석사 124명, 박사 43명, 총167명에게 지원됨. 총 지급 금액은 약 15억 원(연간 1억5천만 원).

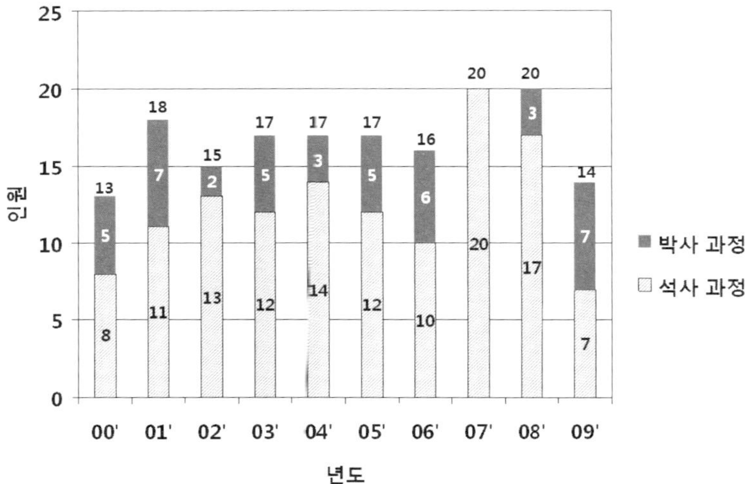

표 3은 대학원 수혜자의 취업 현황이다. 총 졸업자 76명 거의 전원이 동일 분야에 취업하였다. 그 중 대기업 취업이 57명으로 75%에 이른다. 삼성 계열에 29명, LG계열에 22명이 취업하였다.

표 3. 지난 10년간 수혜자(총 76명) 취업현황: 수혜자의 취업률 97%, 대기업 75%, 대학연구소 15%.

근무처	총인원	세부 사항
삼성 계열사	29	삼성전자(11명), 삼성 SDI(16명), 삼성 메카트로닉스(1명), 삼성코닝(1명)
LG 계열사	22	LG전자(6명), LG Philips LCD(13명), LG 이노텍(2명), LG 마이크론(1명)
대학 및 연구소	11	광운대(7명), 한양대(2명), 고려대(1명), 광주연구소(1명)
한솔	3	한솔 라이팅(3명)
대우	1	대우전자
현대	1	현대 자동차
중소기업	4	TSTI 테크(1명), DMS(1명), 일진(2명)
기타	5	SCHOTT(1명), 오리온PDP(1명), 학원(2명), 플라즈마트(1명)

* BK21 수혜자 실취업률 74/76=97%, 대기업 57/76=75%, 대학연구소 15%

표 4는 연도별 국제 논문(SCI)과 국내 정규논문(학술진흥재단 등재)이다. SCI논문 222편과 국내논문 32편, 총 254편을 게재하였다. 연간 25편의 논문이 게재된 셈이다. 이 논문은 이 사업 참가 교수 4명의 결과이다. 교수 1인당 연간 6편 이상의 논문이 발표된 것이다.

표 4. 연도별 연구실적 : 지난 10년간 SCI논문 222편, 국내 정규논문 32편, 총 254편.

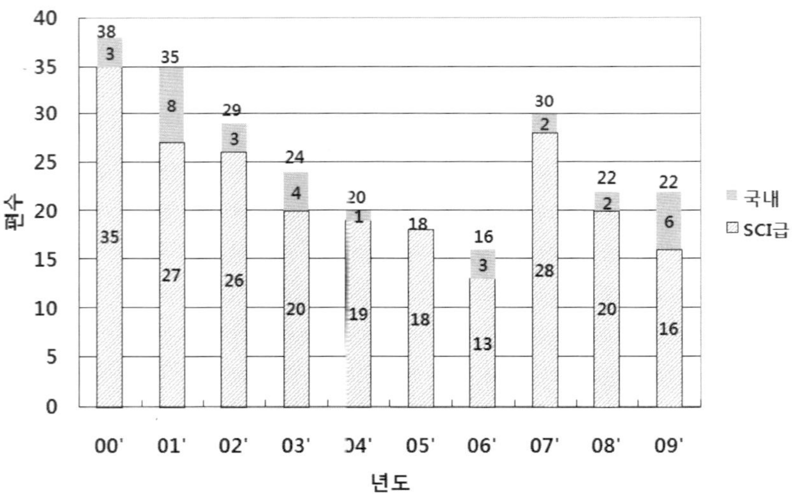

표 5는 국내외 학회 발표 논문의 수이다. 총 291편으로, 국내 137편과 국제학회 154편이 발표되었다.

표 5. 국내외 학회 발표현황(국내 137편, 국제 154편 : 총291편)

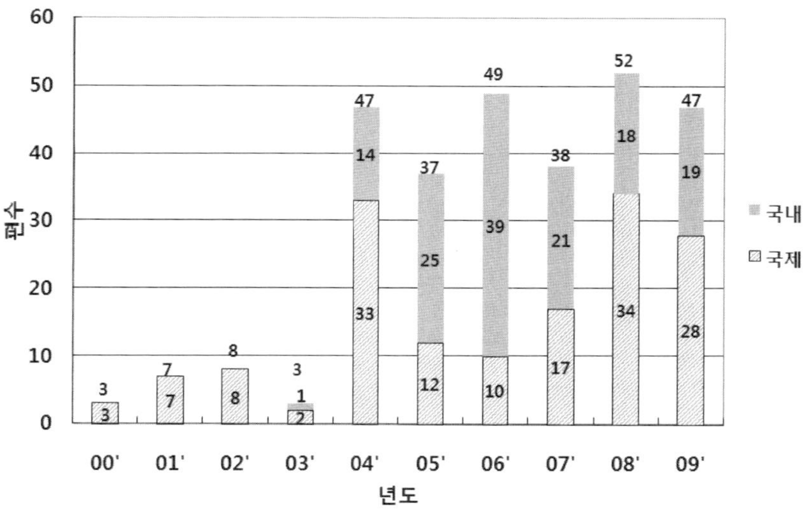

표 6은 특허 현황이다. 총 112건으로서 연간 11.2편, 교수 1인당 2.5건의 특허를 출원하였다.

표 6. 국내외 특허현황(국내 102건, 국제 10건: 총112건)

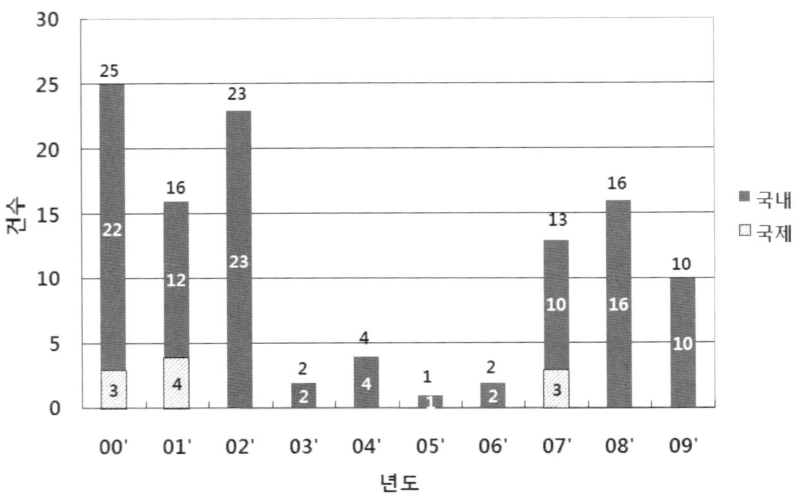

표 7은 BK21의 2단계 사업(2006~2009, 4년간)기간 동안 수주한 연구비의 규모이다. 총 90억 원에 이른다. 연간 22억 5천만 원이며, 교수 1인당 5억 6천만 원이다. 이러한 결과로 인하여 우리 학과가 그동안 얼마나 발전하였고, 학생들에게 어떤 영향을 끼쳤는지를 짐작할 수 있다. 얼마나 자랑스러운 결과인가!

표 7. 2단계 BK21 기간(2006~2009)중 외부 연구비 수주실적 : 총 90억6천

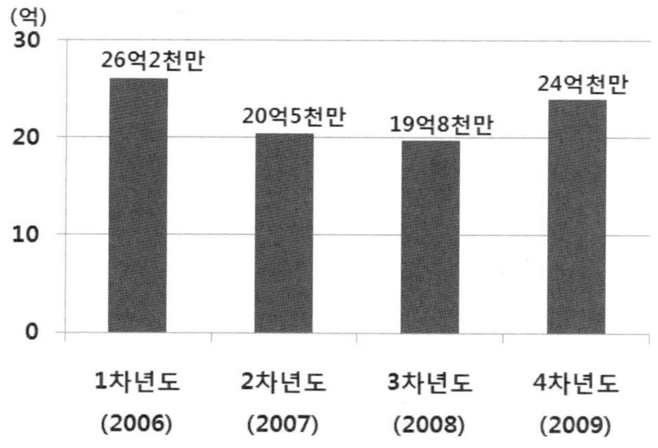

전국의 물리학과, 이대로 안 된다.

전국 대학의 수는 360여 대학이다. 4년제 대학은 155개이고, 나머지는 전문대학이다. 전문대학과 4년제 대학의 수가 비슷하다. 4년제 대학 가운데 국립이 42개, 사립대학이 113개이다. 사립대학이 국립대학에 약 3배가 된다. 전국 대학의 물리학과는 전문대학에는 거의 없다. 전국 150여개의 4년제 대학에서도 물리학과와 물리학과에 준하는 학과를 포함하면, 전국의 물리학과의 수는 70개에도 못 미칠 것이다. 특히, 최근 10년간 많은 대학에서 물리학과가 다른 학과와 통폐합되어 사라졌다. 그리고 물리학과 소속의 교수가 교양학부 소속이 되었다.

대학의 수도 많지만, 대학들이 어렵다. 대부분의 대학이 학생들의 등록금에 의존하는데, 학생이 없으면 재정적으로 견디기 어렵다. 4년제 대학 150개 중에서도 50개 대학은 그런대로 버틴다. 그러나 나머지 4년제 대학은 학생을 채우기에도 어려운 실정일 것이다. 이들 대학은 학생님 모시기에 교수들이 동원되는 지경이다.

내가 미국의 UC Berkeley 대학에 있을 때인 2003년쯤의 이야기이다. 지방의 B대학의 모 교수의 이야기이다. 그는 버클리 대학에서 환경 분야로 박사학위를 하고, 지방의 B대학에 교수로 임용되었다. 그 후 몇 년 뒤에 다시 모교인 버클리 대학에 연구년을 왔다. 연구년을 마치고 대학으로 복귀하려고 하니, 그 대학에서 연락이 왔다. 금년에는 학과에 학생들이 미달이니, 미국에 좀 더 있다가 오라는 것이다. 그리고 학생들이 미달되어 봉급도 지급하기 어렵다는 것이다. 몇 년 후에 그 교수의 소식을 들으니, 결국은 그 대학을 그만 두고 작은 기업체에서 일한단다.

대학도 어렵지만, 전국의 물리학과는 더 어렵다. 언젠가 신문보도에 의하면, 서울 소재 D대학에서 물리학과를 폐과 하겠다는 신문 발표가 있었다. 그 대학은 서울에서도 전통이 있는 명문으로 분류되는 대학이다. 그 대학에서 각 학과를 자체적으로 평가한 결과, 물리학과가 최하위 점수를 받았단다. 물론 취업률도 보고, 교수 연구 실적도 보고, 등등을 감안하여 대학 전체의 학과를 평가하였겠지. 그중에 하필이면 물리학과가 꼴찌인가. 그 대학만 그럴까. 서울 소재 4년제 대학의 물리학과가 모두 그 대학에서 자체평가하면, 꼴찌를 면하기 힘들 것이다.

왜, 전국의 물리학과들이 존립의 위기에 놓여 있을까? 자세히 따져 보자. 가장 큰 이유는 물리학과가 인기가 없다는 것이다. 좋은 학생들이 지원을 않는다. 수험생들의 지원기준이 수능 점수에 맞추어져 있고, 수능 점수에 따라서 인기 서열로 매겨져 있다. 인기도에 따라서 오로지 대학 입학을 목표로 지원한다. 물리학이 뭔지도 모르고 막연히 온다. 물리학을 하겠다고 오는 학생이 없다는 뜻이다. 단순히 수능 점수 때문에 물리학과에 온 것이지, 물리학이 좋아서 혹은 물리학을 하려고 학과를 선택한 것이 아니다. 따라서 물리학과가 인기가 없으니 수능 점수도 낮고 급기야 미달이 되는 것이다. 이 모든 것이 인기의 문제이다.

그러면 왜 물리학과가 수험생들에게 인기가 없을까? 이것은 바로 교수들의 책임이 크다. 대부분의 대학에서 교수들이 학생들에게 물리학과의 비전을 보여주지 못한 것이다. 물리학과의 교육을 학생들 눈높이에 맞추지 못하고, 교수 자신의 눈높이로 교육해 왔다. 그 결과 학생들이 흥미를 잃었다. 비전을 보지 못했다. 따라가지 못한다. 자포자기. 취업 불가. 그 결과 인기가 없다는 것이다. 인기 없으니, 좋은 학생의 지원이 없다. 그래서 교육이 안 된다. 교육이 안 되니, 희망이 없다. 희망이 없으니, 인기가 없다. 인기와 교육의 비전이 상호 맞물려있다. 좀 더 자세히 들여 다 보자.

물리학과가 인기가 없는 이유를 다른 각도에서 보자. 일단, 물리학이라면 학생들이 모두 어렵다고 한다. 요즈음의 학생들은 어려운 것을 싫어한다. 일반적으로 물리학이라면 아인슈타인을 생각한다. 그리고 노벨상을 생각한다. 그런 관점에서 보면, 우리나라에서 서울대나 과학원 등 명문이라는 몇 개 대학의 물리학과 이외에 물리학을 제대로 가르칠 만한 물리학과가 있을까? 특히, 우리 광운대학의 물리학과는 솔직히 세칭 물리학이라고 하는 물리학을 가르치기 어렵다. 그 말은 물리학과와 같은 학문 그 자체를 강조하는 학자를 양성한다는 목표를 가지고서는 이야기가 안 된다는 뜻이다. 다시 말해서, 물리학과가 아인슈타인과 같은 저명한 학자를 배출하려고 하고, 노벨 물리학상을 수상할 학자를 양성하려고 하기 때문에 망한 것이다.

아인슈타인과 노벨상이 물리학과 다 망쳤다.

단적으로 말해서, 물리학 교육의 목표가 크게 잘못 되었다는 것이다. 아인슈타인의 상대성원리만이 물리학의 전부가 아니다. 노벨상이 물리학의 전부가 아니다. 막연한 호기심이나 만화 같은 내용으로 물리학을 접근해 오는 학생들에게, 물리학에 대하여 전혀 모르는 학생들에게, 아인슈터인의 꿈을 심어주고, 노벨상을 타라고 하기 때문에 전국의 물리학과가 망한 것이다.

우리대학의 경우만 보아도, 물리학과는 인기가 없다. 우리학과는 자연과학대학 소속이다. 자연과학대학 자체가 공과대학에 비하여 인기가 없다. 물론 우리대학이 전자공학으로 특성화된 대학이므로, 대학의 간판 학부인 전자공학부의 인기가 매우 높은 것이 상대적으로 우리학과가 열세인 것이다. 우리 자연과학대학은 1학년 신입생을 계열별로 모집한다. 그리고 학과 선택은 1학년을 마치고 2학년

올라가면서 학과를 선택한다. 자연과학대학 신입생 입학 초기에 설문을 조사해 보면, 화학, 수학, 다음으로 물리가 꼴찌다. 그 이유는 자연과학대학 신입생들의 고등학교 과정에서 대부분 화학을 선택하여 공부하였다. 고교 시절에 물리를 공부하고 지원하는 학생은 10%도 안 된다.

그러나 우리 자연대학의 신입생들의 고등학교 성적을 보면, 서울 소재 고교의 각 반에서 10위권 이내의 학생이 입학한다. 서울 소재 대학의 이점 덕분이다. 수도권의 경계선에 있는 대학. 경계선이란, 서울에 소재하면서 가장 최후의 서울 소재 대학. 서울의 가장 변방. 그래도 학생 모집 걱정 없는 최후의 경계선에 위치한 대학. 취업에 관한한 아직 걱정을 덜 하는 대학. 그러나 경계선에 있는 대학. 까딱하면 추락하는 대학. 수도권에 있지만 인기 없어 수도권에 있으나 마나한 대학. 여차하면 학생 모집이 어려운 대학, 여차하면 3류 이하의 하류 대학으로 전략할 수 있는 대학. 여차하면 취업을 생각할 수 없는 대학이다.

앞에서, 물리학과가 인기가 없는 원인에 대하여, 물리학과 교수들의 책임이라고 하였다. 안이한 교수들. 한때 유수한 대학에서 물리학 박사 학위를 하였다는, 한때는 아인슈타인이 되고자한 교수들이다. 그들이 전국의 대학에서 물리학과를 다 망친다. 물리학 교과서 문제 잘 푼다고 자만하는 교수들이다. 그들이 학생들을 다 망친다. 교수 자신의 학문적인 역량과 학생들의 미래의 학문적인 역량의 차이가 너무 크다 것이다. 즉, 교수 자신이 배운 내용을 그대로, 학생들이 받아 들 일 수 없는 수준이라는 것이다. 다시 말해서 대부분의 물리학과 교수들이 자신과 똑 같은 수준의 학문적인 수준을 학생들이 소화하기를 바란다. 그러나 그것은 불가능한 일이였다. 결국, 대부분의 교수는 학생들에게 물리학을 가르치는 것을 포기한다. 물리학과 교수들이 흔히 하는 이야기는 "한 학과에서 1~2명 건지면, 성공이다."는 것이다. 한두 명 이외에 나머지 학생들은 교수 자신의 수업을 알아듣지 못한다는 것이다. 결국, 듣거나 말거나 포기한다. 물리학 강의를 따라 오지 못한다는 것이다. 물리학과 교수라면 대부분 서울대학 출신이다. 그들은 물리학 분야에서 제대로 박사학위를 하였다. 국내 유명 대학 아니면 해외에서 학위를 하였다. 그야말로 아인슈타인들이다. 학문을 숭배하는 학자들이다. 한때는 노벨상을 꿈꾸어온 사람들이다. 그들의 교육관은 학생들을 자기 수준의 학자로 만들려고 한다. 그러니 한 학과에 한두 명 정도를 건질 수 있다는 말이 나오지. 90% 이상의 학생은 나 몰라라 한다. 그러니 물리학과가 되겠나. 교육이 되겠나. 강의가 되나. 그 결과 물리학과가 인기를 얻기 어렵다. 90%의 학생들을 다 망쳤다. 그런 학과는 없어지는 것이 당연하다.

서울대 출신 교수, 학과 다 망친다

전국의 물리학과, 특히 사립대학의 물리학과가 경쟁력을 상실한 또 다른 이유는, 서울대학 출신의 교수 때문이라고 할 수 있다.

사립대학의 물리학과의 교수들의 출신을 살펴보면, 서울대학교에서 물리를 전공한 교수의 비율이 가장 높다. 그것은 임용 당시에 초빙대상 교수의 이력이나 연구업적을 보면, 상대적으로 다른 대학 출신의 교수에 비하여 훨씬 실적이 앞섰기 때문이다. 서울대학에서 물리 분야를 전공한 학자가 교수 임용의 경쟁력이 높다는 뜻이다.

그러나 막상 그들은 학과 현장에서는 학과의 경쟁력을 높이는데 별로 도움이 안 된다. 그 이유는 위에서도 언급하였듯이 현장감이 없기 때문이다. 자기와 똑같은 학자를 배출하려고 하니, 경쟁력을 갖지 못한다. 또 다른 큰 이유는, 서울대학 출신일수록, 자기 고집이 너무 강하다. 고집이라는 표현보다는 스스로 자신만의 철옹성을 쌓는다는 뜻이다. 남들과 잘 어울리지 않는다. 그저 혼자 지내기를 좋아 한다. 일을 같이 하는 것 자체를 간섭받는 것으로 생각한다. 물론 모두가 그렇다는 뜻은 아니다. 대부분 그러한 성향이 강하다는 뜻이다. 그러한 성향이 학과의 공동 연구를 싫어하게 된다. 학과 발전에 등한하게 된다. 그 결과 학과에 도움이 안 된다.

서울대학 출신과 명문 사립대학의 출신들의 성향이 서로 차이가 있다. 서울대학의 출신들은 대개 동문회라는 모임이 거의 없다. 나의 경우도 중학교와 고등학교 동문 모임은 매우 활발하다. 같이 저녁식사도 하고, 정기적으로 운동모임도 있다. 그러나 대학모임이 있는지 없는지도 모르고, 참석해 본 기억도 없다. 우리대학에서도 교수들 간에 모임들 중에는 고등학교 동문 교수모임은 일 년에 한두 번 갖는다. 그러나 서울대 동문 모임이라는 말 자체는 들어보지도 못했다. 실제로 어느 누가 나서서 그런 모임을 주관할 생각도 않는다. 만약에 내가 그 모임을 주관한다고 하여도 그 모임이 될 것 같지 않다. 그것은 서울대 출신이라는 출신 개념이 희박하다. 선후배라는 의식이 거의 없다. 그러한 성향은 서울대 출신들의 자기의식이 공동체 의식보다 훨씬 강하기 때문이다. 다른 각도에서 보면, 이기적인 성향이 강하다고도 볼 수 있다. 남들과의 교제를 통하여, 공동체를 통하여 무엇인가를 이루어 보려는 의식이 거의 없다. 우리대학의 경우도 연세대, 고려대, 그리고 한양대와 같은 명문 사립대학 출신의 교수들은 그 응집력이 강하다. 선후배도 따진다. 모임도 잘된다. 공동체 의식이 강하다. 내가 보기에는 오히려 너무 강한 것이 문제로 보인다. 그들은 이러한 모임을 통하여 상호간에 정보도 공유한다. 얻어진 정보를 통하여 연대감을 갖는다. 그러한 것이 조직 사회 발전의 동력이 될 수가 있다.

학회 활동도 마찬가지이다. 서울대 출신은 혼자 활동한다. 남들과 어울리지 않는다. 그러나 다른 사학출신들은 학회 활동에서도 주도적인 역할을 한다. 실력은 두 번째 문제이다. 오히려 실력으로 따지면 서울대 출신들이 더 낫다고 할 것이다. 그러나 활동력 부족은 그 학회의 발전에도 큰 기여를 못한다. 대표적으로 나를 두고 하는 말이다. 나도 반성하고 있다.

물리학과가 잘 안 되는 이유가 서울대 출신의 교수 탓이라는 주장에 이견을 달기 어려울 것이다. 학과교수들 중에 맨 뒤에 처져 앉아있는 사람이 서울대 출신 교수다. 학과 회의에 거의 모습을 보이지도 않는다. 학과를 주도하지 않고, 뒤에서 앉아서 비아냥댄다. 학생들과의 관계도 빵점이다. 실력은 있는데, 그 실력을 썩힌다. 세상 물정에 어둡다. 기업체에 관심이 없다. 그저 승진과 재임용 규정에 맞추어 적당히 자신만 보살피면, 그만이다. 승진과 재임용 규정이 잘 못된 탓이다. 학과 발전이란 교수들의 대학 성적순이 아닌 듯하다.

대부분의 전국 물리학과의 교육 목표를 보면, 물리학도의 양성이란다. 그 물리학도란 이인슈타인을 말한다. 사실상 교육의 목표도 실종된 상태이지만. '물리학자' 와 같은 이상한 용어를 강조하고, 학자를 길러낸다는 목표를 밝히고 있다. 그러니까 전국의 물리학과가 인기도 없고, 취업도 안 되고, 이것도 저것도 안 되는 별 볼일 없는 학과로 전락한지 오래다. 특히, 대부분의 물리학과의 교수들을 보면, 순수한 학자들이다. 좋게 말하여 순수한 학자들이라고 불러주고 싶다. 나쁘게 표현하면 현실감각이 없는 사람들이다. 말귀도 알아듣지 못하는 학생들에게 자기만 안다고 떠들고 강의하는, 학자입네 하는 교수들. 빵점짜리 교수들이 대부분이다. 실제로 물리학과의 교육은 실종 상태다. 목표도 없고, 비전도 없다. 그냥 학생들이 각자 알아서 하라는 식이다.

그러면, 우리 물리학과는 어떻게 해야 하는 걸까?

도구를 다루는 기술을 교육하여야 한다. 도구를 찾는 교육을 하면 안 된다. 도구란 자연계의 원리를 말한다. 자연계의 원리를 이용하는 기술을 가르쳐야 한다는 것이다. 아인슈타인과 같이 자연계의 심오한 원리를 찾아내는 교육은 안 된다. 아인슈타인의 상대성 원리와 같은 고도의 원리를 찾아서 노벨상 타라고 하면 안 된다는 것이다.

상대성 원리가 무엇이며, 이 원리가 어떻게 사용할 것이지, 어디에 써먹을 것인지를 가르쳐야 한다. 양자론이 무엇이며, 어디에 써먹을 수 있는지를 가르쳐야한다. 하버드대학이나 서울대학의 물리학과라면 양자론이 어디에서 어떤 원리로 나온 것인지 그 원리를 따지고 파고들어야 한다. 거기서 새로운 양자론을 찾아서 노벨상을 타자는 것이다. 그러나 우리는 그런 것 필요 없다. 양자론은 개념적으로 어떤 것인지를 가르친다. 그리고 이걸 어떻게 써먹을 수 있는지에 대한 기술을 가르쳐야한다.

백터를 보자. 나는 물리학과의 필수과목인 전자기학에서 학기 초에 백터를 가르친다. 백터는 수학이다. 이공계 대학생이라면, 백터를 모르면 구구단을 모르는 것과 같다. 그만큼 중요하다. 그러나 백터에서 여러 가지 정의들이 왜 생겼는지, 그 정의를 가르친다고 시간만 보내면, 실패한다. 백터를 써먹는 방법을 가르치면 된다. 마치 구구단을 써서 우리가 계산 하듯이 사용법을 가르치는 것이 더 중요하다. 양자역학도 마찬가지이다. 양자역학의 정의에만 매달려 있으면, 아무 것도 할 수 없다. 그것은 하버드 대학에서나 할 일이다.

양자론의 어떤 이론에 대하여, 그 이론이 유도되는 과정을 어렵게 칠판 가득하게 혼자 쓰고, 나가버리면 어쩌란 말인가. 우리가 노벨상을 탈 학생을 가르치듯이 하면, 실패한다. 해당 이론의 개념을 정확하게 가르쳐 주면 된다. 그리고 그것을 써 먹는 방법을 가르치는 것이 중요하다. 양자역학을 사용하는 기술을 가르쳐야 한다. 양자역학을 반도체에 어떻게 써먹는지, 디스플레이 기술 개발에 어떻게 써 먹는지를 가르치면 된다. 어려운 양자역학 교과서를 교수 혼자서 칠판에 판서만 잔뜩 하고서, 양자역학의 새로운 학설을 학생들이 창조하도록 할 것인가? 어려운 양자역학 교과서는 전혀 필요가 없다. 우리는 일반물리 수준의 양자론이면 충분하다. 조금 더 욕심을 낸다면 현대물리학에 나오는 양자론 정도는 넘친다. 물리학과의 교육의 방식이 달라져야 한다.

우리 학과는 교수 공채과정에서, 초빙 대상 교수에게 공개 세미나를 하도록 한다. 초빙 대상 교수에서 질문을 던진다. "왜, 우리 학과 교수가 되려고 하느냐?" 이에 대한 대답은 한결같이, "알고 있는 물리학을 제자에게 가르치고 싶다."라고 한다. 이에 대하여 또 질문을 던진다. "우리 학생들은 당신의 강의를 알아듣지 못합니다. 그래도 가르칠 수 있느냐?". 대부분의 물리학자들이 교수가 되고자 하면서, 해당 학과의 학생들에 대하여 파악이 안 되어 있다. 물론 현직의 전국 물리학과 교수들도 대부분이 마찬가지다. 우리와 같은 대학의 물리학과는 물리학자를 길러내는 것이 아니다. 물리학을 이용하는, 물리학이라는 도구를 잘 쓸 수 있는 전문 기술자를 키워야 한다. 그래야 살아남는다. 그러지 않고서는 아무도 취업이 안 된다. 내가 사장 이라면 누구를 데려다 쓸 까? 내가 대기업의 중역이라면, 어떤 교육을 받은 사람을 채용할까? 그러한 질문을 스스로해보라. 그러면, 어떻게 교육할지 답이 나온다. 우리는 철저히 그러한 교육을 하였다. 그리고 실제로 그렇게 하고 있다.

앞에서도 언급하였지만, 우리 자연과학대학 소속 학과는 수학과, 전자물리학과, 화학과이다. 우리가 88년 당시는 학과의 이름이 물리학과였다. 그 후 1995년도에 '전자물리학과' 로 개칭하였다. 그것은 아인슈타인을 길러 내지 않겠다는 의미이다. 그리고 우리 대학이 전자공학으로 특성화의 취지를 살리겠다는 것이다.

우리 자연대학 신입생의 입학 당시의 학과 선호도를 보면, 화학과, 수학과, 그리고 우리 물리학과는 꼴찌다. 그 원인은 고교시절 물리 안배우고 온다. 대부분 화학을 배우고 온다. 따라서 화학을 택한다. 1학년이 지나고 2학년이 되어 학과를 선택할 때는 그 양상이 달라진다. 신입생을 대상으로 우리 교수들이 그 만큼 노력하기 때문이다. 물론 우리가 아무런 노력도 하지 않으면 물리학과를 선택하는 학생은 거의 없다. 우리는 신입생들에게 우리학과의 비전을 보여주기 위하여 부단히 노력한다.

왜, 물리학과가 전자공학과 보다 못한가?

학문적으로 보면, 물리학은 전자공학을 포함한다. 역사적으로도 물리학이 과학을 줄곧 선도해 왔고, 전자공학은 물리학의 일부분으로 파생된 학문의 한 분야이다. 세계 100대 대학을 보더라도 물리학과의 수준이 전자공학을 능가한다. 학생들의 수준도 그렇다. 우리나라도 서울대학이나 과학기술원을 보면, 물리학과의 지망생이 전자공학을 지망하는 학생들 보다 우수하다. 그러나 우리나라의 명문 사립대학의 물리학과부터 전자공학과에 뒤 처지기 시작한다. 그리고 지방으로 가면, 물리학과가 없어져 버린다.

학문적인 역사로 보나, 전통으로 볼 때, 물리학과가 전자공학과보다 앞서야 한다. 물리학이 전자공학을 이끌어야 한다. 그러나 현실은 어떠한가? 전국의 물리학과가 다 죽었다. 뭐가 잘못되었냐? 한번 따져보자. 물리학과 전자공학의 경계가 있느냐? 엄밀하게 따져보면, 그 경계는 불명확하다. 그러나 물리학은 광범위한 학문이다. 전자공학은 물리학의 영역 속에 있다고 해도 틀린 말이 아니다.

문제는 물리학하면, 너무 이론에 치중하고 있다는 것이다. 실질적으로는 학문의 전 분야를 선도하는 역할을 해야 한다. 현실적으로 대부분의 대학에서 물리학이 이공계 학문의 주도권을 상실하였다. 물리학을 기초로 하지 않은 학문이 어디 있는가? 그럼에도 주도하지 못하는 이유는? 그것은 너무 이론에만 그친다는 것이다. 반면에 공학은 산업과 밀착되어 있다. 산업과 긴밀한 관계를 유지하고 있다. 그것이 차이이다.

고체 물리분야 하나만으로도 거의 모든 공학 분야를 커버한다. 그러나 우리의 현실은 반도체, 유전체, 자성체, 이 모든 분야가 전자공학이 주도하고 있다. 광학, 열과 통계물리학, 플라즈마 등이 물리학이자만 각 대학의 물리학과에서 주도적인 역할을 못하고 있다. 그리하여 물리학이라고 하면, 입자, 이론물리, 양자론, 상대론, 핵물리, 그리고 천체물리와 같이 무슨 공상세계와 연관된 것같은 인상만을 주고 있다. 단적으로 산업과 동떨어진 연구를 한다는 것이다. 산업체에서 무엇을 하고 있는지에 대하여는 아예 관심이 없다. 그러니 물리학과가 유지 되겠는가? 누구의 책임인가? 바로 물리학과 교수들의 책임이라는 뜻이다.

기초과학을 홀대한다고 야단들이다. 누가 어떻게 홀대한다는 말인가? 아니다. 기초과학을 아예 하지 않은 것이다. 물리학 교수들이 기초과학을 별건 취급하여 방관한 것이 잘못이다. 기초과학이라고 산업과 관계없다고 생각하여 실제로는 아무 것도 안했다. 몇몇 물리학과 교수들의 연구 실적만보아도 아무 것도 안했다. 따라서 물리학과가 도태되어 가는 것이다. 모두 포기하고 살았다. 그 결과 학과가 폐지되고 공학으로 통합 혹은 교양학부 소속으로 신분이 변동되었다.

대학에서 가장 우수한 물리학과 교수들이다. 그러나 실상은 아무것도 하지 않는 교수가 된 것이다. 실력으로만 따지면, 공대 교수가 논문 한편 낼 때, 2편 이상내면 된다. 산업체의 갈증을 해결하는 노력으로 산업 기술을 선도해야 한다. 그렇게 하고도 물리학과가 죽어가겠냐? 공대 교수가 아주 좁은 분야에 매달릴 때, 기초과학을 산업기술에 접목하여 기술을 주도하면 된다. 그러면 전국의 물리학과가 다 죽어 가겠나? 물리학과가 전자, 전기, 재료, 환경, 건축, 제어, 통신, IT, 등등의 전 분야를 선도할 때, 물리학은 살아남는다.

최근 10년간 기술의 변화를 보자. 매우 빠르게 변하고 있다. 10년 전만 하여도 '삐삐'가 모든 사람의 허리춤에 채워졌다. 어느새 핸드폰이 나왔다. 핸드폰도 초기에는 무우 크기만 하든 것이, 어느새 고구마 크기에서, 이제는 납작한 성냥갑에서, 얇은 수첩으로 변하였다. 그 기능도 얼마나 변하였나. 텔레비전을 보자. 브라운관 텔레비전의 역사가 거의 100년에 이른다. 30인치 브라운관 텔레비전은 무게만 50 kg이다. 웬만한 사람은 들지도 못한다. 크기는 안방 한쪽을 다 차지한다. 그것이 최근 10년 사이에 액자 형으로 다 바뀌지 않았나.

그러한 변화 속에서 물리학과는 무엇을 하였나? 그것은 물리가 아니라고 먼 산만 바로 보고 있었지 않았나? 그것은 공학이고, 내 전공이 아니라고 팽개쳐 버리고. 경기도 파주를 가 본적이 있나? 탕정을 가보았나? 아마도 전국의 90%의 물리학과 교수들은 가본적이 없을 것이다. 그래서 망한 것이다. 물리학과 교수들은 이제 연구실 아닌 연구실에 처박혀있으면 안 된다. 파주도 가보고, 탕정도 가보고 해야 한다. 각종 첨단 기술을 논의하는 학회에서 맨 앞자리에 앉아야 한다. 그리고 각종 학회에서 물리학 교수들이 연사로 서 있을 때, 물리학과는 전자공학을 이끌게 된다. 그리하여 물리학과가 신입생들에게 외면되지 않고, 그 인기를 차지하게 된다.

2 88년 신임교수

1988년 2월 말에 대학으로부터 교수임용 통보를 받았다. 당시 광운대학은 전자공학을 위주로 하는 4년제 초급대학(College)에서 종합대학(University)으로 승격되었다. 공과대학, 문과대학, 그리고 이과대학, 3 개의 단과 대학으로 종합대학의 면모를 갖추었다. 이과대학에는 전산학과, 수학과, 물리학과, 화학과가 설치되었다.

당시 교양학부의 1학년을 대상으로 일반물리학이 개설되어 있었다. 그동안 교양학부 소속의 강승언 교수와 신임교수인 나, 두 사람이 학과의 교수로 물리학과가 출발하였다. 당시에 강교수는 학생처장의 보직을 맡았다. 나는 물리학과 학과장이었다. 운 좋은 젊은 신임교수의 생활이 시작되었다. 운이 좋다는 뜻은, 오래된 학과의 경우는 많은 교수가 있어서 이상한 서열을 따진다. 그 만큼 신임교수는 운신의 폭이 좁다. 그러나 나는 신설학과를 맡아서, 소신껏 학과를 만들어 나갔다. 88년 당시는 사회적으로 민주화의 요구가 분출한 때였다. 학생운동 문제로 정신없던 시절이었다. 학과는 실질적으로 나 혼자 꾸려갔다. 과연 내가 무엇을 할 수 있을까? 그러나 만만찮은 의욕이 넘치는 젊은 교수이었다.

내가 대학에 초빙되었을 때는, 우리대학에서 처음으로 공개 채용하였단다. 신문광고를 통하여 초빙을 알았다. 당시에 5분의 교수가 이 공채로 임용되었다. 물리, 화공, 교양체육, 영어, 행정학과 교수 각 1분씩이다. 그 당시 대학 전체 교수 수가 약 70분이었다.

88년 이후부터 매년 10분 정도의 교수를 꾸준히 초빙하였다. 2009년 현재, 교수 수는 300명에 이른다. 지난 20년간 약 4배 규모로 교수 수가 늘었다. 우리 대학의 교수 임용은 공정하기로 정평이 나 있다. 적어서 교수 채용 관련 비리는 내가 아는 한, 없다고 자부한다.

교수 채용에 관한한 공정하게 한다는 대학 경영자의 의지가 있었다. 교수만큼은 재대로 모신다는 경영자의 정신은 아직도 살아 있다.

홍릉 과학원에서 7년의 석사와 박사과정을 마쳤다. 과학원과 광운대는 자동차로 15분 거리이다. 당시에는 광운대의 위치도 몰랐다. '광운' 이라는 이름이 설립자의 이름인 '조광운' 박사의 이름에서 온 것인지도 몰랐다. 나와는 동성동본이고, '조광' 까지 같다. 친인척이라고 오해할 수도 있겠다. 족보도 따져본 적 없다. 이제는 한 번 따져 보아야 하겠다.

교수되기 힘든 것은 예나 지금이나 마찬가지일 것이다. 사립대학의 재정은 거의 학생들의 등록금으로 운영되기 때문이다.

따라서 교수초빙은 교원 대비 학생의 수가 가장 큰 기준 지표이다. 70년대 말에 박정희 대통령의 령으로 설립된 과학원은 교수요원 양성이 목적이었다. 과학원 초창기의 과학원 출신들은 대부분 국립대학의 교수로 임용되었다. 과학원 설립 이후 10여년이 지난 당시에는 사립대학에 교수로 임용되는 기회도 점차 줄어들었다.

이후 한국과학기술원으로 개칭되고, 대덕으로 이전하면서 당시의 교수 양성의 목적도 수정되었다. 여러 가지 특혜도 없어졌다. 80년대까지도 사립대학 교수의 학문적인 수준은 낮았다.

그러나 이제는 각 대학의 교수들의 학문적인 역량은 평준화되었다고 본다. 그만큼 국내와 해외에서 제대로 공부한 많은 수의 학자들이 대학에서 일하게 되었다.

광운대학의 초창기인 70년대에는 교직원과 학생들이 벽돌을 날라서 교실을 지었고 한다. 학생 유치를 위하여 인근 고등학교에 학생을 보내달라고 구걸(?)하는 것도 당시의 교수들의 주요 일과였단다. 70년대 당시에는 광운전자고등학교보다 인기가 없었다고 한다. 그러나 88년에 종합대학으로의 승격은 대학 성장의 계기가 되었다. 경영진의 대학 발전의 의욕과 매년 10분 가량 초빙된 신임교수들의 의욕이 잘 맞아 떨어졌다. 비록 시설과 환경은 열악하였으나, 충분히 뜻을 펼칠 수 있는 의지가 있었다. 우리는 그렇게 시작하였다.

나도 교수가 될 것이라는 생각은 못했다. 그것도 서울의 범주에 있는 서울대학에. 다소 철이든 70년대 초반의 고등학교 시절에는 내가 장차 대학을 나와서 어떤 일을 할지 미래에 대한 고민이 있었다. 그러한 고민은 지금의 학생들도 마찬가지일 것이다. 직업을 가질 수 있을 지에 대한 고민이다. 70년대 대학시절에는 고작 직종이라야 은행뿐 이었다. 물론 국가고등고시를 하여 판검사, 정부고위관료, 외교관, 등이 있다. 그리고 의사도 대접받는 직업이었다. 그 외는 초중고교 교사직이다. 이를 제외하고 별로 직업으로 생각할 만한 직업이 없었다.

큰 뜻을 품은 자는 고시를 했다. 나도 고시를 생각하였다. 의사 직업은 그 당시 고교시절에는 좀 건방진 생각을 하였다. 내가 의사나 하고 있겠냐? 맥도 모르고 권력을 탐하였던 것이다. 몇 안 되는 은행이나 당시의 대기업들이 우리 같은 사람을 채용해 줄 것인지에 대하여 자신이 없었다. 그 시절은 기업이 많지 않았다. 지금도 대기업 취업이 어렵지만, 그 당시에도 하늘에서 별을 따기였다. 지금처럼 다양한 직업과 직종이 있고, 개인들도 무언가를 할 수 있는 시절이 아니었다.

초등학교 시절, 나는 모범생이었든 것 같다. 같은 또래에서는 인기가 있는 아동이었다. 그 배경은 운동을 잘하였다. 운동은 그때나 지금이나 무척 좋아 한다. 공부도 누가 시켜서하는 것이 아니라, 스스로 열성을 다하는 모범 아동이었다. 대구에서 남산국민학교를 다녔다. 그 당시에는 중학교 입시가 있었다. 초등학교에서 명문 중학교에 많이 보내는 경쟁도 치열하였다. 초등학교 6학년 시절, 우리 반의 명문 중학교 입학 숫자를 늘리기 위하여 담임선생이 집에 학급 아동들을 모아서 과외를 하는 시절이었다. 지금은 교사들의 과외가 금지되었지만, 당시에는 담임이 집에서 과외를 하였다. 학급에서 10등 이내의 아동은 모두 담임의 과외를 받았다.

그러나 나는 그 당시 담임의 과외를 한 번도 받은 적이 없다.

첫째는 돈이 없었다. 담임이 과외비를 받지 않는다 하여도 나는 안 갔다. 어린 마음에 돈을 낼 수 없었기 때문에 쪽팔렸다고 할까, 순진했다 할까. 당시에 경북중학교에 입학하는 것이 최고였다. 경북중학교 원서를 한 학급에 대개 3등까지 써주었다. 나의 기억으로는 당시에 1년 동안 학급의 종합 성적은 4등으로 기억한다. 그러나 나까지 경북중학교 원서를 써주었다. 그런데 내 기억으로는 당시에 경북중학교의 입학이 그렇게 어려운 것인지도 몰랐다. 담임이 가라고 하니까, "좋은 학교인가 보다."라고 간 것이다. 그 만큼 순진하였다. 경북중학교는 우리 반에서 나 혼자 합격하였다. 당시에 반에서 4등을 하였으나, 1등에서 3등이 모두 떨어졌다.

공부는 혼자 하는 것이 자기 공부이다. 내가 지금도 논문을 다른 교수들 못지않게 많이 출간하고, 특허도 많이 출원하는 원인이 있다. 그것은 어떤 문제를 혼자서 냅다 파헤치는 습성이 초등학교 시절부터 길러졌기 때문이라고 믿고 있다. 이런 성질이 어디 가겠는가. 중학교에서 대학, 그리고 과학원에 이르기 까지 순탄치 않게 공부를 할 수 있었다. 특히, 과학원은 국가로부터 엄청난 혜택을 받은 곳이다. 과학원 물리학과는 한 학년 정원이 20명이었다. 그 20명 중에 과거의 어떤 형태의 시험에 수석을 하지 않은 사람은 나 하나 인듯하다. 과학원에서는 공부시켜 주고, 밥도 주고, 잠도 재워 주고, 용돈도 주고. 부족함이 없었다. 그 신세를 언젠가는 갚아야 하는데! 교수직은 나에게 새로운 시작이며 도전이었다.

내 연구실

교수생활 시작이다. 내 연구실이라고 따로 없었다. 일반물리실험실이 내 연구실이다. 당시 학생처장이신 강승언 교수도 연구실이 따로 없었다. 일반물리실험실에 한 구석에 강교수가 모아서 쌓아 놓은 많은 논문 자료가 있었다. 마치 고등학교 교실에서의 교사와 같은 모습이었다. 그러나 전혀 개의치 않았다. 오히려 우리 학과의 88년 신입생들과 실험실에서 같이 생활한 것이 지금보다 더 좋았던 시절이었다.

그 후 이과대 건물이 5층에서 8층으로 증축되었다. 대학에 온지 2년 만에 증축된 이과대 건물 5층에 연구실이 마련되었다. 이후 대학에서는 매년 건물들이 증개축 되었다. 89년도에는 화도관이 증축되었다. 1990년에는 비마관이 증개축 되었다. 1991년에는 중앙도서관이 증개축 되었고, 연구관이 새로 지어 졌다. 1992년도 문화관의 건설과정에서 입시사건이 발생한 것이다.

일반물리실험실에서 시작된 교수 생활이다. 학과를 위하여 무엇을 어떻게 할까? 많은 고심을 하였다. 당시의 마음가짐은 '적극성' 이었다. 교육, 학생지도, 강의, 연구, 모든 일에 적극적으로 임하였다. 학과의 미래 발전을 위하여 고심하였다. 그러한 고심은 지금도 마찬가지다. 당시에는 특히 학생들과 동고동락하였다. 학생들에게는 형님 같은 열정이 있었다. 신나는 강의, 그리고 연구. 어떻게 연구비를 유치할까? 무엇을 할 것인가? 강승언교수가 모아 놓은 논문들을 뒤지고 읽기 시작하였다. 그래서 이온현미경의 개발이 교수생활 초기의 아이템으로 선정하였다. 돈 되는 연구, 돈과 연결되는 연구. 기업체가 좋아할 만한 연구. 이러한 것을 생각하였다.

88학번 학생들과 같은 해에 임용된 신임교수. 운동도 같이하고, 공부도 같이 하였다. 토요일과 일요일에도 학생들을 학교로 불러들였다. 학생들에게 전자회로 교육을 해야 한다고 강조하였다. 물리학과를 졸업하여 학생들이 할 것이 무엇이냐? 하다못해 라디오방 주인이라도 되어야지. 그 당시 학과 교수로서의 학생들의 장래 진로를 가장 고민이었다. 사실 전자회로와 관련된 실험은 나도 잘 모른다. 내 전공이 아니다. 나의 전공은 플라즈마이다. 플라즈마는 핵융합을 실현하자는 것이다. 그러나 이 전공은 우리 학생들에게는 현실적으로 먼 이야기이다. 돈도 되지 않는다. 취업이 어렵다는 것이다. 기업체에서 관심을 두는 내용과는 거리가 멀다. 그런데도 나의 전공인 플라즈마를 고집할 건가? 당장은 아니다.

학생들에게 무조건 자격증들을 따도록 하자. 전자기기, 무선기기, 음향기기, 등과 관련된 기능사 및 기사 자격증이다. 전자공고의 교육을 바탕으로 해야 한다. 이런 것이 당시에 나의 물리학과 학생들을 위한 실험실습 교육에 대한 생각이었다. 실제로 그렇게 하였다. 광운공고의 선생님들을 모셔다가 학생들이 실습을 하도록 하였다. 그 당시에 자격증을 가장 많이 따서 졸업한 학생은 무려 6개를 획득하였다. 보통은 서너 개씩은 모든 학생이 다 따고 졸업했다. 하여간 나도 어지간히 학생들을 달달 볶았다. 그래도 학생들과 운동도 같이 하고, 사탕도 사주고, 밥도 사주면서 재미나게 지냈다.

그러나 삼성과 LG 등 대기업에서 우리학과 학생들을 채용해 줄리 만무하다. 우리대학에는 전자공학과도 있다. 그 학과는 우리보다 역사도 깊다. 졸업생도 많이 배출되었다. 전통이 있다. 선후배도 있다. 우리대학의 간판이었다. 광운대하면 전자공학과이다. 그에 비하면 우리는? 초라하였다.

기업의 연구실과 개발실의 맨 밑바닥에서 길 수 있는 자를 만드는 것이다. 물리라는 과목의 전공도 조금은 아는 사람. 상급자가 하는 말귀를 알아듣는 사람. 그러나 만지고, 고치고, 씹고, 뜯는 기능을 가진 자를 만들자. 전자회로의 구성도 척척 해내고. 고장 난 장비도 척척 고치고. 회사에 가면 상급자는 대부분 박사급의 학위자들이다. 그들에게는 약점이 있다. 이론은 강하다. 그러나 실제로 라디오가 고장 나면, 이들은 못 고친다. 이것이 우리가 파고들어야 할 틈새다. 기업 현장에서 진짜 필요한 사람. 기업의 연구 개발실에서 진짜 필요한 사람. 바로 이것이다. 이것을 학생들에게 강조하고, 그렇게 되도록 강요하였다.

88학번을 잘 길러야 그것을 전통으로 하여, 그 다음은 자연스럽게 흘러간다. 88학번 학생들에게 전력을 다하였다. 교육은 농사와 같다. 뿌린 데로 거둔다. 지금은 88학번 졸업생들이 모두 잘 되었다.

신임교수의 고뇌

88년도 노태우 정권 출범 후, 민주화 요구가 절정기였다. 학생운동이 극열한 때였다. 우리대학도 예외는 아니었다. 그 당시의 전대협이 지금은 한총련 등의 조직으로 이어졌다.

학생운동 앞에서 교수들은 위축되었다. 학생들은 과거 군사 독재 시절에 교수들이 무엇을 하였는가를 따졌다. 어용교수로 지목하였다. 그리고 무능 교수로 몰아붙였다. 그렇게 지목되면, 강의를 담당하기도 어려웠다. 여러 교수가 강의를 맡지 못하고 휴직 상태인 교수들이 있었다. 그 어느 교수도 학생들 앞에서 큰 소리 치지 못하였다. 그렇다고 어용이 아니었다고 변명할 건가? 교수들은 약간은 비굴하지만, 그러한 학생들을 외면하였다.

우리대학의 교문이라야 조그만 하다. 그때나 지금이나 교문은 변한 게 없다. 교문 앞 2차선 도로에서 투석전이 벌어지고, 화염병이 난무하고, 최루탄 공방이 벌어지곤 하였다. 그래도 우리대학에서는 사상자는 없었으나, 대학의 규모에 비하여 만만찮았다.

89년도에는 등록금투쟁이 극에 달하였다. 관련된 이야기 거리도 많다. 강의실 밖의 학생들의 확성기 소리. 꽹가리 소리. 누구 한 사람 나서서 나무라는 사람이 없다. 그러나 유일하게 야단치고 한판도 불사 하겠다는 골치 아픈 젊은 교수였다. 교수의 진정성은 학생들이 안다.

학생 운동권 조직에 가담하는 우리학과 학생들이 문제였다. 내가 아무리 학과 학생들과 고락을 같이하여도, 시대가 시대였다. 우리학과 학생이 운동권에 가담한 것이 나에게 들키면, 시골에 사는 부모도 내가 소환하였다. 그런데 이상하게도 우리학과에서 운동권에 가담하는 학생이 제일 많았고, 극렬하였다. 아무튼 학생들에게는 골치 아픈 교수였다. 끝까지 쫓아가서 잡아오는 끈질긴 교수. 그 시절에는 술도 학생들하고 많이 마셨다. 술 이야기하면, 생각나는 것도 많다. 그들 중 감옥에 간 학생도 있었으나, 모두 큰 화 없이 졸업하였다. 그들 중에는 나중에 대학원에 가서 열심히 하고, 대기업에 취업하여 잘 근무하는 학생들도 많다. 그들을 보면, 그때의 감회가 새롭다.

어떤 학과를 만들 것인가? 이에 대한 답은 지금도 마찬가지이다. 취업도 안 되는 학과에 가서 뭘 해! 한편, 대학이 직업소개소냐? 대학은 학문하는 곳이다. 이렇게 이야기 하는 사람! 학문 좋아하네. 취업은 먹고 사는 문제다. 이것은 가장 일차적인 문제다. 취업은 현실이다. 취업이 있어야, 학문도 있고, 이상도 있다.

취업이 잘되려면? 잘 가르치면 되느냐? 학생들이 공부 열심히 하면 되느냐? 간단한 문제가 아니다. 나름대로 정리하면, 일단 학과의 명성이 있어야한다. "어느 대학 무슨 학과요"하면, "아 그

대학은 이거지." "그 학과는 이것으로 알아주지." 이런 말이 나올 때 취업된다.

그렇다면 학과의 명성은 어떻게 얻을 것인가? 언뜻 생각해 보아도 방법이 없다. 신통한 답이 보이질 않는다. 현재, 전국 대부분 사립대학의 물리학과가 망하거나 경쟁력을 상실한 이유이기도 하다. 답을 못 찾고 있다.

학과의 명성은 일차적으로 교수들에게 있다. 기업이 관심을 갖는 연구를 교수들이 하고, 성과를 내놓는 것이다. 그것은 학과의 특성화와 직결된다. 그러면, 연구는 어떻게 해야 하나? 연구 테마가 있어야지. 연구 테마는 기업이 갈구하는 부분이면 좋다. 기업이 갈구한다는 것은 돈 되는 연구를 말한다. 돈 안 되는 핵융합 플라즈마? 아니라는 결론이 나온다. 그러면, 당장 무엇을 할 것인가? 그리하여 시작된 연구가 '집속이온빔 장치(일명 이온현미경)' 의 개발이었다.

10개년 계획을 세웠다. 당시에 작성한 계획서를 보면, 지금도 감회가 새롭다. 10년 이내에 이온현미경을 국산화한다. 이를 이용하는 응용 연구 분야를 국내에서 이니셔티브를 잡는다는 것이다. 그런데 내가 뭐, 이온현미경을 알기나 하나? 그것은 강교수님이 그동안 많은 자료를 모아 두었다. 문제는 "어떻게 연구를 하는가?"이었다. 우선 이론적인 연구 논문을 써야지. 이론 논문은 몸으로 때워서도 할 수 있다. 그러나 개발을 위하여 연구비가 있어야지! 이것이 문제였다.

연구비를 유치하려면, 관련 분야 실적이 있어야한다. 내가 아무리 좋은 연구를 하겠다고 한들 누가 알아 주냐! 관련된 기초 연구 결과가 없으면, 관련된 구경거리라도 제공해야 상대가 관심을 갖는다.

관련된 참고문헌들을 읽기 시작하였다. 돈이 들지 않는 이론 논문부터 작성하여 외국에 논문을 투고하였다. 당시에 학술진흥재단에서 지원하는 신임교수 정착금 성격의 연구비에 시선을 돌렸다. 경쟁률은 4:1. 4명 중 1명만 수혜 한다. 이는 예나 지금이나 같다. 경쟁이 있기 마련이다. 그 경쟁을 극복하지 못하면, 도태 된다.

나는 학술진흥재단과 과학재단이 지원하는 연구비들을 시작으로 하여, 당시의 교육부 등에서 지원하는 연구비는 거의 모두 수혜하였다. 구체적인 내용은 별도로 소개하고자 한다. 그렇게 되기까지 교수 생활을 나름대로 최선을 다하였다. 토요일과 일요일, 휴일, 그리고 명절까지도 학교에 나왔다. 난들 뾰쪽한 방법이 있었겠는가. 특별한 방법이 있을 수 없었다. 오로지 집중하여 열심히 하는 것뿐이다.

20년이 지난 현재, 광운대 '전자물리학과' 하면, 대외적으로 "디스플레이 분야에서 대단하지!" 라고 한다. 한해 20명 이상이 대기업에 취업한다. 물론, 나 혼자 잘나서 이런 결과를 얻었다는 이야기는 아니다. 그 다음이야기로 넘어 가자.

미국 MIT를 가다

이온현미경 개발에 결정적인 계기가 있었다. 교수 생활 5년차인 92년도에 당시 상공부의 공업기반과제로 이온현미경의 개발이 채택된 것이다. 연구비의 규모가 연간 1억 원을 넘는 과제였다. 당시로는 매우 큰 프로젝트였다. 이 과제를 성사시키기 위하여 당시의 학과 교수 전체의 노력이 있었다. 평가 될 만한 관련된 연구 논문의 실적도 좋았다. 당시 이 프로젝트를 심사하는 평가위원들이 우리학과 교수들의 개발 의욕을 높이 평가한 덕분이다. 우리는 이 과제를 지원받기 위하여 최선의 노력을 다 하였다. 이 장치의 개발을 위하여 설득력 있는 많은 데이터를 제시하였다.

이 과제 수행의 일환으로 미국 MIT의 전자연구실을 가게 되었다. 당시 과학재단의 신진교수에게 주어지는 교수해외연구지원 프로그램의 지원도 받았다. John Melengalis 교수가 이끄는 MIT의 전자연구소(Electron Research Lab.)에는 이온집속현미경이 3대가 있었다. 나의 연구실에도 한 대가 있었다. 우리학과의 집속이온현미경의 개발은 이때의 경험이 결정적인 계기가 되었다. 장치의 제작을 위하여 미국 현지에서 관련 부품을 구매하였다. 그 당시 주요 부품을 구입하기 위하여 우리학과의 최은하 교수를 현지에 오도록 하였다. 우리는 눈 내리는 보스턴 외곽에 있는 기업체들을 헤집고 다녔다. 그 기억들이 새롭다. 결국, 우리는 국내 최초로 대학에서, 그것도 학과 차원에서 이온현미경을 개발하여 보유하고 있다. 순수하게 우리 기술로 만들어진 장치이다.

신진교수 연구년, 무조건 보내라

교수들에게는 6년마다 주어지는 연구년이 있다. 이는 교수에게 주어지는 유일한 혜택이요 특권이다. 이 기회를 통하여 해외 대학을 경험하고, 교수들의 안목을 넓히는 계기가 된다. 가서 놀아도 얻는 것이 매우 많다. 국내에서 자빠져 자는 것보다 백번 낫다. 과거에는 과학재단에서 교수해외연수지원제도가 활발하였는데, 요즈음은 없어졌나? 아니면, 그 사업의 규모가 작아져서 지원받기가 하늘의 별따기 인가? 특히, 젊은 신진교수들에게 이러한 기회를 많이 주는 것이 절실하다.

요즈음은 교수 연구년 하면, 국내에서 지내는 경우가 많은 것 같다. 그것은 교수들이 비용부담 때문에 해외로 가지 못하는 것이다. 국가기관이 주는 교수해외연수지원제도의 기회를 얻기가 어렵기 때문일 것이다. 교수 개인이 해외체제 경비를 감당하기는 어렵다.

결국 대부분의 교수가 국내에서 연구년을 지낸다. 이것은 너무 무사안일한 일이다. 단순히 1년간 강의를 않는 것일 뿐이다. 그 결과는 별로 기대할 것이 없게 된다. 이런 것은 바람직하지 않다.

교수들이 강의에 대한 부담이 크다고 주장하는데, 나는 이에 동의하지 않는다. 강의 부담이 크기 때문에, 연구년을 통하여 쉬어야 한다는 이야기에 동의하지 않는다. 일주일에 3과목, 많아야 4과목인데, 시간으로는 주당 12시간 이내이다. 이것은 교수 생활 전체 투자시간에서 10~20%를 차지하는 수준이다. 나의 경우 교수생활의 시간 할당 비율은 강의 10~20%, 연구활동 80~90%이다.

연구를 안 하는 교수는 연구활동이 10~20%라면, 강의가 80~90%라는 말이 된다. 결국, 강의 부담이 크다는 말은 강의 밖에 하는 일이 없다는 말이다. 한 3개월 동안 주당 12시간 강의하고 나면, 방학이다. 방학은 2개월 정도이다. 겨울 방학은 더 길다.

그런데 무슨 강의 시간이 부담된다는 것인지, 납득하기 어렵다. 강의 부담이 많다는 이야기에 동의하지 않는 이유에 대하여는 추후에 또 설명하고자 한다. 아무튼, 연구를 열심히 하는 교수들에게는 연구년에 대한 지원제도를 보다 넓혀야 한다. 연구년이 안식년이라는 말 그대로 교수가 새롭게 태어나는 계기가 되도록 해 주어야 한다.

연구년은 신진교수에게는 폭 넓은 기회를 주어야 한다. 너무 연구실적 따지지 말자는 것이다. 신진교수들에게는 매우 중요한 계기가 될 수 있다. 그러나 연구년을 한 번이라도 경험한 교수의 경우는, 요건을 강화하여야 한다. 10년 동안 연구 실적이 형편없는 교수에게 뭘 했다고 연구년이냐! 10년 동안 쉬었으면,됐지. 무슨 연구년이냐. 연구년으로 1년 동안 쉬어라는 것보다, 차라리 영구년으로 영 쉬게 하는 것이 낫다.

해외로 연구년을 가면, 비용이 만만치 않다. 혼자 가든지, 가족이 같이 가든지, 만만찮다. 타국의 문화, 영어문제, 그리고 장기간의 체류 생활. 상당한 스트레스이다. 이러한 스트레스도 교수에게는 큰 수확으로 될 수 있다. 물론, 상대국의 해당 대학에서의 대우도 문제이다. 대부분은 대접이 형편없다. 연구실에 책상하나 준다면, 이는 특급 대우이다. 대부분은 도서관 출입증 정도를 준다. 자동차를 주차할 공간도 없다. 주차권을 제공하는 경우는 특특급 대우이다. 그러한 대접을 받더라도 교수들을 보내야 한다. 천한 대접을 받는 것이 문제가 아니다. 보고, 듣고, 뻔뻔해지고, 이러한 천대를 극복하는 것도 공부다. 해외에서 연구년의 기간 동안, 해당 대학 연구실의 세미나에 참여하여 연구를 같이 공유하는 것도 만만치 않은 일이다. 얻는 것이 많다. 국가 기관이나 대학의 젊은 신진 학자와 교수들에게는 이런 기회를 넓혀 주기를 기대한다.

3 대학의 시련

88년도에 종합대학으로 승격한 우리 대학은 그 어느 때보다 활기찼다. 60년대 단과대학으로 출범하여 종합대학이 되었으니, 제2의 창학을 맞이한 셈이다.

내가 부임했을 당시 70분의 교수가 있었다. 현재는 전임강사 이상의 교수가 약 300분으로 지난 20년간 교수의 수가 4배 이상으로 늘었다. 당시에 계셨던 전임강사 이상 70명의 교수 중에는 많은 분들이 정년으로 대학을 떠나고, 20년이 지난 현재 30분의 교수가 남아있다. 그리고 지난 20년 동안 250분의 교수를 초빙하였다. 대우교수 약 50분을 포함하면, 350명의 교수진이 되었다. 그동안 학생 수도 88년 당시의 3천명에서 현재는 대학원을 포함하여 약 만5천명에 달한다. 대학 캠퍼스의 건물들도 신축되거나 증축되었다.

88년 당시의 분위기는 국내 10대의 명문 대학으로 도약하는 것 같았다. 모두가 의욕이 넘쳤다. 실제로 90년도 초반에는 국내 10대의 사학으로 발돋움하는 분위기였다. 그도 그럴 것이 당시에 우리 대학의 여건이 매우 좋았다. 국내 전자산업의 발전에 편승하여 국내 유일의 전자공학분야로 특성화된 대학으로 정평이 나있었다. 이 분야만을 따진다면 국내 10위권의 대학으로 인정받기에 충분했다. 게다가 서울의 도심에 위치하고 있다는 이점이 있었다. 당시에도 서울의 인구 집중을 방지하기 위하여 대학의 정원을 동결하는 추세였다. 각 대학들은 수도권 밖으로 제2의 캠퍼스를 조성하였다. 따라서 서울의 대학 진학 수요는 넘쳤다. 상대적으로 서울 거주 학생의 다수가 수도권 밖으로 진학해야 했다. 소위, 서울에 있는 대학이 서울대학이고, 서울 범주에 있는 제법 떨어진 대학이 서울 법대, 서울에서 상당이 떨어진 대학은 서울 상대라는 말이 나왔다.

그러나 현재의 우리 대학을 평가한다면, 솔직히 국내 20~30위권의 대학이라면 별다른 의의가 없을 것이다. 물론 전자공학 부분만을 타지면 20위권 이라고 하면 좀 섭섭하다. 이공계는 평가하기 나름이지만, 20위권 이내라고 하고 싶다. 물론 전자부분만을 따지면, 20위권도 섭섭하고, 10위권이라고도 자부하고 싶다. "뭐, 등위가 그렇게 대단하리요!". 최근의 학내의 분위기는 상당히 침체되어 실질적인 체감 분위기는 30위권 밖에 있다는 느낌이다. 그러나 이것도 우리 교수들이 일심으로 마음먹기에 따라서 얼마든지 단기간에 명문 사학으로 부상할 수 있을 것이다. 문제는 어떻게 의기투합하느냐는 것이다.

2009년 현재, 총장도 새로 모셨으니, 새로운 리드쉽을 기대한다. 뭐니 뭐니 해도 교수들이 연구 논문을 많이 내도록 분위기 전환하는 것이 첩경이다. 대학의 실질적인 질은 교수들의 논문이 말해준다. 학생들의 취업의 질도 교수들의 논문에서 비롯된다. 교수는 논문으로 말한다. 이점을 새 총장이 인식해 주었으면 한다.

입시사건

우리에게 가장 뼈아픈 사건은 광운대 입시사건이었다.

내가 이 사건을 처음 접한 것은 미국의 MIT에 있을 당시인 1993년 2월이었다. 어느 날 아침, 팩스가 한 장 들어왔다. 한국에서 일간지 신문을 팩스로 내게 보내준 것이다. 그 팩스에서 처음으로 광운대 입시사건의 보도를 접하였다.

이 사건으로 한창 뻗어 나가려는 우리 대학에 제동이 걸렸다. 이 사건의 여파는 현재까지도 우리 대학에 미치고 있다. 이 사건이 우리 대학의 발전에 크나 큰 걸림돌이 된 것은 사실이다. 이 사건을 우리가 현명하게 극복하지 못한 것이다. 그 이후 대학은 15년이라는 긴 세월을 허비하고 말았다. 우리는 스스로 많은 시련과 갈등 속에 매몰되어 헤어나지 못하였다.

또 다른 측면에서 보면, 이 사건은 한국 사립대학의 역사라고 생각된다. 이 사건과 관련하여 자세한 이야기를 여기에 남긴다. 나는 1994년부터 1997의 기간 동안 대학의 '기획관리실장'의 보직을 맡으면서, 이 사건에 대하여 직간접적으로 경험하였다. 이와 관련된 이야기를 하고자 한다.

1993년 3월은 문민정부가 출범하는 정권 인수 기간이었다. 과거에도 정권 출범 초기에는 사회 정화 차원에서 부정과 비리를 척결하는 것이 일반화된 정책이었다. 대학의 입시부정도 그 일환임에 틀림없었다. 이제는 대학에서 이런 형태의 부정은 거의 없다할 것이다. 당시 사학의 기부금 입학은 공공연한 관행이었다. 해방이후 학벌을 중요시 하는 우리사회에서, 대학 졸업장을 사고파는 행위는 다반사였다. 70년대 월남전에 파병되어 복귀한 젊은 제대 군인을 대상으로 하여, 소위 '청강생 장사'로 사립대학들이 성장한 것도 사실이다.

80년대에 이르러서야 한국의 대학들이 비로소 대학의 면모를 갖추기 시작하였다. 학문적인 토대를 갖추고, 그에 걸 맞는 캠퍼스를 갖추기에 이르렀다. 대학은 양적으로도 큰 성장을 하게 되었다. 특히, 80년대 말에는 사립대학들이 너도 나도 제2캠퍼스를 조성하는 시기였다. 대학의 성장은 많은 재정을 필요로 하였다. 이러한 재정의 상당부분은 음성적인 기여금 입학에서 조달되었음을 부인하기 어려울 것이다.

우리 광운대학은 막차를 탔다. 88년 종합대 승격으로 의욕적인 발전을 구가하였다. 낙후된 시설과 공간의 부족문제를 해결하여야 했다. 88년 당시 화장실의 수준은 형편없었다. 수세식 화장실이 사라진 것도 그리 오래 전의 일이 아니다. 공간의 부족은 나의 신임 교수 초임 시절에 개인 연구실이 없었다는 것으로 잘 대변된다. 연구실은 고사하고 강의실의 수준도 형편없었다. 가난했던 시절의 대학의 모습이었다.

88년 당시에 대학 본부가 있는 화도관은 4층 건물이었다. 공대 건물인 비마관도 현재의 모습이 아니었다. 자연과학대학도 당시에는 5층 건물이었다. 연구관도 없었다. 물론 문화관도 없었다.

당시에 광운대의 기부금 입학은 학내에서는 공공연한 비밀이었다. 대부분의 교수가 알고 있었다. 학생들도 알고 있었다. 등록금 투쟁 때마다 이 문제가 일종의 '아킬레스건'이었다. 학생들에 의한 89년의 등록금 투쟁에서도 학생들이 이 문제를 제기함에 따라서, 결국은 두 손 들고 등록금을 동결하고 말았다. 뒤에서도 이야기 하겠지만, 우리 대학의 당시의 기여금 입학과 관련하여, 비록 음성적이었지만 관련 교수들 어느 누구도 단한 푼의 횡령 사실이 없었다는 것이다.

입시사건의 여파는 대학 민주화 바람에 편성하여, 우리 대학을 혼란의 장으로 만들기에 충분했다. 그것은 가장 먼저 총장직선제로 표출되었다. 이로 인하여 입시사건과 함께 대학의 혼란으로 표출되었다. 입시사건으로 당시에 재단의 이사들이 모두 교체되는 가운데, 재단 경영의 공백이 큰 혼란을 초래하였다. 재단의 경영과 총장의 선출이 서로 맞물려서 상승 작용하였다. 이로 인한 대학의 교수들 간에는 첨예한 갈등이 초래되었다. 그것이 직원 사회에도 영향을 미쳐서 복잡하게 얽혔다. 그나마 다행인 것은, 그 당시에 학생들은 묵묵히 자리를 지켜주었다.

결과적으로 총장직선은 실패하였고, 짧은 기간 동안 총장 직무대행을 포함하여 총장이 5차례나 바뀌었다. 엄밀하게 들어다보면,

교수들 간의 반목이 초래한 결과이다. 어느 교수가 총장이 되면, 그것을 여러 이유에서 받아들이지 않았다. 이는 누구의 잘못이기 이전에 우리 교수 전체가 각성해야할 사안임에 틀림없었다. 총장이라는 그 자리를 우리가 그렇게 집착할 이유가 없었다. 어느 누구가 총장을 하여도 당시에는 입시사건의 후속 처리를 위한 일과 대학의 안정에 서로 지혜를 모았어야 했다. 그러나 그것은 그리 쉬운 일이 아니었다. 총장 선출 과정에서도 입시사건의 책임문제를 활용하기에 충분했다. 그 결과 모두가 상처를 받았다. 그러한 상처는 아직도 아물지 않았다. 총장의 자리는 결국 외부에서 영입하게 되었다. 외부 영입 총장으로 교수 내부의 갈등은 수면 아래로 가라앉은 것 같았다.

대학뿐만이 아니라 재단의 운영도 갈피를 잡지 못하였다. 임기 만료 이사의 후임을 선임하지 못하여 7인의 이사 중에 최종 3인이 남았다. 결국 이사회 정족수 미달로 사고 재단이 되었다. 그리하여 1997년 3월경 교육부로부터 임시이사가 파견되기에 이르렀다.

임시이사 체제는 2010년 현재 13년이 되도록 해결되지 않고 있다. 대학이나 재단의 이러한 문제들은, 엄밀히 들여다보면, 대학의 경영을 둘러싼 헤게모니 싸움이다. 쉽게 말해서 대학운영을 내가 주도해야겠다는 것이다. 그 가운데 임시이사들의 안이함과 무책임함이 대학의 갈등과 맞물려 더욱 복잡한 양상으로 변모하였다. 서로가 상대를 인정하지 않는 강경한 사고를 갖고 있는 교수들의 의식이 변하지 않는 한, 이 문제는 아직까지도 해결되기 어려워 보였다. 안타까운 것은 그러한 가운데 대학의 본질이 파괴되어 가고 있다는 것이다.

갈등의 시작

94년 MIT에서의 연구생활을 마치고 귀국하였다. 대학과 재단의 분위기는 극도로 어수선했다. 그러한 가운데 강준길 교수가 제 4대 총장으로 선임되었다. 나는 기획관리실장의 보직을 받고 일하게 되었다. 나는 연구실을 폐쇄하고 학교 일에 전념하였다. 사고 재단이 되어 임시이사가 파견된 97년까지 이 업무를 수행하였다.

당시에 40대 중반의 젊음이 이 업무를 견디도록 하였으나, 말할 수 없는 온갖 고초를 다 겪었다. 이제 그때의 이야기를 여기에 남긴다. 97년에 기획관리실장을 그만둔 이후로 대학의 행정체제가 기획처장으로 바뀌었다. 이러한 직제의 개편에 대하여 대학의 어느 누구도 말이 없다. 아마도 개편의 의미를 교수들이 잘 모르는 듯하다. 기획관리실장과 기획처장의 업무에 대한 차이를 교수들이 잘 모른다. 당시에 직제가 왜 이렇게 바뀌었는지에 대하여는 여기에서는 밝히지 않겠다.

강준길 교수의 총장 선임에 대하여 짚고 넘어가자. 직선제로 선출된 총장이 6개월이 채 안되어 사퇴하였다. 그 후 상당기간 총장 직무대행으로 대학이 운영되었다. 그리하여 총장 선출 방식을 직선제에서 '총장후보 추천위원회' 의 방식으로 변경하였다. 그 과정에서 논란이 많았다. 상당수의 교수들이 총장후보 추천위원회를 인정하지 않았다. 물론 당시에 직선제 총장이 임기를 채우지 못하고 도중하차한 것도 우리에게는 뼈아픈 과거였다. 참으로 안타까운 일이다. 아무튼, 총장추천위원회에서 6명의 후보가 재단에 추천되었다. 당시의 재단은 우리 대학 전자공학과 1회 졸업생인 전자공학과 강준길 교수를 4대 총장으로 임명하였다.

그러나 그 정통성을 두고 시비 거리였다. 어찌 보면, 총장추천위원회 방식은 그 이후의 박○ 총장과 이상철 총장에 이어서 현 총장까지도 이 제도로 선임되고 있다. 그러나 당시에는 이 제도 자체를 인정받기 어려웠다. 그도 그럴 것이 총장 직선제 과정에서의 후보군들의 반발은 충분히 예상할 수 있는 일이다. 또한, 직선으로 선임된 총장이 임기를 채우지 못하고 도중에 사퇴하는 등의 혼란한 상황이었다. 따라서 '총장추천위원회' 방식으로 선임된 총장을 인정하기 어려운 것이다. 게다가 강 총장은 소위 지지 교수 세력이 없는 분이었다. 지지세력 없이 총장직을 잘 수행할 수 있을지에 대하여, 모두가 6개월 이상 못 버틸 것으로 예견하였다. 그렇게 대학이 혼란스러웠다.

기획관리실장의 업무를 시작하면서, 최우선 과제로 입시사건 관련 문제를 생각하였다. 이는 입시사건으로 형사 처분 받은 교직원들의 처우 문제이다. 앞에서도 언급하였지만, 광운대 입시사건과 관련된 어느 한 사람도 횡령이나 개인적으로 착복한 사실이 없다. 모두가 업무방해죄이다. 죄의 경중을 떠나서 형사 처분 받은 교직원들은 모두가 광운의 가족인 것이다. 당연히 우리가 돌봐야 할 가족이었다. 학내에서 총장에 대하여 시비를 걸어오든 말든, 나에 대하여 온갖 욕설 이상으로 비난을 하든 말든, 당시에 나는 일체 대응하지 않았다. 외로운 업무 수행이었다.

가장 먼저 영등포 교도소를 찾았다. 입시사건 당시 교무처장인 조 교수를 면회하였다. 기획관리실장으로서 맨 처음한 일이었다. 특별면회를 하였다. 교도소 바깥의 잔디밭에서 조 교수 가족과 함께 여러 사람이 둘러 앉았다. 조 교수님이 기도하였다. 조 교수님의 기도에 그 자리에 있던 모든 분들이 눈물을 흘렸다. 나는 내가 할 일이 무엇인지를 깨달았다. 대학에서 이 분들을 위한 아무런 대책이 없다는 말인가? 무엇을 어떻게 할 것인가. 길은 있을 것이다. 면회를 마치고 돌아오는 길에 최선을 다하겠다고 마음속으로 다짐

하면서 나도 눈물을 흘렸다. 그 분들의 죄가 무엇인지는 몰라도, 그 분들의 죄는 우리 모두의 죄다.

우리가 죄인입니다

다음날 아침 일찍 총장실로 갔다. 총장님을 옆에 앉아 계시라고 하고, 법무부 장관실로 내가 직접 전화하였다. 법무부 장관 비서실 관계자가 전화를 받았다. "여기 광운대 총장실입니다. 총장님께서 장관님을 뵙고자 합니다"라는 말로 시작되었다. 법무부 장관이 쉽게 만나줄 리가 있나. 예상할 수 있는 일이다. 그러나 나로서는 저돌적으로 덤비지 않을 수 없다. 그렇다고 대학 총장이 장관을 못 만날 이유도 없다. 비서실에서 무슨 용무인가를 물었다. 광운대 입시사건 관련하여 수감된 교수들의 문제라고 하였다. 비서실의 답은 장관이 바빠서 시간 내기 어렵다는 것이다. 그 문제라면 만날 일이 없다는 뜻이다. 한참을 실랑이하였다. "지금, 총장님 모시고 갈 터이니 만나 주시든지 말든지 우리는 가겠다."하고 전화를 끊었다. 곧바로 총장님 모시고 법무부로 갔다. 대책이 없을 때는 막다른 골목이라도 들어 가야한다. 장관 비서실에서 비서들과 실랑이 하였다. 명색이 대학 총장을 세워 두고, 비서들도 난감해했다. 결국, 외부에 있는 장관과 총장이 통화하였다. 장관의 이야기가 이 문제는 교정국장을 만나보라는 것이었다. 곧 바로 총장님을 모시고 교정국장실로 갔다. 교정국장은 현직 검사였다.

교정국장실에서 나는 소파에 앉지 않고 바닥에 무릎을 꿇고 앉았다. 나도 조 교수와 같은 죄인이라는 것이다. 읍소하였다. 아마도 같은 연배의 교수가 와서 무릎을 꿇고 읍소하니 난처했을 것이다. 다행히 교정국장이 친절하게 대해주었다. 사면과 관련하여 자세한 설명을 해 주었다. 우리는 삼일절 특별사면이나 사월 초파일 특사를 목표로 하였다. 사면 대상이 되려면, 우선 교도소의 수감 성적이 좋아야 한다는 것이었다.

다음 날, 나는 대학의 직원을 대동하고, 영등포 교도소 소장을 면담하고자 하였다. 조 교수님은 교도소 생활이 모범적이었다. 교도소 소장도 조 교수에 대하여 잘 알고 있었다. 조 교수가 교도소 내에서 대단히 인기가 있다는 것이다. 수형자들에게 중등과정의 검정고시준비 강의를 하고 있었다. 그 강의가 수형자들에게 큰 인기란다.

조 교수는 8.15 특사로 나오셨다. 아무리 어려운 고통 속에서도 항상 유머를 잃지 않으시는 교수님. 우리 광운대는 이 분들에 의하여 성장하여왔다. 입시사건으로 연루된 교직원분들이 이제는 거의 모두 강단을 떠났다. 우리는 그 분들에게 한 일이 아무 것도 없다. 오히려 그분들을 선별하여 우리들의 주관적인 잣대를 들이 대었다. 어떤 분들에게는 우리가 또 다시 큰 상처만을 안겨드리는 꼴이 되었다. 그것도 우리의 크나 큰 과오이다. 그 분들에게 죄가 있다면, 대학의 보직을 맡은 죄이다. 그리고 광운의 한 가족이었다는 죄이다. 이제라도 이 분들에게 조금이라도 위로가 되는 일이 무엇인지를 생각해야 한다. 과거 없는 현재가 없다. 그리고 미래도 없다. 잊지 말아야 한다. 입시사건, 15년이 지난 지금도, 우리가 죄인이다.

끝없는 갈등

대학의 보직을 수행하는 기간 중에, 대학은 대학대로, 재단은 재단대로, 그리고 대학과 재단이 맞물려서 그 갈등은 더욱 심한 양상으로 전개되었다.

교수들은 당시의 총장체제를 인정할 수 없다는 것이다. 직원들도 마찬가지였다. 재단의 일부 관계자들도 총장을 무너뜨리기 위하여

혈안이었다. 총장뿐만이 아니라 기획관리실장인 나도 직접적인 타겟이었다. 내가 대학의 실세라나! 어느 날 아침 일찍 학교에 출근하면, 학내의 도처에 정체불명의 유인물이 뿌려졌다. 내용은 '누구의 앞잡이, 조광섭 물러나라' 는 내용이다. 작성자는 Phoenix(불사조)란다. 어느 날은 대학 정문에 현수막이 붙여졌다. "조광섭 기획관리실장 물러나라–광운대 노동조합". 어느 날은 직원이 술을 먹고 총장실에 들어와서 난동을 부렸다. 이런 유인물들을 당시의 반대편 교수들은 복사하여 전 교수에게 보라는 듯이 배포하였다. 그리고 이런 행위에 대하여도 총장은 속수무책이었다. 오로지 무시하는 것이 상책이었다. 아무리 무기명으로 유인물을 뿌리지만, 그 배후를 짐작할 수 있다. 물론, 이러한 행위들에는 그 원인이 있다. 그 원인의 제공자는 당시의 총장이고 교무위원일 수 있다. 왜 그분들의 마음을 상하게 했을까? 왜 그분들에게 보다 진정성을 가지고 대하지 않을까? 우리가 못난 탓이다.

이러한 문제를 우리는 어떻게 이해해야 할까? 답은 간단하다. 일종의 홍역이다. 우리가 치르고 가야하는 것이다. 이 문제에 관한한, 나는 어느 누구를 미워하거나 비난할 생각이 없다. 당시에는 어느 누구가 총장을 하여도 마찬가지였을 것이다. 많은 비난과 질책 속에서도 학교의 일을 맡은 이상 성실하게 해야 한다. 그것은 당시의 총장과 직무대행 총장들 그리고 모든 보직자들 누구나 주어진 일에 열성으로 다 했을 것이다. 문제는 서로 간의 반목과 질시가 풀어지지 않는 것이 문제다.

제가 기획관리실장으로 학교 일을 수행하는 동안에도 많은 사람들이 마음에 상처를 받았을 것이다. 그런 분들에게 본이 아니었음을 사죄드린다. 솔직히 지금은 당시에 나를 비난하고 험담한 교직원을 만나면 반갑다. 일체, 옛 감정이라고는 없다. 진심이다. 이제는 우리 모두가 마음을 열고 서로를 받아들이자. 갈등의 끝은 없는가?

입시사건으로 교수와 직원 12분이 실형을 받았다. 당시에 현실적인 문제는 이 분들의 생계비 지원이었다. 이 분들 모두가 실형으로 인하여 강단과 대학을 떠난 상태이다. 대학에서 공식적으로 급여를 제공할 수 없었다. 그러나 우리는 이 분들에게 정년 때까지 당시의 급여에 해당하는 액수를 지원하였다. 이 분들 중에는 사면되어 강단에 다시 서게 된 이후에는, 대학에서 특별 채용 형태로 대우하였다. 이제, 이 문제도 내가 아는 한도 내에서 밝히고자 한다. 그 액수의 규모는 10억 원대가 넘는 것으로 기억한다.

95년 어느 날, 서울북부검찰의 특별수사부가 대학에 들이 닥쳤다. 경리장부 일체 한 트럭분을 압수하여 갔다. 이로 인하여 학내에서는 누군가는 크게 다친다. 총장이 구속될 걸. 기획관리실장이 구속될 걸. 소문이 난무하였다. 대학을 흔들어 놓고, 뒤에 앉아서 불구경하는 사람들이 많았든 모양이다.

이 사건으로 전임 총장직무대행이신 심 교수, 당시 총장, 그리고 나도 검찰의 조사를 받았다. 물론, 경리과 해당 부서장도 조사를 받았다. 사건의 내용은 이렇다. 대학에서 거액을 횡령하여 부당하게 구속자에게 지급했다는 내용 등이다. 따라서 조사 내용은 입시사건의 형사 처벌된 교직원들에게 지급된 돈이 문제였다. 그러나 이 사건으로 대학에서 피해를 본 사람은 없었다. 결론적으로 대학의 자금을 불법적으로 유용하여 입시사건 관련 교직원들에게 지급된 사실이 없다. 그 돈은 모두 조 총장이 지원하였다.

당시에 우리 대학의 교수나 직원들, 어느 한 사람의 돈도 형사 처분을 받은 교직원들에게 지급된 사실이 없다. 물론 이 분들을 돕자는 목적으로 교수와 직원들이 상당액을 모금하였다. 그러나 모금액 중에 단 한 푼도 이 분들에게 지급한 사실이 없다. 그 이유는 당시의 많은 교수들이 이 돈을 건들리지 말 것을 총장과 나에게 협박(?)아닌 이야기를 해왔기 때문이다. 인정할 수 없는 총장체제에서는 자신들이 모금한 돈을 집행하지 말라는 것이다. 지금 생각하면 웃을 일이다. 그러나 당시의 분위기로는 이해가 된다. 그 만큼 당시에 나 자신부터 교수들을 이해시키거나 설득과 협조를 구하는 노력이 부족하였다. 내가 못난 탓이다. 교직원들이 모금한 그 돈은 한 푼도 건드리지 않았다. 기획관리실장을 그만두면서 인수인계하고 연구실로 돌아왔다. 그 후에 이 돈이 용도에 맞게 사용되었는지는 알지 못한다.

기획관리실장으로 일하는 기간 중에 매월 급여 날이 되면, 입시사건 관련 교직원의 급여를 준비하는 일이 주요한 업무 중의 하나였다. 그렇다고 이 문제를 떠들면서 처리 할 수도 없었다. 조용히 해결해야 한다. 나의 기억으로는 당시에 몇 차례에 걸쳐서 조 총장이 나에게 주셨다. 적지 않은 액수이다. 내가 고마운 것은 그런 큰돈을 나에게 주면서도 일체의 말씀이 없었다는 것이다. 나 같으면, 생색도 내고, 이제는 대학에서 알아서 하라고 할 수도 있었을 것이다. 그리고 당시에 모든 책임은 조 총장이 져야한다며, 온갖 비난을 받았는데도 말이다. 이 문제에 관한한 조 총장께 감사할 뿐이다.

사고재단

입시사건 당시 재단은 이영구 변호사가 이사장이었다. 입시사건으로 이영구 이사장이 도의적인 책임을 지고 물려나셨다. 재단 이사회에서는 후임 이사장으로 탁희준 전 성균관대 법학교수를 선임하였다. 탁희준 이사장은 법학계 원로로서 조 총장이 평소에 존경하는 인물이었다. 연로하신 탁희준 이사장은 당시의 대학의 혼란상

황과 재단의 운영을 두고 설립자 친족들의 개입으로 많은 고생을 하셨다.

광운 학원의 이사의 수는 7인으로 구성되었다. 그러나 3인의 이사가 임기 만료되어 4인의 이사로 겨우 회의 정족수만 남았다. 그렇게 되기까지 임기 만료된 이사들의 후임을 선임하지 못하였다. 그 이유는 설립자 친족들이 후임 이사로 선임하여 줄 것을 강하게 요구하였기 때문이다. 당시에 최종 4인의 이사는 탁이사장과 손성희 서울대교수, 조인성 광운고등학교장, 그리고 당연직으로 강준길 당시 대학 총장이었다. 그러던 어느 날 조인성 교장의 이사 임기 만료일이 되었다. 그 날의 이사회에서 후임 이사를 한 분이라도 보충하지 못하면, 자동으로 이사회 회의 정족수 미달로 사고 법인이 되는 것이다. 그 날의 이사회도 파행으로 끝났다. 당시의 이사들의 우려는 다음과 같았다. 친족들의 요구대로 후임 이사를 선임하면 광운학원이 더 이상 명맥을 유지하기 어렵다는 판단이었다. 결국 당시의 이사들은 차라리 교육부에 이사를 보충하여 달라는 것으로 결론을 지었다. 그러나 교육부는 당시의 탁 이사장을 포함한 최종 이사 전원을 승인 취소하고 1997년 2월 임시이사를 파견하였다. 이때의 결정으로 만 13년이 지난 아직까지도 임시이사 체제를 면하지 못하게 될 줄은 아무도 몰랐다.

여기서 혹자는 광운 학원이 사고재단이 되게 된 원인에 대하여 이상하게 생각할 수도 있을 것이다. 이해를 돕기 위하여 좀 더 구체적으로 기술하고자 한다. 당시에 나는 대학의 업무뿐만이 아니라 법인의 업무에도 간여해왔기 때문에 당시의 상황을 이야기 할 수 있다. 얼핏 보면 이사 한분만 보충 선임해도 되는데, 왜 그렇게 하지 못했는가할 것이다. 그렇게 간단하지 않았다.

이 문제를 이해하기 위하여 설립자 조광운 박사의 후손을 이야기하여야 한다. 입시사건 이전 까지만 하여도 광운학원은 조무성 초대총장이 실질적으로 경영하였다. 조광운 박사 이후에 광운학원과 대학에 교육용 자산 및 수익용 자산의 상당 부분을 기부체납한 사람이 유일하게 조 총장이다. 조 총장은 일가 친족들이 광운학원의 운영에 간여하지 않도록 하였다. 특히, 대학의 문제에는 어떤 형태로든지 친족들의 간여를 배제하여 왔다. 대학에 대한 이권 개입이나 교수 채용 관련 개입 등 어떠한 것도 크게 문제를 야기할 소지가 있다는 것이다.

실제로 학원의 문제에 개입하여 많은 문제를 야기한 실례도 많다. 입시사건의 발단도 여기에서 비롯되었다. 당시의 첫 보도를 보면, 이들 친족의 한 사람이 어느 여고생의 학부모로부터 금품을 받고, 그 대가로 광운대학에 입학하게 해준다는 것이었다. 그러나 해당 여고생이 대학에 합격하지 못하였기 때문에 이것이 폭로되어 첫 방송을 탔다. 실제로 이사회 개최 때마다 이들이 이사회 회의장을 점거하거나 방해하여 이사회를 개최할 수 가 없었다. 오직하면 관련 이사들이 신변에 불안을 느껴 개인 경호원까지 대동하고 이사회에 참석하겠는가. 당시에 그 분위기란 사고재단이 되고도 남는다.

여기서 또 한 가지 짚고 갈 일은 당시의 교육부 처분이다. 최종 이사로 3인이 남았으므로 1인이나 2인의 임시이사를 보충하는 형태로 파견하였다면 광운학원의 문제가 이렇게까지 오랜 시간이 걸리지 않았을 것이다. 물론 당시에 교육부도 나름대로 잘 판단한 결과라고 믿고 싶다. 한편으로는 당시의 교육부는 사립대학의 문제를 해결하려는 의지보다는 오히려 문제를 부추겨 즐기려는 뜻한 인상을 지울 수 없었다. 그렇다고 사립대학을 공립화 할 수도 없는 상황이었다. 이러한 사고재단은 교육부가 개입하여 이사진도 파견하고 총장 선임에도 일정부분 개입하는 인상을 받았다. 일단 임시이사가 파견된 사립대학은 좀처럼 정식이사 체제로 환원되지 않는 이유도 이러한 관점에서 오해의 소지가 있는 것이다.

임시이사가 파견된 많은 사립대학들이 안정되기는 고사하고 십여 년이 지나도록 정식이사 체제로 전환되지 않는다. 그리고 파견된 임시이사들의 학원 경영에 대한 태도도 문제이다. 해당 학원에 임시이사가 파견되면, 어떤 요건을 만족하면 임시이사가 철수한다는 프로그램이 전혀 없다는 것이다. 임시이사들이 파견된 해당 학원의 문제를 해소할 아무런 프로그램도 없다. 무작정 파견이다. 세월만 보내고 그 다음 임시이사에게 넘겨진다. 즉, 어떤 문제만 해결되면 임시이사가 철수한다는 구체적인 계획과 타임테이블이 없다는 것이다. 오히려 임시이사가 파견되면 더 복잡한 문제로 비화되기 일쑤이다. 우리 광운학원이 대표적 사례가 아닌가 한다. 이러한 임시이사 제도의 폐해를 지적한다. 예컨대, 이사 선임을 못하였으면, 보충하면 된다. 공금을 횡령하였다면, 일정액을 변제하게하고 일정기간 이사진에 선임되지 못하게 하면 된다. 비리가 있었다면, 그 문제가 해결되면 된다. 이와 같이 구체적인 임시이사의 계획이 없다는 것이다.

임시이사가 파견되어 97년 4월경에 임시이사들에게 대학의 업무를 보고하는 것을 끝으로 나는 연구실로 복귀하였다. 그렇게 험난한 기획관리실장직을 사임하였다. 당시에는 임시이사가 파견되면 총장을 비롯한 전 교무위원이 일괄 사표를 내는 것이 관례이었다.

당시에 임시이사진은 이세중 변호사가 이사장에 그리고 강문규 이사 등 사회활동을 하는 인사 7인이었다. 나로서도 이 분들의 경륜에 광운학원이 안정을 되찾을 것으로 기대하였다. 그러나 이 분들에게 대학의 업무를 보고하는 자리에서 뭔가가 잘못되고 있다는 것을 직감하였다. 이 분들은 광운학원과 대학의 문제에 대하여 사전에 상당한 오리엔테이션이 있었던 것 같았다. 그것은 상당히 잘못된 정보로 당시의 총장과 나를 비롯한 교무위원에 대하여 나쁜 인식을 갖고 있는 듯하였다. 그리하여 대학의 업무보고도 가장 늦게 하게 되었고, 업무보고도 귀담아 듣지 않는 듯하였다. 오히려 총장과 우리가 마치 광운학원과 대학에서 온갖 비리와 갈등을 초래하는 것으로 인식하는 듯하였다. 대학의 업무보고 이후에 대학을 감사하는 형식에서도 그러나 정황이 여실히 나타났다. 예컨대 기획관리실의 업무 감사에서 무언가 있을 것을 기대하였으나 아무 것도 없었다. 그러나 이상한 논리로 비리가 만연된 것으로 포장되었다. 예를 들면, 기획관리실 업무 중에는 대학출판부가 있었다. 출판부에 무슨 큰일이 있겠는가. 당시에 대학물리학 교재를 대학출판부에서 인쇄하여 판매하였다. 무엇이 문제가 되는지는 알 수 없었으나, 큰 문제로 포장되었다. 그 배경은 짐작이 가고도 남았다. 임시이사체제의 광운학원은 설립자의 친족으로 조광운박사의 장손(현재 공금횡령 등의 혐의로 7년의 형을 받고 복역 중)이 좌지우지하는 형태로 변하였다.

끝나지 않는 혼란

이세중 이사장은 설립자 장손에게 학원의 업무를 모두 맡기는 형태로 재단을 운영하였다. 이세중 이사장께서는 사회활동으로 얼마나 바쁘신 분인지는 모두가 잘 안다. 평교수로 연구실에 돌아온 나는 어느 날 이세중 이사장에게 설립자 장손의 문제에 대하여 편지를 썼다. 그것은 광운학원의 운영에 사고가 날 수 있다는 내용이었다. 내가 왜 이러한 생각을 할 수 있었는지는 그 배경을 이야기 하자면 길다. 뒤에서 자세히 언급하겠다. 단적으로 기획관리실장을 하는 동안 설립자 장손의 행태에서 재단과 관련하여 금전적인 사고로 비화될 수 있는 일들이 여러 건 있었기 때문이다.

한 번은 모 중견 건설회사가 광운초중등학교 부지에 아파트를 짓는다는 개발 프로젝트 이야기가 나왔다. 그리하여 모 건설사와 가계약서까지 작성한 것으로 들어났다. 그 외에도 유엔과 관련된 국제단체로 부터 대학의 교육 사업에 무상 원조 형태의 투자(약 천만 불 상당으로 기억됨)를 유치한다하여, 우선 재단에 있는 수익용 자산인 은행 예치금을 담보로 그 프로젝트를 성사하려는 일도 있었다. 이런 일들이 자칫 큰 사고로 이어질 뻔하였다. 물론 법인이나 대학을 위하여 이런 사업에 흥미를 가질 수도 있다. 그러나 이러한 일은 적절한 절차가 있어야 한다. 그렇지 않으면 반드시 사고로 이어지는 것이 불을 보듯 하다. 이런 유사한 일들이 매우 우려스러웠다.

결국은 그 당시에 100억 대의 사고가 터졌다. 재단의 유일한 수익용 자산인 남대문의 봉래동 소재 빌딩이 남의 소유로 넘어갔다. 재단의 은행 예치금이 한 푼도 없이 인출되어 소실되었다. 그 외에도 모 건설사로부터 상당액을 받았다고 한다. 이 사건도 우리 광운에 큰 상처이다. 이사장이 학원의 인감까지를 모두 맡겼으니, 이 사건은 충분히 예견 되고도 남는다. 이세중 이사장과 임시이사들은 설립자 장손이 그럴 줄은 꿈에도 상상도 못했다고 하였다. 임시이사들 이구동성으로 설립자 장손을 칭찬했다고 한다. 임시이사들을 얼마나 잘 모셨는지, 임시이사들의 부인들도 설립자 장손이 이런 사고를 내었다고 하니 믿기 어렵다 하여, 눈물을 보였을 정도로 이사들에게 믿음을 쌓았다고 한다.

설립자 장손이 이렇게 된 것은 임시이사들의 책임이기 이전에 우리의 책임이기도 하다. 이게 무슨 이야기 인지 설명하겠다. 그 이유는 당시의 박 총장 이하 모두가 현명하게 설립자 장손을 대하였다면, 이런 일은 일어나지 않는다. 이는 분명히 당시 총장이하 몇

몇 대학의 행정을 맡은 교수들의 정치적인 욕심에서 비롯된 것임을 부인하기 어려울 것이다. 대학의 행정을 맡은 분들은 개인의 정치적 이해득실에 의하여 업무를 행하면 안 된다. 우리의 잘못이 아닐 수 없다.

강준길 총장과 교무위원들이 일괄 사임하였다. 강 총장은 임시이사회에서 전자공학과 교수로의 복귀가 결정되었다. 현직 교수가 총장직에서 떠나게 되면, 해당 대학에 원대 복귀하는 것이 당시의 관례이고 대법원 판례도 있다. 그 후임 총장으로 박 총장이 선임되었다. 그리고 대학의 교무위원은 대부분 강 총장을 반대했던 교수들로 채워졌다. 당연히 강 총장의 교수직 복귀도 차일피일 미루어졌다. 결국, 강 총장의 교수직 복귀는 법원에 소송을 통하여 복귀되었다. 이 점도 참으로 애석한 일이다. 같은 동료 교수로서 이 일은 서로가 반성할 일이다.

북부지방법원에서 강 교수의 교수직 복귀를 위한 공판이 있던 날이다. 나는 원고인 강 교수와 함께 공판 법정에 참석하였다. 강 교수 개인에게는 심각한 신변상의 문제이다. 그 날의 공판에는 당시 대학의 기획처장이 방청석에 앉아 있었다. 얼마나 궁금하였으면 바쁜 일정에도 대학의 기획처장이 참석했을까? 재판이 끝나서도 기획처장은 강 교수와 나를 아는 채도 하지 않았다. 그렇게도 강 교수를 대학에 발도 붙이지 못하도록 해야만 하였을까? 그토록 강 교수가 큰 죄를 지었을까? 잘못이 있다면, 강 교수가 자신을 반대하여 온 교수들의 뜻을 따르지 않고, 강 교수가 일찌감치 총장직에서 내려오지 않은 죄인데? 당시의 이런 모습은 우리대학의 비극이었다.

재판정은 강 교수가 복직하도록 대학에 명하였다. 강 교수의 복직에는 법원의 소송 등으로 몇 년의 세월이 걸렸다. 그 기간 동안 강 교수의 마음고생이야 당사자가 아니고서는 어떻게 알겠는가. 경제적인 어려움은 어떻고. 아무리 서로를 헐뜯고 싸워도, 신분상의 문제로 동료 교수를 괴롭히는 일은 없어야 한다. 강 교수의 복직을 끝까지 방해해온 교수들도 진정으로 자신들의 뜻이 아니었을 것이다. 우리 광운의 질곡의 역사의 산물쯤으로 치부하고 싶다.

금년 2010년 2월의 겨울이 강 교수님의 정년퇴임이다. 모든 것을 잊고 상대를 너그럽게 감싸 안는 것만이, 우리가 얻을 수 있는 값진 교훈일 것이다. 왜냐하면 상대는 우리가 함께 가야할 동료 교수이기 때문이다. 내내 건강하시기를 기원합니다.

교육부에서 파견된 임시이사의 이세중 이사장은 강 준길 총장의 후임으로 박 총장을 선임하였다. 대학은 총장후보 추천위원회('총추위')에서 학내 교수와 외부에서 응모한 인사 몇 사람을 이사회에 추천하였다. 당연히 임시이사진은 외부 인사를 선임할 것이 예상되었다. 물론 지난 4년의 세월 동안 강 총장을 반대해온 교수들이 대다수 교무위원으로 일을 하게 되었다. 대학은 매우 조용하게 되었다. 박 총장의 리더십이다. 이제는 실질적으로 목소리 높일 사람도 없었다. 그동안 목소리 높인 사람들이 이제는 학교 일을 직접 하게 되었으니. 특히, 대학의 여론을 주도해온 박 총장의 모교 대학과 직간접으로 관계있는 교수들이 대학의 주요 직책을 수행하게 되어서, 대학은 쉽게 안정을 찾았다. 그것은 박 총장 연임까지 8년 동안 지속되었다.

한편으로는 반대편에 있는 사람들은 설 곳도 없었다. 강 총장의 교수직 복귀 문제만 하여도, 이미 재단의 임시이사진에서 복귀가 결의된 사항이었다. 그러나 그 당시의 교무위원 등의 인사들이 강 교수 복귀를 끝까지 방해한 것을 어떻게 설명할 수 있을 까. 당시에 관계되는 교수들이 강 교수를 복귀시키지 않은 것은, 아무리 변명한다 하여도 잘못이다.

박 총장은 4년의 임기를 채우고도 연임까지 하였다. 연임 문제가 거론될 당시에 법인의 정관에 의하면 총장도 65세의 정년에 해당되었다. 그러나 법인의 정관도 어느새 개정되어 총장의 연령 제한도 없어 졌다. 물론 법인의 업무를 주도한 설립자 장손과 박 총장을 모시는 몇몇 교수들의 합작품일 거다. 이러한 일들이 100억대 사건과 무관할 수 없는 것이다. 잘못되었다. 그리하여 박 총장은 70세에 이르기 까지 총장직을 수행하였다. 대단한 정치력이었다. 나는 박 총장의 연임에 적극 반대한 교수 중의 한사람이다. 비록 대학이 조용해졌다고는 하지만, 재단의 임시이사 체제는 더욱 고착되었다.

100억대 사건으로 이세중 이사장이 물러났다. 그 후임으로 임시이사진이 개편되어 강문규 이사장체제가 되었다. 그때부터 대학의 박 총장과 교무위원들로부터 재단 매각이라는 말이 나오게 되었다. 설립자 장손의 100억대 사건 이후 재단을 매각하는 분위기로 하루아침에 전환되었다. 물론, 박 총장이 우리대학에 상당한 기여하였고, 그 공로를 인정한다고 하자. 그러나 비록 작다고 주장할지 모르지만, 과오가 있다. 그 과오는 보기에 따라서 매우 크다. 그 중에서, 설립자 장손의 100억 원대 사건에 대하여는 책임이 없다고 주장하지만, 깊이 들어다 보면 그렇지 않다. 이 사건은 재단의 문제임으로 일차적인 책임은 당시의 임시이사인 이세중 이사장에게 있다할 것이다. 그러나 100억 원대 사건으로 재단과 대학이 모두 피해 당사자이다. 이 사건은 박 총장과 몇몇 대학관계자들의 방조 내지는 설립자 장손을 이용한 측면이 있다. 심하게 말하면, 동조 내지는 공모 수준이라고 할 수 있다. 박 총장의 연임과도 무관치 않다.

아무런 물정도 모르는 나이 어린 설립자 장손을 그렇게 이용한 결과, 어떻게 되었는가! 교수들을 속이면 안 된다. 적어도 당시에 대학의 일을 직접 다루어 온 나에게 변명하려 들면 안 된다. 무엇을 하려고 대학의 처장입네 하고, 직함을 가지고 있었나? 아무런 관련이 없다? 그렇게 말하면, 그것은 직무유기다. 대학의 총장을 연임하기 위해서는 설립자 장손 같은 어수룩한 사람이 필요했다. 물론 실질적으로 이사장 행세를 하였고, 조만간 이사장이 될 분으로 현혹했으니까. 그가 장기형을 받고 수감되자, 이제는 재단의 매각을 들고 나선 것이다.

그래서 나는 박 총장의 연임을 공개적으로 외롭게 반대했든 것이다. 당시에 많은 교수님들이 나의 박 총장 연임 반대 운동에 대하여 못마땅해 했을 것이다. 교수로서 좋은 모습은 보여드리지 못한 점에 대하여 교수들께 사과드린다. 그리고 박 총장의 연임에 반대한 정년퇴임한 원로교수 몇몇을 명예교수로 임명하지 않은 고의적인 처사도 잘못이다. 대학의 명예교수직은 정년퇴임하는 교수는 누구나 그런 직함정도를 주는 것이 일반 관례이다. 명예교수라 하여 특별하게 대학에서 대접하는 것도 없다. 말 그대로 명예이다. 학교에 일주일에 며칠 나와서 한 과목 정도 강의하는 것이 전부이다. 화학과의 한교수와 행정학과의 전교수이다. 이분들의 명예를 위하여 박 총장이 떠난 지금이라도 명예교수 추대를 검토해야 한다.

100억대의 사건으로 설립자 장손이 7년 형을 받고 수감되자, 그 이후 박 총장은 재단의 매각을 추진하게 되었다. 재단은 100억대의 사건으로 이세중 변호사가 임시이사장직에서 물러났고, 그 후임으로 강문규 이사가 이사장이 되었다. 우리대학에서는 다소 생소한 부총장과 대외협력처장까지 선임하여 재단의 매각을 추진하였다.

지금까지 거론된 기업은 부영건설, 유진건설, 그리고 효자원건설 등이다. 대학 발전을 위하여 1000억대의 자금을 투자해 준다는데 마다할 사람 없다. 명문 사립대가 되는 것은 시간문제이다. 부자재단, 부자 대학, 꿈만 같다. 새로운 현대식 건물을 지어서, 좁은 공간도 확 늘리고, 교직원 봉급도 올리고, 교수 연구 활동도 대폭 지원하고, 학생들에게 주는 장학금도 대폭 올리고, 등록금도 동결하고. 제2의 창학이 이것이다. 광운대학이라는 이름도 부영대학, 유진대학, 효자대학으로 바뀔 날도 멀지 않았다.

건설업체들이 광운학원에 무슨 연유로 그러한 거금을 내놓는가? 순수하게 대학 하나를 발전시켜 보겠다는 교육 사업? 하필, 건설회사들인가? 그것도 아파트 정도를 지어온 건설사이다. 어느 날 모임에 갔더니, "부영건설이 광운대를 인수했다면서요?". 시중에 나온 대학 매물 중에 가장 쓸 만한 물건이 광운대란다. 채무가 없는 대학. 대학 부지를 제외한 법인 자산만 해도 상당하다.

매년 수십억 원을 교수들에게 연구비로 지원해주면 얼마나 좋겠는가. 건물도 새로 지어주면 좋겠지. 좋은 시설, 좋은 환경, 그것이 대학의 발전인가? 어려울 때 고락을 같이하였으나, 그러한 공로는 오간데 없다. 돈 없어서 용돈은커녕, 대학 학비도 대 주지 못하는 못난 부모, 늙은 부모 봉양은커녕, 의지할 때 없는 부모도 버리는 시대가 아닌가! 어려운 살림살이 같이 고생하며, 단칸방이라도 마련하여, 열심히 살아가는 것도 행복이건데. 이제 부자가 되면, 얼마나 행복할까? 돈으로 모든 것이 해결될까? 이제는 단칸방 살이가 아니라, 저택도 짓고, 별장까지 짓고 살게 되겠다. 건설회사가 대학발전을 위하여 투자한다니, 그 순수성을 믿어야지. 그러나 두고 볼 일이다. 나 아니라도 두 눈 치켜뜨고 바라보는 이 많으니.

조광운 박사와 초대총장

광운학원은 1934년 고 조광운 박사가 설립한 조선무선강습소가 모태이다. 해방 직전인 1947년 재단법인 조선무선 초급중학교가 설립된다. 이것이 1956년 재단법인 광운학원으로 개칭되고, 1965년 학교법인 광운학원으로 변경되었다. 이후 1988년 종합대학교로 승격되어 초대총장으로 조무성 박사가 취임하였다.

조광운 박사는 일본의 Panasonic 창업자인 마쯔시다 고노스케 회장과 동년배로 사업을 함께한 파트너였다. 일제 강점기에 조광운 박사는 라디오 및 전기 제품으로 한국과 만주 등에서 사업을 하였다. 이때부터 전자공학 기술과 인연을 갖게 되었다. 해방 이후 1960년대 후반에 조광운 박사가 일본을 방문하여 마쯔시다 회장을 만났다. 두 분은 동경의 황금욕조에서 함께 목욕을 즐길 정도로 친근한 사이였다. 이때 조광운 박사가 '조국에 전자산업을 일으키고 싶다' 라고 제안을 하였을 때, 마쯔시다 회장은 "진정 조국을 위한다면, 지금하고 있는 인재 육성을 우선적으로 하십시오." 라고 권하였다.

귀국 후 조광운 박사는 광운대의 전신인 광운전자공과대학의 발전에 전력을 다 하였다고 한다. 그리하여 오로지 전자분야로 특성화된 교육을 고집하였다. 이것이 오늘 날 광운의 전자공학을 선도하는 토대가 당시에 마련된 것이다. 60년대 대학이 출범할 당시에는 현재의 고등학교가 재단의 주된 교육 기관이었다. 당시에 조광운 박사는 연로하시어, 실질적으로 조무성 전 총장이 대학의 기틀을 마련하였다. 대학은 현재의 화도관의 단층 건물에서 출발하였다. 당시에 모든 교직원들과 학생들이 동원되어 벽돌을 날라서 지금의 화도관을 2층으로 올렸다고 한다. 단 두 학급으로 초급 대학이 출범하였다.

88년도 교수임용 최종 면접 때의 이야기이다. 당시에 여러 사람들이 나에게 많은 질문을 쏟았다. 그분들 중에는 실내인데도 중절모를 쓰고 있는 분이 있었다. 그때는 누구인지 몰랐다. 나중에 알고 보니, 조 총장이라는 것이다. 당시에 암환자 치료를 받는 터라 머리가 모두 빠져서 중절모를 쓰고 면접을 보았다.

종합대학으로 승격된 88년 이후, 광운대학교는 매우 활기찬 분위기였다. 한국 사립대학의 10위권에 도약한다는 목표로 그 가능성과 희망으로 가득 찼다. 전자공학 분야의 IT산업의 급성장의 바람도 탔다. 교직원의 봉급도 사립대학 최고 수준이었다. 나는 88년도 전체 교수 70명일 때 부임하였다. 당시에 공개채용으로 6명의 교수를 초빙하였다. 그 후 매년 10명 내외의 교수가 초빙되었다. 종합대가 되면서 자연과학대학의 물리학과, 화학과, 수학과가 신설되었다. 곧바로 공과대학의 건축과와 환경공학과가 신설되었다. 영문과, 국어과, 법학과 등도 신설되었다. 종합대학에 따라서 학생수도 늘었다.

당시에 캠퍼스 확장 계획도 세웠다. 서울의 다른 사립대학은 대부분 수도권 남쪽으로 제2의 캠퍼스를 조성될 때, 광운대는 통일시대를 대비한다는 원대한 꿈으로 북쪽으로 눈길을 돌렸다. 그리하여 송추에 20만평의 제2 캠퍼스 부지를 마련하였다. 상계동 지역이 급속히 발전함에 따라서, 상계동에 만평의 부지도 마련하였다. 당시의 계획은 고등학교를 상계동으로 이전하고, 고등학교부지 전체를 대학 캠퍼스로 조성한다는 마스터플랜이 세워졌다. 그리하여 대학과 고등학교를 직접 연결하는 육교도 그 당시에 설치되었다. 그 계획의 첫 단계로 연구관을 건립하였다. 이어서 문화관을 계획하였다. 이 문화관은 강북 최대 규모의 객석을 구비하여 강북 지역의 문화 예술의 중심부 역할을 기대하였다. 동시에 그 문화관이 대학과 고등학교부지 전체의 중앙에 위치하고 있어서, 종합대학의 심장부로 삼고자 하였다.

문화관 옆의 지하에는 국내 대학 최초로 아이스링크를 건립하였다. 당시의 광운대 아이스하키는 매우 유명하였다. 국가 대표도 대부분 우리대학 출신이었다. 이는 조 총장이 한국 아이스하키 협회 회장으로 일하면서, 광운대학에서 아이스하키부를 집중 육성하고자 하였다.

현재의 연구관 건물은 당시에는 35번 버스 종점이었다. 그 부지를 조총장이 매입하여 대학에 기부하였다. 88년도 종강 교수회의에서 조 총장이 이 부지를 매입하여 기부한다면서 당시에 적지 않은 돈이 들었다고 발표하였다. 그때의 종강 교수회에서 교수들이 모두 일어나 박수를 쳤다. 그곳에 연구관이 90년 초에 완공되었다. 이어서 장위동 하천을 건너서 현재의 남대문 중학교와 광운중학교 및 초등학교를 모두 상계동으로 이전하는 계획도 있었다. 그 계획의 일환으로 조 총장이 자신의 마지막 재산이라면서 장위동(현재의 장위동 청소년 센터 앞 공터, 당시 축구부 숙소) 부지를 대학의 교육용 자산으로 기부하였다. 당시에 일간지에 크게 보도되었다. 이 땅은 아직도 공터로 남아있다. 이러한 분위기 속에서 광운대는 당연히 활기가 있었다. 100명이 채 안 되는 교수들이 한 가족처럼 어울렸다. 그러나 이러한 분위기는 1993년 입시사건으로 일시에 무너지는 듯했다.

그 당시 주변의 사립대학을 보자. 한양대, 경희대, 외대, 성균관대, 중앙대, 등등. 수도권의 사립대학들. 이들 모두 우리보다 앞서 나갔다. 제 2 캠퍼스 없는 대학이 없다. 본 캠퍼스 부지만 따져도 우리 대학에 비하여 10배 이상이 된다. 대학 초창기인 70년대만 하여도 우리 대학의 교세가 한양대보다 나으면 나았지 못하지 않았다고 한다.

조 총장에 대한 이야기는 그동안 여러 원로 교수들에게 들었다. 지금은 그 당시의 원로 교수들이 모두 정년으로 대학을 떠났다. 이제는 점점 잊혀져가는 이름들이지만, 간혹 전 재단 사람들이라고 악평하는 분위기이다. 88년 당시 내가 신임교수일때, 그 분들의 연세가 50대말 60대의 원로교수다. 20년이 지난 지금은 모두가 대학을 떠났다. 떠나도 박수 받지 못하고, 대접받지 못하고 그저 떠났다.

당시의 어느 원로교수가 전해 준 조 총장에 관한 이야기를 소개한다. 88년 이전 어느 날 암 선고를 받고 조 총장이 병상에 있었다. 병상에서 상계동 땅과 송추의 땅을 매입하는 서류에 인감도장을 찍었다고 한다. 그때 그 원로교수는 매입하는 땅의 명의를 당연히 조 총장 자신의 이름으로 등기할 줄 알았다고 한다. 그런데 의외로 대학의 교육용 부지로 해야 한다며 매입자를 변경토록 했다는 것이다. 그 원로교수는 조 총장이 오로지 대학밖에 몰랐다는 것이다. 자신의 모든 재산을 다 바치고, 일생을 대학에 헌신하였다. 암으로 인하여 심신이 허약한 가운데도, 대학밖에 몰랐다는 것이다.

조무성 초대총장은 실질적으로 광운대학이 출범한 1965년 광운전자공과대학 설립 당시부터 이 대학의 교수로서 활동하였다. 1978년 광운공과대학으로 개편된 이후부터 학장으로 일하였다. 1980년 화도 조광운 박사가 별세하고, 88년 종합대학으로 승격될 때까지는 광운학원 이사장이었다. 그 후 88년에서 93년 입시사건까지 초대 총장으로 종합대학의 기틀을 세웠다.

이제, 혹자는 조 총장을 구재단이라고 한다. 무엇을 잘못하였나? 어느 교수의 말을 빌리면 조 총장에 대한 평가는 이렇다. 조 총장이 학원이나 대학의 공급을 횡령한 사실이 있나? 없다. 오히려 많은 재산을 기부 채납하였다. 당시에 광운대 교수 채용관련 비리를 들어보았나? 조 총장은 교수 채용만큼은 어떤 부정도 용납하지 않았다는 것이다. 교직원 봉급을 못 주었나? 교수들이 연구 활동을 못하도록 막았나? 죄가 있다면, 광운대 입시사건이다. 그렇다. 한편, 우리 자신들은 입시사건과 관련하여 조 총장에게만 손가락질할 일은 아니다. 이 문제에 관한한 우리 모두가 할 말이 없다.

입시사건이 일어나기 직전에 조 총장은 미국 서부지역에 있었다. 나는 미국 동부 보스턴의 MIT에서 당시 상공부 프로젝트를 수행하고 있었다. 어느 날 우리 대학의 입시사건을 한국의 신문을 통해 알게 되었다. 동료 교수 12분이 구속되었다. 큰 사건이 되었다. 걱정하지 않을 수 없었다. 한국에 전화하여 돌아가는 상황을 물었다. 매일같이 신문과 TV에 톱기사와 뉴스로 다루어졌다.

몇 개월 후에 귀국하게 되었다. 귀국 길에 미국 서부에 계신 조 총장을 뵙고자 하였다. 그 당시 조 총장을 보았을 때, 감옥으로 면회 간 분위기였다. 조 총장은 미국의 이민국에 체포되어 풀려 난지 얼마 되지 않은 때였다. 보기에도 많은 고생을 한 것 같았다. 병환으로 건강도 문제이지만, 심적인 고통이야 어떠할꼬! 그런데 당시에 대학의 교수로는 내가 최초로 찾아왔다는 것이다. 여태까지도 대학에서 아무도 찾아오는 사람이 없었단다.

조 총장은 나에게 여러 가지를 부탁하였다. 재단의 탁희준 당시 이사장을 도와 달라는 것이다. 재단에 사람이 없어서 염려된다는 것이다. 그리고 특별히 유념할 사항으로는 조 총장 자신의 친인척들이 법인과 대학에 개입하면, 더 큰 문제가 발생된다는 우려였다. 그때, 나는 조 총장으로부터 친족과 관련된 많은 이야기를 들었다. 여기에 일일이 열거는 못한다. 이러한 이야기는 당시의 많은 교수들도 아는 내용이었다. 조 총장은 친족들로 인하여 발생할지도 모르는 더 큰 사고를 우려하였다.

내가 귀국한 당시에 대학은 복잡하게 얽혀있었다. 후임 총장 선출 문제가 가장 큰 이슈였다. 총장 직선제이다. 그 전에는 그렇게도 가족과 같이 서로를 위하는 분위기였는데, 흔히 모든 선거가 다 그렇듯이, 상대를 깎아내리는 흑색선전이 흔한 일이다. 총장 후보로 5~6분이 나섰다. 이것은 아닌데 하는 생각이 들었다. 마치 먹잇감을 두고, 서로 다투는 꼴이다. 결국은 이후에 총장이 5번 바뀌면서 모두가 상처 받았다. 이 과정에서 조 총장도 비난의 대상이 되었다. 원격 조종하느니, 누구를 총장으로 미느니. 이런 것들이 당시를 지배하였다. 입시사건을 잘 치유하는 문제는 뒷전이었다. 앞에서도 언급하였지만, 우리 교직원 10여명이 구속되고 대학을 떠났으나, 당시에 남아있던 우리는 그분들의 생계를 위하여 단 한 푼도 지원한 사실이 없다. 그 이유는 조 총장이 모든 책임을 져야 한다는 주장 때문이었다. 이것은 도의적으로 잘못된 것이다.

그러한 가운데 대학의 기획관리실장의 업무를 수행하게 되었다. 앞에서도 언급하였지만, 가장 큰 문제는 구속자 가족의 생계지원이었다. 그 돈은 조 총장이 지원하여 주었다. 당시에 조 총장의 장위동 하천부지가 수용되어 그 돈의 일부를 지원하여 주었다. 결코 생색내지 않았다. 나 같으면, 생색 혹은 반대급부를 요구할 만 하였건만. 아무 말 없이 내놓다. 작은 돈이 아닌데. 한편, 대학에서 들려오는 소리는 조 총장이 참기 어려운 수준이었다. 물론 평소에는 넘길 수 있는 이야기도 어려운 처지가 되면 참기 힘들고 오해할 수도 있다. 대학에서는 교수들도 상처받다. 조 총장에게 화살이 돌려졌다. 물론 일정부분 그런 측면도 있다. 하나 둘씩 등을 돌렸다. 정년퇴임하여 떠나는 원로 교수들. 새로 온 신임교수들. 세월이 지났다. 잊혀져 갔다. 이제는 광운에 발도 못 붙인다는 말도 나왔다. 시대가 변했다. 이건희도 삼성에서 물러나는 판에. 이제 광운의 대안은 법인의 매각이란다.

조 총장은 우리나라의 아이스하키 분야의 발전에 기여하였다. 한국아이스하키연맹의 회장을 오랜 기간(81년~93년, 12년간) 역임하여, 정부로부터 포장도 받았다. 과거에 우리 대학이 아이스하키부로 유명하였다는 사실도 이제는 잊혀졌다. 한때는 광운대하면 먼저 아이스하키이다. 그리고 축구부였다.

우리대학이 한국 대학 최초로 아이스링크를 건립하여 보유하고 있다는 사실도 아는 사람이 드물다. 비록 우리가 한국 대학 최초로 아이스링크를 보유하게 되었지만, 아이스링크는 동네 아이들의 썰매 터 정도로 관리되고 외면되었다. 국제 경기는 고사하고 번듯한 국내 경기도 유치한 적이 없다. 아이스하키 팀도 해체하였다. 지난 10년 동안 아이스하키는 잊혀 져 갔다. 조 총장의 그림자는 그렇게 철저하게 짓밟혀 지워져 갔다. 그래서는 안 된다.

그동안 왜 조 총장이 외면되었을까? 물론 지난 10년간 박 총장과의 관계에서 그 답을 찾을 수 있다. 그러나 조 총장의 잘못도 있다. 그것은 "내가 광운을 위하여 일생을 바쳤는데, 당신들이 이럴 수 있어!"라는 의식을 갖고 있다면, 그것이 잘못이다. 과거에 광운대학의 초대총장으로서의 권위를 잊어야했다. 그리고 어느 누구라도 광운의 발전에 보탬이 된다면, 그 분들을 존중하고 진정어린 찬사를 보냈어야 했다. 박 총장에게도 마찬가지였다. 모든 교수들에게도 마찬가지였다. 그동안 교수들이 대접을 받지 못했다고 교수들이 인식한다면, 그러한 인식을 갖도록 원인을 제공한 것 자체로 조 총장에게 잘못이 있다는 것이다. 교수들이 기피 대상으로 생각한다면, 본인도 깊이 생각해 봐야한다. 내가 보기에는 대화의 부족이 아니라 전무였다. 그저 괴씸한 생각에 화만 낼 일이 아니다. 이제는 다독 그려야 한다. 서로를 격려하여야 한다. 그들의 발을 씻겨 주어야 한다. 그들이 감명을 받도록 노력해야한다. 분명히 조 총장은 학교법인 광운학원의 이해관계인으로서 맨 앞에 있는 사람인 것도 인정해야한다. 그리고 조 총장도 대학 구성원이 어떤 생각을 갖고 있는지를 깊이 자각하여야 한다. 박 총장을 비롯한 많은 교수들의 광운의 미래에 대하여 걱정하고 그 대안을 내 놓으면, 그들의 제안에 충분히 귀를 기울어야 한다. 대학이 낙후되어 재정적으로 빈곤할 때, 그 대안으로 투자 기업을 유치하여야 한다는 주장에도 귀를 기울어야 한다. 이러한 것들이 엇갈려있는 한, 광운의 표류는 계속될 것이다.

2009년 늦은 가을 어느 날, 학내의 전자메일을 통하여 전체 교수들에게 보내진 기획처장의 글을 읽었다. 김 교수가 기획처장직을 사임하면서 교수들에게 보내는 글이었다. 나는 김 교수의 이름은 들었어도 누구이신지는 아직도 모른다. 언제 이 대학에 부임하였는지도 모른다. 그동안 나는 그토록 무심하게 대학 생활을 하였다. 그 글에서 나는 많은 것을 느꼈다. 김 교수가 대학을 아끼고, 대학의 미래를 걱정하는 마음을 읽었다. 김 교수의 절규에 가까운 호소에 대하여, 아무 걱정 없이 지내는 나 같은 사람은 부끄럽기까지 하였다. 우리는 김 교수의 이러한 걱정을 이해해야 한다. 김 교수가 지칭하는 구재단도 이러한 김 교수의 절규를 경청하여야 한다. 그리고 우리 광운이 가야할 길을 깊이 고심해 보아야한다.

100억대 횡령사건

우리대학의 지난 15년의 질곡의 역사에서 우리는 교훈을 찾고자 한다. 이 글은 가능하면 사실을 기술하기 위하여 관계되는 인사들의 실명을 사용하였다.

지난 사건들을 일지 형태로 소개하고자 한다.

- 1980년 광운학원의 설립자겸 이사장이신 조광운 박사가 별세하였다. 당시에 대학은 조무성 박사가 학장으로서 대학의 업무를

맡고 있었다. 조광운 박사는 후손으로 3남 4녀를 두었다. 조광운 박사의 별세로 학원은 장자인 조모씨가 이사장으로 선임되었다. 대학은 오랜 기간 동안 그랬듯이 차자인 조무성 박사가 학장으로 일하였다. 그러나 장자인 조모씨의 이사장 재임은 그리 오래 가지 못하였다. 이사장 재임의 짧은 기간 중에, 법인의 자산 관련된 금전적인 사고로 인하여 당시 교육부의 감사에 적발되어 물러났다. 그 후임으로 차자인 조무성 박사가 82년에서 88년 초대 총장 직전까지 이사장의 직을 수행하였다. 88년 종합대학 승격을 계기로 조무성 박사가 초대 총장이 되었고, 법인은 88년에서 입시사건 발생 93년까지 이영구 변호사가 이사장직을 수행하였다.

– 1993년 2월 말에 광운대 입시사건이 첫 보도되었다. 그 당시의 보도 내용은 이렇다. 설립자 후손(딸) 한 사람이 어느 여고 수험생의 학부모로부터 광운대 입학을 미끼로 금품을 수수하여 서울시경에 체포되었다. 그 여학생은 합격되지 않았고, 사기 행각으로 들어났다. 그러나 그 불똥은 엉뚱하게도 대학으로 튀었다. 대학 관계자들이 속속 소환되었고, 연일 매스컴에 대대적으로 보도되었다. 결과적으로 당시의 부총장, 교무처장, 교직원 등 10여명이 구속 수감되고, 실형을 받았다. 이사건 당시에 초대 총장 조무성은 미국에 체류 중이었다. 당시 교육부의 고위 인사는 미국에 체류 중인 조무성 당시 총장에게 전화를 걸어 그 책임을 묻고, 이사 전원의 사퇴와 후임 이사 교체 등 사태수습에 책임질 것을 요구하였다. 그리하여 이영구 이사장과 당시 이사들이 스스로 물러나면서, 그들의 후임으로 탁희준 이사장과 장석화, 안의준, 김영옥, 양호민, 손성희, 조인성 이사들을 선임하였다. 탁희준 박사는 조무성 총장이 평소 존경하는 분으로서 당시 성균

관 대학의 명예 교수였다.

- 1993년~1994의 주요 사건은 이렇다. 1993년 탁희준 이사장의 최초의 법인 업무에서 논란이 된 것은 법인 사무국 직원의 선임이었다. 사무국장에 설립자 장자인 조모씨를 선임하고, 조모씨의 장자인 조○을 법인의 총무계장으로 선임하였다.

  당시에 조○은 광운 학원이 100% 지분을 가지고 있는 광풍빌딩의 관리인이었다. 문제의 광풍빌딩은 그 후 몇 년 뒤에 법원에 의하여 경매처분 된다. 광풍빌딩은 서울 도심의 남대문 근처에 소재한 당시에 100억대의 건물이었다. 법인 사무국 직원의 선임은 당시의 이사회에서 많은 논란이 있었다. 그 이유는 당시의 이사들은 조모씨를 비롯한 설립자 후손들이 야기한 그동안의 많은 문제들을 잘 알고 있었기 때문이었다. 이것이 바로 광운 학원이 혼란의 소용돌이로 빠져드는 출발점이 된 것이다. 이후 광운학원은 조모씨와 조○ 부자에 의하여 관리되었다.

그 당시의 주요 사건은 이렇다. 94년 5월 조모씨는 법인 직원의 상여금 명목으로 대학의 자금을 유용하였다. 그리고 입시 기부금 중에 반환되고 남은 일부(1억 원)을 유용하였다. 탁희준 이사장 명의로 제일은행으로부터 7천만 원을 차용하여 유용하였다.

제일은행이 대학 구내에 입주할 당시의 임대보증금 4억 원을 유용하였다. 이러한 문제가 곧 바로 들어난 것이다. 물론 이러한 문제는 당시의 대학 관계자들이 묵인 또는 방조한 결과이다.

그러나 이 문제에 대하여 당시의 대학 관계자들을 탓 할 수만은 없다. 모두들 광운학원을 경영할 조모씨 부자의 위세에 맞서기는 어려웠을 것이다. 오히려 그쪽으로 줄서기 하였다.

- 1994년 12월 강준길 총장이 선임되었다. 그때부터 나는 대학의 기획관리실장으로 임명받았다. 그때 위와 같은 문제들이 밝혀진 것이다. 이 문제들은 조 총장이 우려한 사안 그 자체였다. 조 총장은 자신의 형제 친족들의 우매함에 대하여 항상 걱정이 많았다. 강준길 총장 취임 후, 대학 자체 재정 점검과정에서 이러한 문제가 노출되었다. 이로 인하여 법인과 대학 간에 갈등이 초래되었다. 이 문제는 당시의 교육부 감사에 의하여 법인의 대학 자금 유용부분이 환수 되었다. 이후 대학의 결산문제와 교수 임용 등의 모든 문제들이 어려워 졌다. 왜냐하면, 대학의 결산이나 교수 임용 및 인사의 문제가 모두 법인의 승인 사항이었다. 따라서 법인에서 장기간 승인을 기피하는 등으로 대학의 행정이 마비될 수밖에 없었다.

- 1995년 4월에는 또 다른 문제가 불거졌다. 조○이 주도하여 광운초등학교 부지를 (주)미원건설과 200억 원에 매각계약을 체결한 것이다. 참으로 어처구니없는 일이었다. 가계약 형태의 문건에는 20억 원의 계약금도 지급하는 것으로 되어 있었다. 학교부지의 매각은 이사회의 결의가 있어야 할 사안이다. 이 계약 건에 대하여 당시의 이사인 장석화, 손성희, 강준길(95년 2월 김영욱 이사 후임으로 대학 총장으로서 이사에 선임됨) 이사들이 계약의 무효를 강력하게 주장하였다. 그리고 (주)미원건설에도 무효임을 알렸다. 결과적으로 이 계획은 무산되었다. 조○은 이 계약이 성사되지 못하여 계약금 20억 원을 미원건설에 돌려주는 과정에서 금전적으로 상당한 타격을 받았을 것이다. 즉, 계약금 20억 중 상당액을 이미 사용했을 것이고, 반환 과정에서 돈을 만드는데 어려움이 있었을 것으로 추측된다. 이 사건이 결국은 100억대의 횡령 사건으로 이어졌을 것이다. 그 이유는 앞에서

언급한 대학의 자금의 유용부분도 환수되었고, 미원건설에 계약금 20억 원을 돌려주는 등으로, 금전적인 결손이 심각하였을 것이다. 이러한 돈을 마련하는 과정의 채무관계는 그 이후 상당기간 부담이 되었을 것이다.

광운초등학교 부지에 아파트를 짓는다는 프로젝트는 그 이후에도 이들의 사기 행각에 즐겨 쓸 수 있는 카드였다. 2010년 현재, 법인의 매각에 효자원 등 건설사가 거론되고 있다. 이것이 조○이 즐겨 사용한 카드를 대학 관계자들이 재사용하는 것이 아닌지 두고 볼 일이다.

광운초등학교 매각 사건으로 이사회는 더욱 파행으로 치달았다. 당시 대학의 총장과 기획관리실장인 나에 의하여 매각이 무산됨으로서 법인과 대학의 관계는 극도로 악화되었다. 특히, 이러한 일련의 사건들이 모두 당시 대학의 기획관리실장인 나로부터 적발 되었고, 후속 조처되었기 때문이다. 그 과정에서 나는 많은 고초를 겪었다. 그 이후에는 이사회가 개최되지 않았다. 대학의 주요 업무 중에 교육부에 보고할 사항들과 보직인사 및 신임교수 임용 등이 법인의 승인을 얻지 못하여 업무가 마비되었다. 이로 인하여 대학 내에서는 총장을 반대하는 교수들이 그 무능을 질책하였다. 참으로 외로운 싸움이었다.

한번은 마비된 대학의 행정을 해결하기 위하여, 법인의 조○과 관련된 인사와 협상을 벌인 적도 있다. 이때, 이들이 나에게 요구한 조건은 이렇다. 대학에서 연간 예산의 5%인 20억 정도를 매년 지원해 달라는 것이다. 이 얼마나 해괴한 이야기 인가! 이런 제안을 서슴지 않고 하는 사람들이었다. 상대는 사기 및 횡령 등 전과 14범의 노련한 인사도 있었다. 그러니 난들 어떻게 해볼 도리가 없었다.

여기서 한 가지 집고 넘어갈 사안이 있다. 그 후에 조○의 100억대 사건도 대학의 관계자들이 이미 오래 전부터 인지하고 수개월을 묵인 내지는 방조하였다. 당시에는 조○이 법인의 새로운 주인이 된다는 위세와 거기에 줄을 서는 정치적인 욕심을 갖는 대학의 인사들이 적당히 눈감아 왔을 것임이 상상하고도 남는다. 그 맨 앞에는 박○○ 당시 총장이 있었다. 100억대의 횡령 사건으로 조○이 7년의 형을 받고 복역 중인 것 이외에, 당시의 대학 관계인 어느 누구도 문책을 받은 사실이 없다. 그것은 당시의 총장이 이 문제의 맨 앞에 있었음을 반증하는 것이다. 박 총장은 이 사건 이후 총장에 연임하였으니, 총장 자신에게 이 사건의 책임을 물을 수 있었겠는가? 어느 누구도 총장의 책임을 거론한 자 없었다. 총장 연임을 적극 추진하는 자들의 정치력에 맞서서 대응할 자가 없었다.

그 이후 대학은 진정, 고발, 투서, 고소 등에 시달렸다. 그 기간 모두 7회의 사법기관의 조사와 교육부로부터 2회의 특별 감사를 받았다. 앞에서 언급한 서울북부검찰특수부의 조사도 받았다. 당시에 그 유명한 사직동팀의 조사도 받았다. 약 일주일 동안 사직동팀의 형사가 상주하면서 대학을 내사하였다. 조○은 강준길 총장을 사문서위조 협의로 서울지검에 고발하였고, 조모씨는 강준길 총장 직무정지 가처분 소송을 내었다.

그러나 모두 무혐의 처리되었다. 이 얼마나 한심한 일들인가! 이래가지고 서야 대학을 운영하는 법인이라고 할 수 있겠는가! 이 모두가 우리가 치러야할 홍역이었다. 다시는 이런 일들이 없어야 한다. 그런 뜻에서 이런 창피스러운 이야기를 한다.

– 이러한 파국은 결국 사고법인이 되었다. 그 과정은 이렇다. 95년 3월 양호민 이사께서 이런 꼴을 차마 볼 수 없다하여 사임하

였다. 95년 5월에는 안이준 이사께서 별세하였다. 그 후임으로 조모씨는 이사회에 자신의 매형인 장모씨 등을 선임해 줄 것을 줄곧 요구하였다. 95년 12월 교육부로부터 이사회 공전과 관련하여 수차례 계고장을 받았다. 96년도에도 이사회가 파행을 거듭하였다. 마지막 이사회에는 96년 12월 잔존 이사 탁희준, 손성희, 강준길, 조인성 이사 4인이 남았다. 당시에 조인성 이사가 임기 만료일이었다. 이사회는 조모씨 부자가 주장하는 후임 이사를 받아들이기 어렵다하여 무산되었고, 이사회 정족수 미달로 사고법인이 된 것이다.

만약에 당시의 이사회가 조모씨 부자의 의견을 받아들였더라면, 100억 원이 아니라 1000억 원대의 사고가 났을 것이고, 광운학원은 지금쯤 그 이름이 사라졌을 것으로 믿어 의심치 않는다.

혹자는 과연 조모씨 부자 두 사람 때문에 법인이 이렇게 망가질 수 있는가라는 의혹도 있을 것이다. 물론 이들 부자에 의해서도 그럴 수 있다. 그러나 이들 부자를 직간접으로 지원하는 대학의 교직원들도 많았다. 당시 교수협의회 조차도 대학의 강 총장을 하루도 거르지 않고 연일 공격을 퍼부었다. 그것은 당시의 교수협의회 유인물 자료 모음집에 잘 나타나 있다.

그러나 이들 부자의 행각에 대하여는 오히려 박수를 보내는 행태를 보였다. 대단한 사람들의 정치 행각이었다. 이들이 강 총장 사임이후 박 총장 하에서 소원 성취하신 분들이다.

- 97년 2월 교육부는 7인의 임시이사를 광운학원에 파견하였다. 당시 잔존 이사인 손성희와 강준길은 교육부에 이사 보충을 요구하였으나 받아들여 지지 않았다. 이사장에는 이세중 변호사가 선임되었다. 그리고 이사들은 손봉호, 한상복, 김득수, 김승진, 정영달, 강문규이다.

– 제1기 임시이사와 이세중 이사장은 광운학원의 문제를 법인과 대학 간의 갈등쯤으로 오판한 듯하였다. 이후 법인의 운영은 조○에 의하여 운영되었다. 이세중 이사장은 대학의 강 준길 총장을 권고 사직토록 하였다. 이로 인하여 당시의 모든 교무위원이 사임하였다. 광운이라는 세상은 조○에게로 넘어갔다.

비록 조○이 설립자의 장손이라고 하나 연륜과 사회경험이 일천하다. 그전까지 광운학원이 소유한 광풍빌딩을 관리하는 정도의 경험뿐이다. 그것도 임대업으로 운영된 광풍빌딩의 수익은 전무하였다. 학벌이 법인을 운영하는데 중요한 것은 아니지만, 설립자의 유지를 받들었다면, 그 흔한 학위라도 했음직 하다.

그러나 삼촌인 조무성 박사가 주선하여 외국 유학을 하게 하였으나, 공부를 할 위인은 아니었던 가보다.

돌이켜 보면, 학원을 경영할 능력이 없는 자가 설립자의 후손이라 하여 모든 사람이 떠받든 결과 오늘 날 이 모양이 된 것이다. 사람은 능력에 따라 일이 주어져야한다. 물론 설립자 후손 중에는 산하 학원의 밑자리에서 자신의 분수를 지키며 묵묵히 일하는 사람들도 있다. 그 분들에게 누가되지 않기를 바란다.

이세중 이사장은 법인의 모든 업무를 조○에게 맡겼다. 이세중 이사장은 사회활동가로서 얼마나 바쁘신 분인지는 누구나 다 안다. 이세중 이사장은 법인의 예금 인장 및 직인을 모두 조○에게 맡겼다. 100억대 사건은 초읽기에 들어 간 것이다. 이러한 광경을 먼발치에서 바라 본 나는, 당시에 이세중 이사장에게 편지를 보냈다. 그 편지에는 법인과 대학 관련 금전 사고를 강력히 예고하는 것이었다.

그러나 이세중 이사장은 이 편지를 조○을 음해하는 것으로 쓰레기통에 버렸을 것이다. 참으로 안타까웠다.

이세중 이사장이 조○을 전폭적으로 신임하게 된 계기를 살펴보자. 당시 임시이사 중에 교육부 차관을 역임하신 김득수 이사는 다음과 같이 설명하고 있다. 당시 이사회에서 법인 사무국장이신 조○의 부친인 조모씨의 해임에 조○이 앞장섰다는 것이다.

조○이 아버지까지도 법인의 부정과 관련하여 단호한 모습을 보였다는 것이다. 그리고 미국에 체류 중인 삼촌인 조 총장까지도 입시부정과 관련하여 책임을 면할 수 없다 하였다. 이 분들 모두 시대에 부합하지 않는 사람이라는 조○의 주장이 설득력이 있었다는 것이다. 조○의 그러한 참신한 모습이 이세중 이사장의 신임을 얻게 된 것이다. 두 번째 이유는 대학의 모든 분들이 한결같이 조○을 설립자 장손이라 하여, 이세중 이사장에게 좋은 평을 하였다는 것이다. 특히, 강 준길 후임으로 총장직무대행인 문교수는 이세중 이사장에게 대학의 문제를 보고할 때 마다, 조○을 대동하여 그의 입지를 넓혀주었다.

그리고 강준길 총장을 눈에 가시처럼 여겼던 대학의 교수협의회를 중심으로 하는 교수들 마다 강 총장의 퇴진을 주장한 것이다. 당시 연일 쏟아진 교수협의회가 발간한 유인물들을 보면, 강준길 총장이하 대학행정에 문제가 있는 것이지, 조○은 훌륭한 사람이었다. 그 문건의 주된 내용은 기획관리실장인 내가 '조 총장의 앞잡이라느니, 뒷잡이라느니' 하는 것들이었다. 당시에 어느 교수는 내가 '대학의 돈을 빼돌려 조 총장에게 갖다 바친다' 고 하여, 내가 증거를 대라고 한 적도 있다. 어이가 없는 이야기이다. 오히려 조 총장으로부터 많은 돈을 받아서 구속자 가족 생계를 도왔다. 당시의 이런 문건들을 보면, 이세중 이사장보다 더 고매한 분이라도 총장을 해임하고 조○을 신임할 수밖에 없다. 조○의 등장은 대학의 운영에 정치적인 뜻을 가진 사람들의 작품인 것이다.

그리고 조○은 열과 성의를 다하여 이세중과 임시이사들의 환심을 사기에 사력을 다 한 것이다. 이렇게 하여 법인과 대학이 조○에 의하여 농단되기에 이르렀다.

- 97년 6월 임시이사진은 강 총장 후임으로 박○○ 전 ○○대 총장을 대학의 총장으로 선임하였다. 대학은 총장추천위원회를 통하여 외부 인사 3명과 대학의 교수 3명을 법인에 추천하였다. 실질적으로 박 총장의 총장추천위원회에서의 추천은 당시 강 총장을 반대한 교수들의 전폭적인 추대 운동의 결과였다.

  박 총장은 대학의 주요 보직을 이러한 교수들로 채웠다. 대학의 업무는 법인의 업무와 밀접한 관계가 있다. 따라서 당시에 이세중 이사장의 전적인 신임을 받고 있는 조○과도 긴밀한 유대가 필요하였다. 그리하여 광운학원의 조○은 어떠한 일도 저지를 수 있는 환경이 조성된 것이다. 몇몇 보직교수들은 조○을 대학의 기획부장으로 천거하였다. 당시의 대학에는 부장이라는 직급이 없었다. 물론 지금도 그렇다. 과장과 처장의 직제만 있었다. 기획부장이란 기획처의 처장 다음의 직급이다.

  박 총장은 조○을 대학의 기획부장으로 임명한 것이다. 그것은 박총장이 조○의 환심을 사기에 충분했다. 그리하여 조○은 대학의 기획부장과 법인의 기획부장을 겸직하게 되었다.

- 1999년 12월, 이세중 이사장은 이사회에서 임시이사의 철수를 결의하였다. 그리고 정이사로서 조○을 포함하여 실질적으로 조○이 추천한 장○상, 공○언, 3인과 이사회 자체의 추천 인사 4인을 포함하여 7인을 선임하고, 교육부에 승인을 요청하였다. 참으로 엄청난 결정이었다.

당시의 상황은 이러하였다. 정이사의 추천과 관련하여, 이세중 이사장은 당시에 미국에서 이제 막 귀국한 조 총장의 의견을 청취하고자 하였다고 한다. 이세중 이사장이 조 총장과의 만남을 주선토록 조○에게 지시하였다. 이에 조○은 이사장과 조 총장과의 만남을 교묘하게 무산시켰다. 이 만남의 무산으로 이세중 이사장은 당시에 조 총장이 정이사 추천의사가 없는 것으로 판단하였다고 한다. 이와 같이 조○은 당시에 귀국한 조 총장과 이세중의 만남도 교묘하게 무산시켰다. 조 총장과 박 총장과의 만남도 그런 식으로 방해하였다.

그리고 정이사를 선임하는 이사회에는 교육 행정에 정통한 김득수 이사가 참석하지 못하도록 하였다. 그 배경도 조○의 농간임을 김득수 이사가 밝히고 있다. 조○은 수시로 김득수 이사의 사무실에 들렀다고 한다. 그리하여 김득수 이사 자신이 중요한 약속이 있는 날을 이사회 날짜로 잡은 것 같다고 하였다.

그 이유는 김득수 이사가 교육행정에 정통하므로, 조○의 이사 선임에 반대할 것을 염려해서라고 하였다.

그 후 김득수 이사가 조○을 만났을 때, 조○은 "교육부의 승인 문제는 박 총장이 다 알아서 해준다."라고 말했다고 한다. 그 만큼 조○과 박 총장의 밀착 관계를 알 수 있는 대목이다.

그러나 교육부는 조○의 이사 승인을 허가하지 않았다. 교육부는 당시 이세중을 비롯한 임시이사를 재 파견한 것이다. 당시에 교육부가 정이사를 승인하지 않은 이유는 뭘까? 그것은 임시이사진이 사전에 교육부와 의견 교환이 없었다는 점일 것이다.

이런 중대한 일을 교육부와 사전에 충분한 협의가 없었다하여 승인되지 않았다는 사실이 설득력이 있다. 또 다른 이유는 지난 수십 년 동안 광운학원을 경영하여온 조 총장과 같은 이해 당사자들의 의견 반영이 전혀 없었다는 것도 하나의 이유였을 것이다.

– 조○의 이사 선임 실패는 곧 바로 100억대 사건으로 이어진다. 이 사건이 대학에 처음 알려진 것은 2000년 6월초이다.

조○의 이사 선임 실패 이후 수개월이 지난 시점이다. 나는 이 사건을 처음 전해 듣고, 곧바로 세종로에 있는 이세중 이사장의 사무실을 찾았다. 이세중 이사장을 면담하는 자리에서 나는 당시에 알려진 횡령 액수 약 37억여 원만이 아닐 것이라고 말씀드렸다. 그때 광풍빌딩이 어떻게 되었는지를 조사하여 보실 것을 말씀드렸다. 이세중 이사장은 사건 수습을 위하여 나에게 노력해 달라는 부탁까지 하셨다. 나는 즉시 광풍빌딩의 등기부 등본을 떼었다. 아니나 다를까 광풍빌딩은 다수의 저당과 담보로 설정되어 있었다. 결과적으로 광풍빌딩은 법원으로부터 공매 처분되었다.

남대문 소재 광풍빌딩은 광운학원이 태동한 곳이다. 장위동 개천 넘어 있는 남대문중학교의 이름이 거기에서 출발한 것이다.

조 총장의 말씀에 의하면 조광운 박사께서 유언으로 이 건물을 잘 보존하여 활용하라고 하셨다고 한다. 조 총장은 이 건물을 형제들의 상속 지분을 모두 현금 보상하여 법인의 자산으로 등기하였다고 한다. 그 건물과 대지는 현재의 시가로는 200억을 웃돈다고 한다. 우리는 그 건물을 가격으로 평가할지 모르지만, 당사자인 조 총장은 이 건물의 상징성에 대하여 매우 안타까웠을 것이다.

이 사건과 관련하여, 이세중 이사장이 주제한 당시의 긴급 이사회 회의록을 보면, 대학은 2000년 2월말 경에 이미 인지하고 있었다는 것이다. 그리고 사건은 2000년 6월에 드러난다. 이 시점은 1999년 12월 이사회에서 조○이 이사로 선임되었고, 2000년 1월에 교육부로부터 승인이 거부된 직후 5개월의 공백이 있음을 주목해야 한다. 즉, 조○이 당시에 이사로 선임되어 교육부로부터 승인이 확정되었다면, 이 사건은 적당히 무마되어 지하로 묻혀버렸을 지도 모른다. 당시에 밝혀진 현금만 37억여 원이다. 이 돈은 이미 그 이전부터 유용되었을 것이다. 조○은 왜 돈이 필요했을까? 그것은 이미 앞에서 언급한바와 같이 1994년부터 강 준길 총장 재임 이전에 대학의 자금을 유용하여 변제하였고, 미원건설로부터 받은 돈을 다시 돌려주는 등으로 부채가 많았을 것이다. 그리고 당시에 이사로 선임되는 과정에도 돈을 많이 썼을 것이다. 이 돈은 자신이 이사로 선임되면 해결될 것으로 생각했을 것이다. 그러나 이사 선임이 교육부에서 거부됨으로서 해결의 실마리를 잃었다. 대학은 이를 오래 전부터 인지했을 것이다. 그러나 조○이 조만간 이사장이 될 것으로 모두가 믿고 있었기 때문에 이를 밝힐 수 없었을 것이다. 박 총장도 마찬가지였을 것이다. 특히, 박 총장은 자신의 총장직 연임과도 관계되는 문제이다. 당시에 총장은 법인의 정관에 의하면 65세의 정년이 명시되어 있었다. 총장의 정년을 없애는 법인의 정관개정이 조○과 당시 총장을 신봉하는 교수들의 작품일진데, 조○의 횡령 사실을 밝힐 이유가 없는 것이다. 그리하여 조○이 이사 선임 실패 이후 5개월 후에야 대학의 총장이 이 문제를 이세중 이사장에게 보고한 것이다.

이 사건의 현금 피해액은 37억 6천만 원. 이중에 19억 6천만 원이 대학의 자금이고, 법인의 자금은 은행예금 13억이 포함된다. 대학 자금 10억 6천만 원은 법인세 환급금 7억과 아이스링크 수익금 4억 원이다. 나머지 9억은 중앙산업과의 소송에 승소하여 중앙산업으로부터 받은 대학의 돈이다. 이사회 회의록에 의하면, 이 돈들이 당연히 2월말이나 3월초에 대학으로 전입되어야했고,

당시의 관련부서 처장도 인지하였다고 되어 있다. 다만, 총장은 이 돈이 대학으로 입금이 지연된 사실을 보고받지 못했다고 하였다. 회의록에서 박 총장이 밝힌 내용을 보면, 5월 31일 조○ 부장의 면담 요청이 있어, 시내 프레스 센터 지하다방에서 만나서 이 사실을 듣고 경악을 금치 못하였다고 기록되어 있다. 한마디로 책임을 모면하기 위한 거짓말이다. 박 총장은 분명히 그 이전부터 알고 있었고, 수개월 동안 눈감아 온 것이다. 사전에 인지한 기획처장이나 총무처장이 이 문제를 총장에게 알리지 않았을 리 없다. 즉각 알리지 않고서야 그 책임을 면할 수 있겠는가? 이제 와서 어느 누구에게 그 책임을 묻자는 것은 아니다. 우리 모두가 반성의 계기로 삼아야 한다.

중앙산업과의 소송에서 승소금 9억 원은 당시에 중앙산업에 대학이 지급한 공사 대금의 일부를 반환 받은 돈이다. 이 소송의 수임 변호사는 이세중 이사장이 맡았으며, 승소하여 9억을 받았다. 이 돈은 중앙으로부터 2월 말경에 소송 당사자인 법인 구좌로 받았다. 소송에 승소한 대가로 대학은 이세중 이사장에게 1억 원을 지급하였다. 대학이 승소 사례금 1억 원은 지급하고, 승소 반환금은 수개월 동안 챙기지 않았다. 그러고도 몰랐다고 거짓말을 하고 있으니, 참으로 한심하다. '유용하십시오.' 라고 묵인한 것이다. 대학 행정을 맡은 교무위원이 이러한 일을 수개월 동안 총장에 알리지 않는다? 있을 수 없는 일이다. 결국 총장이 이를 5개월이 지난 시점에 이세중 이사장에게 알린 것이다.

이세중 이사장도 대학이 이 문제를 사전에 신속하게 알려주지 않은 점을 불쾌하게 생각하였다. 그러나 이세중 이사장은 교육부로부터 해임되었다. 법인의 업무를 임시이사장이 자신의 변호사업무로 수임한 것도 이상하지만, 수임하여 승소했으면 그 사례금이

1억 원이라니! 이것은 조○과 대학 관계자가 이세중 이사장에게 한 건 상납한 것이라고 봐도 된다. 이래저래 고명하신 이세중 이사장만 우리 학원에 오셔서 그분의 명예에 흠이 되게 하였다. 변호사 사례금을 주었으면 당연히 승소금 9억도 곧바로 챙겼어야지. 도무지 말이 안 된다. 조○이 이사로 선임 승인되었다면, 흐지부지 될 일이었다고 주장하는 이유가 여기에 있다.
100억대 사건으로 조○은 7년의 형을 받고 2010년 현재 아직도 복역 중이다. 그 후 박 총장은 총장직 연임에 성공하였다.
조○과 박 총장을 추종하는 교수들에 의하여 법인의 정관이 개정되어 총장의 65세의 정년 조항이 법인 정관에서 삭제되었다. 임시이사 체제에서 법인의 정관이 개정된 것이다. 100억대 횡령의 묵인과 총장의 65세 정년 철폐라는 큰 선물이 맞교환 된 것이다. 어떻게 이런 일이 있을 수 있나! 당시에 나는 박 총장의 연임을 극구 반대하였다. 그러나 선택은 우리 교수들의 몫이었다. 이후로 지금까지 나는 대학의 일에는 일체 관심두지 않았다.

– 조○의 횡령사건 이후, 재임에 성공한 박 총장은 법인의 매각을 적극 추진하게 된다. 참으로 시기적절한 타이밍이고 순발력 있는 정치력이다. 조○이 사라진 광운에는 더 이상 박 총장의 파트너는 없었다. 박 총장의 정치력은 대학 구성원들의 환영을 얻어 내는데 충분하였다. 부영건설에서, 유진건설에 이어서, 이제는 효자원건설이 인수 기업으로 부상하였다. 재단의 매각은 박 총장 이후의 후임 총장 하에서도 커다란 이슈가 되었다.
설립자 친족들에게도 섭섭하지 않게 보상한다는 말도 나왔다. 설립자 친족들도 환영이고 학수고대하고 있다. 조 총장과 몇 사람만 제외하고. 모든 구성원들이 대환영이다. 좋은 게 좋은 것이다. 사학은 공공성을 갖는다. 사유 재산이 아니다. 맞는 말이다.

그런 이야기는 나도 하였다. 나는 '재단이 설립자가 후손들에게 물려준 개인 유산이 아니다' 라고 한 바도 있다. 그러나 나는 설립자의 유훈을 받들어 진정으로 광운을 아끼고 광운의 미래를 걱정하는 후손과 사유물로 취급하여 급기야 팔아서 챙기려는 후손을 구분하고 싶다. 그리고 재단의 매각이 과연 임시이사들이 결정할 사안인지, 그리고 대학 총장이 나서서 추진할 사안인지 판단이 어렵다. 비록 모든 구성원들의 의견을 반영하였다는 명분하나 만으로!

광운학원이 지난 15년 동안 순탄치 않은 길을 걸었어도, 광운대학은 다소 더디었지만 앞으로 나아갔다. 그것은 우리 교수님들의 대 다수가 묵묵히 후학을 길러내는데 충실하였기 때문이었다.

광운학원의 운명이 앞으로 어떻게 결론지어지더라도, 많은 교수님들이 묵묵히 대학에서 후학들을 길러내는 일에 충실할 것이므로, 마찬가지로 이 대학은 다소 더디지만 앞으로 나아갈 것이다. 이는 우리 교수들의 변치 않는 사명감이 있기 때문이다.

우리 광운의 시련이 우리에게 교훈으로 나가오는 그 날, 우리는 또 다른 도약의 길로 거침없이 나아갈 수 있을 것이다.

우리나라의 사립대학뿐만이 아니라 국립대학에서도 그 정도의 차이는 있을지 모르지만, 여러 가지의 형태로 갈등이 있기 마련이다. 그러한 가운데서도 많은 사립대학들이 우리나라의 교육의 한 축을 잘 감당하여 왔다.

이 글의 내용으로 인하여 사립대학이 일방적으로 매도되는 일은 없어야 한다. 오히려 우리 사회가 그리고 교과부가 사립대학을 위하여 더 많은 찬사를 보내는 것이 필요하다. 한편, 사학을 위해 한 평생 몸바쳐온 훌륭한 분들에게도 최소한의 존경심을 보여주는 것이 이 시대에 절실하다.

위의 글에서 되도록 관계인들의 실명을 사용하려고 하였다. 이것은 우리 광운학원에서 더 이상 이런 일들이 일어나지 않기를 바라는 뜻이다.

그리고 지난날의 모든 일들을 분명하게 밝히고자 하는 뜻도 있다.

관계인들에게는 심심한 유감의 말씀을 드립니다.

4 연구실로 돌아오다

우리대학은 1990년 초에는 전국 대학의 10위권 진입을 목표로 뛰었다. 다른 대학들이 수도권 남쪽에 제2캠퍼스를 조성할 때, 우리는 통일시대를 대비하여 북쪽으로 시선을 돌렸다. 그리하여 경기도 북쪽의 송추 지역에 20만평의 부지도 조성하였다. 상계동에 현재의 대학 부지에 해당하는 땅도 사들였다. 이러한 노력은 언젠가는 이루어 질 것이다. 현재도 전자분야는 전국 10위권에 있다고 자부하고 싶다. 1990년대 초반에는 그러한 목표에 거의 도달하는 것 같았다. 그러나 지난 15년간의 우리대학의 성적표는 전국 대학에서 20위권도 인정받지 못하는 분위기다. 그러나 이 성적은 그리 나쁜 편은 아니라고 생각한다. 다만, 우리가 애초에 목표로 한 10위권으로 도약하지 못하였다는 아쉬움이 있는 것이다. 그것은 우리가 선택한 갈등이었다. 이유야 어떻든, 우리는 우리 내부의 융화에 실패했다. 얼마나 못났으면, 외부에서 총장을 영입하여 12년을 맡기느냐? 그것도 한 사람이 8년이나. 그것은 우리의 자존심 이상의 문제다. 그러나 이 문제를 우리 자신의 문제로 인식하고 있지 않다는 점이 더 큰 문제이다. 이 문제를 어느 누구도 지적하지 않는다는 점이다. 물론, 외부 영입 총장이 잘 못한다는 뜻은 아니다. 바람직하지 않다는 것도 아니다. 그러나 국내의 어느 대학이 몇 대를 거쳐 외부에서 총장을 공모하는 대학이 어디 있는가?

그러나 지난 15년간의 우리대학의 성적표에 대하여 나는 긍정적인 평가를 한다. 광운학원의 갈등 속에서도 우리는 상당한 발전을 이룬 것이다. 그것은 우리가 20위권을 유지하고 있다는 것만으로도 상당한 것이었다. 다시 말해서 우리는 자칫 형편없는 대학으로 전락할 수 있는 위기에 있었던 것이 사실이다. 비록 내가 박총장의 재임을 반대하였으나, 박총장의 우리대학 운영에 대한 평가는 혹평할 수만은 없다. 박총장 재임 중에는 어찌되었던 간에 대학이 안정되었다. 박총장과 함께한 여러 교무위원을 비롯한 교직원이 나름대로 최선을 다하였다고 본다. 그것은 어찌되었건, 박총장의 리더십이다. 그 결과 대학은 외형적으로도 상당히 성장하였다.

매년 새로운 건물도 지었다. 교수 충원도 매년 실시하여 교수의 수도 많이 늘었다. 행정적으로도 법인의 문제 이외에는 대과가 없다. 교수평가도 시작하였다. 교수평가만하면 의미가 없다. 교수평가 결과를 반영하여야 한다. 승진과 재임용을 엄격하게 해야 한다. 승진대상 100%가 승진하고, 100%가 재임용되는 것이 교수평가 결과의 반영이라고 볼 수 없다. 물론 이것은 쉬운 일이 아니다. 광운학원이 안정되지 못하고 임시이사가 운영하는 가운데 이러한 개혁을 실시하는 것은 어렵다. 인기를 생각하는 외부 영입 총장에게 그러한 것을 기대하기는 어렵다.

한편, 강의평가의 실시는 매우 긍정적이다. 학생들의 강의 평가 결과를 교수활동에 반영하기 시작한 것은 매우 긍정적이다. 앞으로는 보다 적극적으로 반영해야한다. 평가 결과를 교수처우에 직접 반영하라는 것이다. 물론 교직원의 처우가 정체되어 불만들이 많은지 모르지만, 임시이사가 운영하는 광운의 행태 속에서도 교수를 평가하기 시작한 것만으로도 다행으로 생각한다. 박총장도 수고하셨고, 많은 교무위원들도 수고를 아끼지 않은 것이 사실이다. 감사할 일이다. 잘 한 것은 잘 한 것이다. 문제는 법인에 관한한 너무 정치적이었다. 이 문제는 앞 절에서 거론하였으니, 이 정도로 접는다.

어느 누구가 총장을 하든, 교무위원이 되든지, 그분들이 잘 할 수 있도록 도와주는 풍토가 중요하다. 우리가 지난 15년간 큰 대가를 치루고 얻은 교훈이다. 내가 총장을 해야 하고, 내가 교무위원을 해야만 하는, 소위, 감투를 지향하는 정치적인 고집을 버려야 한다. 학교일보다는 교수 본연의 일에 주력하여야 한다.

연구실에 앉아서, 잠시 이런 저런 생각을 해 보았다. 임시이사가 파견된 이후 지난 13년여 기간 동안, 나는 대학운영에 대하여 거의 관여하지 않았다. 물론 박○ 총장 재임 반대운동을 제외하고, 대학 운영에 대하여 시시비비 한 적이 없다. 나는 강의와 연구에 몰두하였다. 여기에 교수 생활 20년을 정리한다.

집속 이온 현미경

88년도에 이 대학에 부임하였다. 연구실은 일반물리 실험실이다. 초중고 교실을 상상하면 된다. 교실 맨 앞에 나의 책상이 있고, 실험실 책상들이 배치되어 있다. 실험 수업이 있거나 없거나 학생들이 항상 실험실 책상에 앉아 있었다. 수업이 없는 학생은 내 방에서 자습실처럼 나와 함께 공부하였다.

어떤 연구를 해야 할까? 나의 박사학위 전공은 플라즈마 핵융합이다. 핵융합 분야도 광범위하다. 인공태양을 만들자는 것이 이 분야의 최종 목표이다. 관련 실험은 엄두도 못 낸다. 당장 조그마한 실험이라도 할 수 있는 여건이 아니다. 실험실 이라고 하지만, 콘크리트 바닥에 책상들만이 열을 지워서 놓여있다. 연구는 이론적인 접근을 할 수 밖에 없다. 핵융합 이론에서 자기유체동력학, 계산이 주된 일이다. 논문 한편 쓰는데 연구 노트 100 페이지 이상을 계산해야 결과가 나온다. 실험적으로 확인은 못한다. 남이 발표한 실험 결과를 해석하는 것이 주된 연구이다. 핵융합, 인공태양, 우리 학과에서 하기에는 너무나 거리가 멀다. 기업과는 한참 멀다. 무언가 새로운 연구가 필요하다. 학생들에게 직접 도움을 줄 수 있는 연구, 기업이 관심을 갖는 연구를 해야 한다. 그래야 취업이 가능하다. 그래야 연구비 유치도 가능하다. 물론, 핵융합분야에서도 연구비를 유치할 수는 있다. 그러나 나 혼자 하는 연구로 그친다. 학생들에게 영향이 없다는 뜻이다. 기업과 연관 짓기는 어렵다. 핵융합, 우리학과의 연구테마로서는 빵점이다. 인력을 배출하여도 별로 갈 곳이 없다.

실험실 한쪽 곁에 쌓여있는 논문 자료들이 있었다. 강교수님이 모아둔 자료들 이다. 우리가 직접 실험도 해 볼 수 있다. 당장 기업이 필요로 한다. 반도체 공정과정에 절대적으로 필요한 것이다. 그것은 '이온현미경' 관련 자료들이었다. 이온현미경이란 무엇인가? 전자현미경이 있다. 전자현미경은 광학현미경으로 볼 수 없는 원자 크기도 관찰할 수 있는 장비이다. 이온현미경은 원자 크기를 직접 관찰하면서 미세한 크기를 가공할 수 있는 장비이다. 물체의 구조를 직접 보고, 사진도 찍으면서, 정밀 가공을 할 수 있는 초정밀 공작기계인 선반과 같은 장비이다. 이 장치를 이용하여 머리카락에 우리의 이름을 새길 수 있다. 반도체 공정에서 머리카락 굵기보다 작은 회로의 선폭에 글자를 새길 수 있다는 것이다. 이것을 해야겠다.

기초 연구부터 시작하였다. 해외의 연구 수준에도 관심을 돌렸다. 미국과 일본의 기업들은 이 장치를 개발하여 한국에도 공급한다. 이 장치는 이제 막 개발된 초기 단계이다. 미국의 마이크론, FEI, MIT, 등에서 활발하게 연구하고 있다. 일본의 SEICO도 제품을 내놓았다. 장비 한 대의 가격이 수백 만 불이다. 국산화가 필요하다. 삼성과 LG, 그리고 지금의 하이닉스가 당시에 매년 수 십 대씩 도입한다. 최초의 연구는 이온 발생원의 연구이다. 이온 발생원의 연구를 시작하여 장비 개발 쪽으로 방향을 잡았다. 어떻게 보면, 이 장비를 우리가 개발한다는 것은 사실 엄두를 못 낼 일이다. 우리가 이걸 한다고 하면, 남들이 우리를 돈키호테 같은 생각이라고 웃을 일이었다. 그러나 흉내라도 내지 말라는 법이 있냐. 목표라도 세워야 되든지 말든지 하지.

이온현미경 관련하여 최초로 해외에 논문을 썼다. 당시에 우리대학의 교수 수가 100명이 채 안되었다. 해외에 논문 내는 교수가 거의 없었다. 그 당시는 대학에서 논문 출판의 가치를 평가해 주지도 않았다. 국내 논문도 여러 편 발표하였다. 자신이 붙었다. 후임 학과 교수들이 이 연구에 가세하였다. 학과 신임교수를 포함하여 전 교수가 이 장치의 개발에 몰두하였다. 초기의 연구비는 학술진흥재단이 지원하는 나의 신진교수 연구비 300만원이다.

이온현미경의 핵심인 이온원을 제작하는데 성공하였다. 관련 장치의 자료들은 우리학과의 강교수가 상당부분 확보하고 있었다. 학과교수 전체가 합심하여 공동 작업을 한 결과였다. 돌이켜 보면, 이 연구도 나 혼자 수행하였다면 장난감 수준의 연구를 벗어나지 못하였을 것이다. 학과 교수들의 공동 연구가 그 만큼 중요하다는 것이다. 강승언 교수님, 최은하 교수님, 관련 대학원생들의 합작품이다. 이온원의 개발은 국내 최초였다. 특성 실험의 결과도 좋았다. 이어서 국제 논문에 발표하였다.

이제는 본격적인 연구비 유치 활동에 나섰다. 당시에 각종 자료를 만들어서 정부기관의 설득에 나섰다. 일면식도 없는 상공부 해당 부서를 무조건 찾아 갔다. 상공부 담당 사무관을 붙잡고, 준비해 간 자료를 열심히 설명했다. 아마도 그 사무관이 이렇게 열성적인 교수들은 처음 봤다할 정도였다. 당시만 해도 상공부의 공업기반과제는 우리 같은 대학에서는 꿈도 못 꾼다. 대부분 중견 기업과 연계하여 유명 대학 교수들이 참여한다. 관련 국가기관 여러 곳을 쫓아 다녔다. 기업체도 방문하여 설득하였다. 지성이면 감천이라. 우리는 이 프로젝트를 성사시켰다. 매년 1억 원이 넘는 개발비를 유치하였다. 이 프로젝트의 수행과정에서 관리상의 미숙함으로 차질을 빚기도 했다. 그러나 과제 시작 2년차 말경에 국내 최초로 순수한 우리의 작품 '홈메드(Home-made)' 인 '집속이온현미경' 을 제작하였다. 그리고 기획관리실장으로 학교일 시작하였다. 학교 일을 맡은 기간 동안에는 연구실을 떠나있었다. 이 장치의 제작으로 우리학과의 명성이 높아졌다. 우리로서는 엄청난 성과였다.

이온현미경 개발에 참여한 대학원생들이 우리 학과 최초로 삼성에 취업하였다. 얼마나 기뻤는지 모른다. 그 후에도 이온현미경 관련 대학원 졸업생들이 거의 삼성에 특채되었다. 아하! 이렇게 되는구나. 이렇게 하여 우리 학과가 알려지는 구나. 이온현미경 때문에 삼성의 연구원들과 관련 상무급 임원이 우리 학과를 방문하기 시작하였다. 그리고 기업체들이 우리 학과를 찾기 시작하였다.

PDP가 무엇이냐?

96년 어느 날, 기획관리실장실로 우리학과의 최은하 교수가 찾아왔다. 최교수는 나에게 "교수님, 우리도 PDP를 합시다." 하였다. "PDP가 뭔데?". "PDP는 Plasma Display Panel의 약자입니다.". 그때 PDP라는 말을 처음 들었다. PDP는 미래의 평판 벽걸이 TV란다. 텔레비전이 벽걸이 형태로 얇은 평판으로 개발된다는 것이다. 당시에 우리는 국내에서 플라즈마를 전공한 선두 주자들이었다. 과학원 시절인 80년도에 나의 지도교수이신 최덕인 교수님이 미국 대학에서 과학원 교수로 초빙되었다. 최덕인 교수님이 한국물리학회에 플라즈마 분과를 처음 만들었다. 이후, 최덕인 교수님은 과학원 원장을 지내셨고, 우리나라 핵융합 프로젝트를 만드신 분이다. 핵융합 센터인 기초과학연구소의 초창기 소장직을 역임하셨다.

플라즈마가 텔레비전에 사용된다는 것이 믿기지 않았다. 사실이라면 우리가 당연히 해야지. 그것이 우리학과가 평판 TV로 대표되는 디스플레이 기술 분야로 특성화되는 계기가 될 줄은 몰랐다. 소위 브라운관을 이용한 텔레비전의 역사는 거의 100년에 이른다. 종래의 텔레비전은 화면이 크다고 느끼는 30인치 TV만 하여도 무게가 약 50 kg의 중학생 몸무게이다. 이것이 10 센티 이하로 얇고, 수 kg 정도로 가벼워서 벽에 걸 수 있는 액자처럼 된다고 하니, 당시에는 믿기 어려웠다. 그러나 현재는 대부분의 가정에서 평판 텔레비전을 즐기고 있다. 불과 10여 년 전의 일이다. 이렇게 텔레비전의 기술이 발전하고, 이 분야에서 우리나라가 이 기술을 주도하게 될 줄은 몰랐다. 그리고 우리 학과가 이 기술의 개발에 기여할 수 있을 지는 상상도 못하였다. 이제, 그 이야기를 하겠다.

맨 처음, PDP를 하기 위하여 방문한 곳이 당시 경기도 이천에 있는 현대전자이다. 이 회사는 지금은 하이닉스로 바뀌었다. 최은하 교수와 내가 방문하는 자리에 당시에 우리대학의 총장이신 강준길 교수도 동행하였다. 현대전자의 해당 임원이 우리를 맞았다. 강 총장이 동행한 것은 이 연구를 대학 차원에서도 검토한다는 뜻도 있었다. 그때 우리가 받은 인상은, 이 연구가 기업 나름대로 상당히 진행되었고, 중요한 사업이고, 우리 같이 아무 것도 모르는 교수들이 얼마나 기여를 할 수 있을 것인지가 의문이었다. 결국은 우리가 좀 더 신속하게 실력을 갖추어야 한다는 것을 느꼈다. 당시에 이 기술을 대학 차원으로 끌어 왔으면, 지금쯤 그 판도는 또 달라졌을 지도 모른다. 그러나 당시에 대학의 형편이 이런 연구를 대학 차원에서 추진 할 수 있는 상황이 아니었다.

나는 지금도 대학 차원에서 기술 개발을 주도 할 수 있는 중량감 있는 테마를 찾아야 한다고 생각한다. 예를 들면, 현재 국가와 산업계에서 산업동력으로 추진 중인 '태양광 기술' 인 'Solar cell' 과 같은 기술은 대학 차원에서 접근할 필요가 있다. 이 기술을 현재 우리학과 권기청 교수 혼자서 고군분투하고 있지만, 개인 연구 내지는 학과 차원의 연구의 한계를 벗어나지 못한다.

그러나 이 프로젝트를 대학 차원에서 접근하면, 얼마든지 국가와 산업계가 요구하는 수준의 기술을 우리대학이 주도 할 수 있는 것이다. 관련 연구 시설의 규모와 참여하는 교수들의 수, 연구원의 수를 일정 규모이상으로 참여하고, 연구비도 관련 기관으로부터 유치하고, 대학 차원에서는 일정 공간을 투자하여 과감하게 추진하면, 10년 후에는 분명하게 그 결실을 가져올 것이다. 사실은 공간의 투자도 기존의 연구 공간도 많다. 그리 큰 부담도 없다.

물론 이 테마는 대학 차원의 연구의 한 예에 불과하다. 다른 연구 과제들도 많을 것이다. 앞으로 우리는 연구 개발을 개인 교수와 학과 차원과 대학차원의 연구로 그 단계를 구분하여 적극 검토할 필요가 있다. 대학 차원의 연구 하나만이라도 잘 수행하면, 많은 교수들이 이것을 중심으로 일을 할 수 있다. 그 결과는 상상을 초월한다. 개인 교수 연구의 한계성이 있는 것이다.

며칠 후, 경북 구미에 있는 (주)오리온전기를 최은하 교수와 방문하였다. 오리온 전기는 대우계열사이었다. 오리온 전기를 방문하였을 때, 신동기 전무님이 우리를 맞아 주셨다. 신 전무님은 젊은 두 교수의 방문을 따뜻하게 맞아 주었다. 플라즈마를 전공하였다고 하여 열심히 해 보라고 격려하여 주셨다. 오리온 전기는 당시에 PDP 기술을 개발하기 위하여 소련과 기술 제휴를 하고 있었다. 소련 현지에 연구원 파견하여 활발하게 움직이고 있었다. 신동기 전무는 국내의 대학에서도 이 분야의 연구를 해야 한다고 우리에게 열심히 하여 줄 것을 당부하였다. 당시는 이 기술을 기업들이 신속하게 확보하기 위하여 모두들 바쁘게 움직이고 있었다. 오리온 전기의 방문을 계기로 우리는 본격적으로 PDP 연구에 뛰어 들었다. 신동기 전무는 우리에게 최초로 PDP 프로젝트를 주셨다. 그리고 이 분야에 인력이 부족하다하여 좋은 인력을 대학에서 배출하여 줄 것도 우리에게 당부하였다.

PDP 관련 기초 연구를 시작하였다. 여러 가지 관련 실험을 시작하였다. 그 시절에 플라즈마 방전 실험을 다각도로 진행하였다. 참으로 열심히 그리고 신나게 하였다. 기본 개념도 단기간에 거의 파악하였다. 그렇게 단기간에 많은 일을 할 수 있었던 것은 역시 우리 학과 교수 모두가 이 기술 개발에 매달렸기 때문이었다. 거의 매일 교수들과 대학원생들과 함께 자체 세미나를 가졌다.

그 결과 (주)오리온전기에 우리 졸업생들이 상당수가 연구원으로 취업하였다. 바로 취업이란 이렇게 되는 것이다. 가만히 앉아서 기업이 우리 학생들을 채용하기를 바라는 것은 누워서 감 떨어지기를 기대하는 것과 같다. 물리학과라고 관련 전공 교과서만 가르치고 학과로서 할 일 다 했으니 알아서 취업하라고 하면 그것은 방치하는 것이다. 학과 발전이란 교수들이 기업의 요구에 부합하는 연구를 얼마나 하는 가에 달려 있다. 결국, 교수들의 연구가 모든 것을 말해 준다.

오리온 전기는 삼성이나 LG보다 앞서서 PDP-TV 기술을 확보하여 재품으로 출시하였다. 그러나 당시에 '대우그룹'이 극도로 어려움에 직면하게 되었다. (주)오리온전기 자체의 기업은 흑자 운영되었으나, 모기업의 경영상의 어려움이 오리온 전기에도 직접적으로 영향을 미쳤다. 그리하여 경영상의 어려움으로 중국의 기업에 매각되기에 이르렀다.

여기서 기술을 가진 우리기업이 해외의 기업, 그것도 멀지않은 장래에 우리와 경쟁관계인 해외기업으로 매각된다는 것이 국가적으로 얼마나 큰 손실인가를 보았다. 결국은 중국이 이 기업을 인수하여 기업을 살릴 것으로 기대할 수 없는 것이다. 고스란히 기술만 빼가는 것이다. 우리나라 기업이 이러한 경우가 오리온전기뿐이겠는가. 이러한 경우는 국가가 나서야 한다고 본다. 물론 해당 기업의 투자자들이 자신의 손익계산 때문에 어려운 점이 많겠지만, 법을 고처서라도 국가가 나서서 이러한 기업을 어느 정도 살려서 해외로 중요한 기술이 유출되는 것은 막아야 한다. 참으로 안타까웠다.

우리 학과의 PDP연구의 성과들은 많다. PDP 구동 장치의 개발은 각 기업과 관련 연구소 및 대학에서 관심을 끌기에 충분 했다. PDP 기술에서 핵심이 보호막 기술과 관련하여 '이차전자 발생 장치' 의 개발도 히트작품 이었다. PDP 셀 기술과 관련하여 삼성과 LG에 초청 강연도 여러 차례 하였다. 그들 기업이 우리 학과의 연구에 대단히 관심이 많았다. 당시에 대학에서 PDP라면 단연 우리 학과였다. 기업은 플라즈마를 전공한 우리 교수들의 PDP 기술 개발 접근과 관련 해석에 대하여 높이 평가하여 주었다. 역시 플라즈마 전공 교수가 하니까 무언가 다르다는 것이다. 우리 학과 졸업생들의 취업도 이 분야에 크게 환영 받았다. 국내뿐만이 아니라 해외에서도 우리를 초청하였다. 국제 학술대회에서도 각광을 받았다. 해외의 PDP 관련 대가들이 한국을 방문하면 우리 실험실을 들리는 것이 그들의 방문 코스가 되었다.

이러한 활동의 결과, 우리는 2003년도에 당시 산업자원부가 지정하는 '차세대 PDP 연구센터' 를 유치하는 쾌거를 올렸다. 이 사업은 산자부와 관련 참여기업으로부터 연간 10억 원 이상의 재원을 지원받게 되었다. 학과 차원에서 이러한 프로젝트를 유치하는 것은 매우 드문 일이다.

이 사업을 유치할 때, 대학에서도 과감한 협조를 하였다. 우리 대학이 가장 취약한 공간의 문제를 어렵게 해결해 주었다. 당시에 이과대학의 지하 공간은 탁구장이 있었다. 이 공간은 일종의 교육 공간이다. 이 공간을 PDP센터에 내놓은 것이다. 여기에 클린룸이 설치되어 있고, 현재도 관련 기업들이 연구 개발에 활용되고 있다. 그뿐인가, 강의실도 일부를 할애하여 주었다. 이러한 공간을 할애해준 대학의 결단이 당시에는 놀라웠다. 그리고 당시에 탁구부 학생들이 이해해준 것도 얼마나 고마운 일인지 모른다.

다른 각도에서 보면, 대학의 일차적인 목적은 교육이다. 따라서 교육 공간이 우선이다. 연구는 부수적이다. 연구를 위하여 강의실과 같은 직접적인 교육공간을 할애한다는 것은 주장하기에 따라서 불가능한 일이다. 나로서도 그 당시에 이것이 가능한 일인가 주저하였다. 결국, 우리는 연구 활동이 교육과는 밀접하게 관련되어 있다는 사실을 그때 깨달았다.

이 공간을 PDP센터로 활용하게 된 것이 곧 바로 교육으로 나타났다. 교육효과 이상으로 취업으로도 나타났다. 대학을 경영하는 사람들이 이 점을 눈여겨 볼 필요가 있다. 일반 교습소와 같은 학원이라면, 강사와 교실이 중요한 공간이다. 교습학원에서 연구실이 필요할 까닭이 없다. 대학은 조금 다르다. 흔히 대학의 기능으로 교육이 우선이라는 이야기도 일리는 있다.

흔히 대학의 경영자들이 강의실이 최고의 가치라고 생각한다. 강의실을 부수어서 연구공간으로 용도를 변경한다? 이상하다할 것이다. 오히려 연구실을 강의실로 용도 변경하야 말이 되는 듯하다. 그러나 잘 나가는 대학은 강의실만으로는 안 된다. 그것은 3류이다. 오히려 강의실을 좁히고 연구공간으로 전환하면, 결과적으로 그 공간은 한 차원 높은 교육공간이 되는 셈이다. 물론 그 공간을 제대로 활용할 때의 이야기이다. 그 말은 교수들이 연구를 제대로 할 때의 이야기이다. 연구 활동이 극히 미약하면서, 연구공간이 없다고 한다면, 그것은 핑계이다. 대학 운영자가 교육공간을 연구공간으로 용도 변경하는 것에 대한 마인드를 바꾸어야 한다. 그리고 교수가 제대로 역할을 해야 한다. 이 두 가지가 맞물려있다.

PDP 센터를 가보아라. 발을 디딜 틈도 없다. 물론 협소하기 짝이 없다. 이 공간의 가치는 땅 값으로 환산해보면, 지방의 사립대학의 공간의 열배 이상이다. 우리는 이러한 공간을 얼마나 감사하게 여기는지 모른다. 특히, 당시에 우리 학생들이 지하 체육 공간을 할애해 준 것에 대하여 학생들에게도 고맙게 생각한다. 그 결과는 우리 학생들에게 취업이라는 선물로 보상되었다. 지금도 이 공간은 국내뿐만이 아니라 해외의 저명한 디스플레이 관련 인사들이 국내를 방문하면, 반드시 들리는 곳이 되었다.

PDP-TV는 2000년 초반부터 본격 출하되기 시작하였다. 당시에는 대화면의 텔레비전은 PDP가 대세로 여겨졌다. 노트북이나 화면이 이 보다 작은 핸드폰과 같은 작은 화면은 LCD이였다. 그러나 PDP-TV기술은 점차 LCD 기술의 도전에 직면하게 된다. 이어서 PDP와 LCD 기술에 대하여 언급하겠다. 2000년대 중반까지 만하여도 미래의 벽걸이 텔레비전은 PDP였다. LCD가 텔레비전 기술로 급부상한 것은, 그리 오랜 시간이 걸리지 않았다. 2000년 초반만하여도 아무도 예견하지 못하였다. 그러나 2009년 현재 LCD-TV가 PDP-TV를 능가하고 있다. 기술 변화의 무상함을 느끼다.

LCD를 해야 한다

PDP 관련 연구에 매진하던 어느 날이었다. 강남의 교총회관에 있는 '디스플레이 조합'을 방문하였다. 우리 학과 교수들이 PDP

과제와 관련된 발표를 하기 위하여 대기하고 있었다. 나는 디스플레이 조합에 비치된 LCD 관련 연구결과 책자를 우연히 뒤적였다. 그때, 노트북용 LCD의 구조를 처음으로 접하였다. 이때가 아마 1997년 말 대학의 기획관리실장직에서 연구실로 북귀한지 채 1년이 안된 시기였다. 그때 LCD 백라이트라는 용어를 처음으로 접하였다. 그래서 교수는 뻰질나게 설 처야 기술 정보를 수집한다는 것을 느낀다.

LCD 백라이트에는 직경이 1 센티 정도인 미세관의 형광램프를 사용하였다. 이게 뭐냐? 이러한 램프는 당시 국내에서는 금호전기에서 일부 생산하기 시작한 초창기였다. 거의 전량 일본에서 도입하였다. 그 도입 가격의 규모가 어마어마하였다. 당시에 PDP뿐만이 아니라, 모든 LCD부품들을 거의 일본이나 해외에서 사들였다. 국내산 부품의 사용 비율이 채 10%에도 미치지 않은 시절이었다. 이 램프도 마찬가지였다. 당시에 일본으로부터 도입하는 가격은 개당 5천 원대였다. 2009년 현재 램프의 국산화율은 이제 거의 100%에 육박하고, 가격도 천원 미만이 되었다. 기술변화가 그만큼 빠르다는 이야기이다. 내가 처음 LCD용 램프를 보았을 때, "이런 것은 우리 학과에서 얼마든지 잘 만들 수 있는데" 하고 생각하였다.

LCD용 램프를 연구하기 시작하였다. 우선, 가지고 놀았다. 만지작거리고, 부셔보고, 별짓 다했다. 이 램프의 주요 이슈가 뭐냐? 가격이었다. 이런 램프는 전극이 필요 없는데? 굳이 전극을 설치하여 제작할 필요가 없다는 생각이 들었다. 그리하여 전극이 제거된 LCD용 무전극 미세관 형광램프를 최초로 실험실에서 발광에 성공하였다. 제작이 간단하였다. 알루미늄 테이프로 유리관 양쪽을 감는다. 그리고 전원장치에 연결한다. 눈부시게 밝았다. 매우 고무적이었다. 이 기술의 원리는 플라즈마 방전이었다. 마치 PDP의 방전 플라즈마 발생 원리와 같은 것이었다. 나는 이 기술에 몰두하기 시작하였다.

1999년 당시에 이들 램프를 이용하여 15인치의 LCD용 백라이트를 제작하였다. 당시만 하여도 LCD가 노트북에 사용되어 고작 10인치 이하로 제품이 출시된 때였다. 15인치 백라이트는 크게 진보한 기술이었다. 결과적으로 이 기술은 LCD백라이트 기술 개발에 불을 붙이는 계기가 되었다. 20인치가 개발되고, 현재는 40인치, 50인치, 100인치의 대화면에 이르게 된 것이다. 그뿐인가, 평판 램프의 기술개발에도 불을 붙였다. 관련 업체와 각 연구소에서 저마다 대화면 백라이트 기술을 개발하기 시작하였다. 결과적으로 우리는 이 분야에서 국내 대학으로서는 유일하게 이 기술을 선도하는 학과가 된 것이다.

15인치의 무전극 램프를 장착하여, 이것을 들고 삼성전자를 찾아갔다. 해당 부서 부장과 미팅하였다. 특이한 기술에 관심이 지대하였다. 그 부서에서도 놀라는 기색이었다. 샘플을 맡기고 일주일 후에 다시 보자고 하였다. 일주일 후에 그 부서에 갔다. 샘플을 돌려받았다. “앞으로 무엇을 하실 거냐?”고 그 부서장이 질문을 던졌다. 이상한 분위기였다. 그 부서장으로부터 아무런 언질도 받지 못하였다. 나중에 인식한 일이지만, 그 부서장은 이 기술을 삼성출신의 모 벤처 기업을 하는 친분 있는 회사에 개발을 의뢰했다는 소문이었다. 충분히 그럴 수 있었다.

우리는 그 이후에도 이 램프 관련 기술을 하루를 멀다하고 업그레이드 시켰다. 매번 국내외의 학회에서 새로운 내용을 발표하였다. 나중에 인지하였는데, 우리가 먼저 발표하면, 관련 업체가 따라서 특허를 출원하는 형태가 되었다. 항상 우리가 한발 앞서갔다. 다시 삼성이 관심을 갖게 되었다. 이제야 과제를 하자고 제안 받았다. 관련 부서장도 다른 분으로 바뀌어 있었다. 삼성은 이 기술을 이용하여 20인치 백라이트 샘플을 2001년도에 발표하였다. 이 기술로 인하여, 우리학과의 졸업생들이 대거 삼성과 LG에 입사하였다. 지금도 우리 졸업생들이 해당부서에서 열심히 기술 개발에 일익을 담당하고 있다. 얼마나 자랑스러운 일인가. 나는 이것만으로도 관련 기업들에 감사할 따름이다.

그 후 삼성은 평판램프의 개발에 나섰다. 평판램프란 종래에 사용하고 있는 가느다란 관을 사용한 형광등을 평판형광등으로 만든다는 것이다. 평판형광등을 곧바로 LCD의 광원으로 사용한다는 것이다. 사실, 나는 평판형광등의 개발에 회의적이었다. 그 이유는 당시에 사용하는 세관 형광등의 성능을 평판형광등이 능가할 수 없다는 판단이었다. 그 외에도 가격측면에서 극히 불리하다고 판단하였다. 그러나 당시에 평판형광등의 채용은 다른 고가의 부품을 사용하지 않아도 된다는 이점이 있고, 가격측면에서도 충분히 경쟁력이 있다고 판단된 것이다. 평판형광등 개발과 관련된 이야기를 좀 더 하겠다.

2003년 어느 날, 강남 테헤란로 삼성빌딩을 방문하였다. 삼성의 경영기획팀으로부터 초청을 받았다. 그 회의는 (주)삼성코닝과 삼성이 평판형광등을 개발하기 위한 전략회의였다. 그 회의에는 미국의 코닝(Cornning) 본사에서 기술개발관련 이사 2명이 파견되어 합동으로 회의를 하고 있었다. 그 회의에 형광램프 관련 국내의 전문가라고 하여 나를 초청한 것이다.

그들은 평판형광등의 샘플 하나를 나에게 보여 주었다. 그리고 그 샘플에 대한 나의 견해를 물었다. 그 회의는 이 평판형광램프 샘플의 개발 사업의 시행을 판단하는 회의였다. 이 사업이 그들에게는 충분히 검토할 가치가 있는 사업이었다. 미국의 코닝은 유리관 전문 기업이다. (주)삼성코닝은 당시에 TV용 브라운관 유리를 생산하는 회사이다. 그런데 앞으로 브라운관 TV가 사라지고 LCD-TV 시대로 변화한다고 한다. 그렇게 되면 (주)삼성코닝과 같은 브라운관을 생산하는 회사는 문을 닫게 되는 것이다. 회사의 존립 문제였다. 그 돌파구로 미래의 TV의 핵심부품인 평판형광등을 검토하는 것이다.

나는 그 기술에 관한한 내가 아는 범위 내에서 자세하게 이야기하여 주었다. 물론 그들이 나의 이야기를 얼마나 신뢰했을까 의문이다. 왜냐하면, 국내의 어느 작은 별 볼일 없는 교수의 이야기가 얼마나 통할 수 있겠는가. 반면에 나는 이런 큰 회사가 나와 같은 이름도 없는 교수를 불러주니 고마울 따름이었다. 그 후에도 몇 차례 더 불려갔다. 자문료라도 줄 법한데 기억에 한 푼도 없었다. 식사 대접으로 일식집에서 대접 받았다. 나는 지금도 그렇지만 국내 기업에서 도움을 요청하면, 쌍 수를 들고 달려간다. 대접이야 별개다. 나를 불러주는 것이 고마운 일이다. 흔쾌히 도와주면, 언젠가는 우리에게도 이롭다.

그 후에 삼성코닝은 평판형광등의 기술 개발에 엄청난 자금을 투입하였다. 내가 알기로는 수천억 원이다. 그러나 수년 후, 삼성코닝은 이 기술 개발에 실패하였다. 지금은 그 회사의 당시의 개발관련 인사들이 모두 뿔뿔이 흩어지고 회사도 다른 회사로 병합되었다. 순간의 판단 잘못이 굴지의 회사가 망하는 광경을 지켜보았다. 이 이야기를 좀 더 하고자 한다.

어느 날 삼성이 나에게 세미나 초청을 제의하였다. 이러한 세미나는 내가 그동안 하고 있는 연구 내용을 그곳 연구원들과 공유하는 자리로서 간혹 삼성이 나를 불러 주었다. 그때의 삼성 방문에서 삼성코닝이 개발한 30인치급 평판형광램프를 처음 보았다. 그 램프는 내가 평소에도 제안한 적이 있는 동일한 개념의 평판램프였다. 물론, 몇 년 전에 테헤란로의 삼성코닝과의 회의에서 내가 제시한 형태와 같은 것이었다. 삼성의 관계된 임원은 이 평판램프에 대하여 상당한 자부심을 가지고 있었다.

삼성은 이제 LCD의 핵심부품으로 이 평판램프를 사용할 것이라 하여 상당한 기대를 하였다. 아무튼, 내가 보기에도 그렇게 짧은 기간에 이런 샘플을 개발한 것 자체로서 대단하다고 생각하였다. 그러나 나는 내심으로는 이 기술이 과연 성공을 할 수 있을 지에 대하여는 개인적으로 회의적인 판단을 하고 있었다. 그렇지만, 나의 속내를 그들에게 이야기 할 수 있는 분위기가 아니었다. 기술개발에 성공하여 큰 기대에 차있는 연구원들에게 그런 말을 하기 어려웠다. 그리고 그들이 나의 견해를 묻지도 않았다. 이 기술이 당시의 대표이사 수준의 큰 업적으로 치부하는데 누구도 반론이나 회의적인 검토를 할 수 없는 것이었다. 결국, 이 기술은 삼성코닝에 엄청난 재정 손실을 초래하였다.

지금 생각해보면 당시에 삼성코닝이 나 같은 사람을 적극적으로 이 기술 개발 사업에 참여 시켜 주었다면 이런 일이 없었을 것이라는 건방진 생각도 해보았다. 나는 당시에 직간접적으로 평판형광램프 사업은 실패할 수밖에 없는 이유를 여러 학회에서도 언급한 바 있다. 그러한 언급이 관련 고위 인사들에게 전해질 수도 없었다. 기술 개발이 기업의 생사를 좌우하는 실례를 목격하였다.

당시에 LG도 평판램프 개발에 관심이 많았다. 그리하여 이 기술개발에 적극적으로 착수하였다. LG관계자는 이 기술 개발을 위하여 나에게 상당 기간 동안 프로젝트를 의뢰하였다. LG의 관련 임원을 만날 때마다, 나는 이 기술 개발에 대하여 회의적인 의견을 개진하였다. 그러나 LG는 만약에 삼성이 이 기술 개발에 성공하여 사업화하게 되면 큰일이라는 것이다. 경쟁 회사가 기술을 개발하여 이 사업을 선점하게 되면 당연히 회사로서는 치명적일 수밖에 없는 사실이 이해가 되었다. 결과적으로 LG는 이 기술 개발에 큰 투자를 하지 않았다. 그나마 다행이었다.

나는 2003년부터 LG필립스와 일을 같이 하게 되었다. 지금은 LG디스플레이로 이름이 변경되었다. 무전극 형광램프 개발에 관한한 삼성보다 LG가 늦게 시작하였다. 내가 삼성과 무전극 램프 기술 개발을 하고 있을 당시에, 삼성이 나에게 삼성과 일을 같이하는 기간에는 LG와 일을 하지 말라는 이야기를 실천하였다. 그러나 삼성이 평판램프 기술 개발의 성공을 자신하게 됨에 따라서, 나의 무전극 형광램프는 어느 정도 기술 개발이 완료되었으나, 이 기술의 채용이 외면되었다.

그 이후로 LG와 일을 하게 된 것이다. LG는 매우 적극적이었다. 업계에서도 그러한 평판을 하고 있지만, LG는 특정 기술을 개발 한다고 결정하면 매우 신속하게 진행한다는 평판이 맞았다. LG와 삼성의 기술 개발 스타일이 서로가 다르다. 그러나 여기에서는 그 차이를 기술하지 않겠다.

LG디스플레이는 내가 제안한 무전극 램프를 적극적으로 기술 개발하였고, 단기간에 TV의 모델에 채용하였다. 처음에는 30인치의 TV모델에 적용하였다. 그 후에는 현재에 이르기까지 대부분의 모델에 적용되고 있다. 이 기술의 적용으로 LG디스플레이는 상당한 원가 절감의 효과를 거두었다. 내가 판단하기로는 이 기술을 적용한 모델이 경쟁 회사의 모델에 비하여 성능도 우수하고 원가측면에서 절감되는 효과가 LG디스플레이의 LCD-TV 사업에서 경쟁사에 비하여 절감의 효과를 가지고 있는 것이 분명하다. 다만, LG디스플레이는 이 램프를 전체 LCD-TV에 일부만 적용하고 있는 점이 안타깝다. 이 기술이 그 이후로 상당히 개선되었고, 품질에서도 더욱 우수한 기술이 개발되었으나 광범위한 적용을 하지 않고 있다. 이것은 너무 가격의 절감만을 강조한 측면이 있다. 가격 절감의 폭이 다소 작더라도 최근에 개발된 유리관 관련 기술을 사용하면, 이전의 기술보다 더욱 제품의 신뢰성을 확보할 수 있음에도 이 기술의 채용에 인색한 측면이 있다.

삼성의 경우에 무전극 램프를 채용하지 않는 이유는 채택의 측면에서 기회를 놓쳐버린 측면이 있다. 그동안 평판램프의 개발로 이 제품에 기대를 하였으나, 평판램프가 실패로 끝나고, 다시 되돌아가서 LG가 하고 있는 무전극램프를 다시 채용하기는 자존심의 문제일 것이다.

이제는 이 기술이 LED로 전환되는 시기인 듯하다. 삼성의 LED-TV라 하여 대대적인 홍보가 LED 램프로의 전환을 앞당기고 있다. 사실 학계에서도 지적하고 있지만, LED-TV라는 용어는 맞지 않는 용어이다. LED를 사용하는 LCD-TV이다. 마치 새로운 개념의 LED-TV인 것처럼 이야기 하면 소비자가 마치 새로운 개념의 TV라고 오인한다. 앞으로 LCD-TV의 광원이 세관의 형광램프에서 LED로의 전환이 바른 방향이라고 동의한다. 그러나 모든 LCD-TV의 광원으로 LED를 사용하는 시기가 언제일 것인지는 좀 더 지켜보아야 한다. 그동안 LED가 LCD의 광원으로 오래 전부터 연구될 때, 나는 이 기술에 대하여 회의적이었다. 이러한 나의 판단은 결과적으로 잘 못된 것이었다. 내가 세관의 형광램프만을 고집하는 동안 LED 기술이 상당한 수준으로 향상된 것이다. 기술에는 생명이 있는 법이다. 그 생명을 잘 못 예측하여 그 기술 개발의 기회를 놓쳐 버린 점이 아쉽다. 변명이라도 한다면, 내가 LED까지 연구하기에는 여력이 없었던 측면도 있다. 우리학과나 우리대학의 교수들과 공동으로 일을 할 수 있었다면, 이 부분의 연구도 할 수 있었을 것이다.

LG필립스와 일하는 동안, 나는 거의 매월 구미를 방문하였다. 방문 때마다 LG의 영빈관에 숙소를 마련해 주었다. 영빈관은 고 박정희 대통령 시절에 별장이 있는 강변에 자리 잡고 있었다. 낙동강이 내려다보이는 경관이 수려한 곳이었다. VIP 대접이었다. 항상 구미를 방문할 때마다 세미나를 마치면, 부사장님이 나와 일행에게 식사 대접을 하여 주었다.

한번은, 부사장이 조교수가 왔으니, 조교수 제자들과 같이 식사하자고 하였다. 그리하여 식당에 가보니, 나의 제자들이 18명이나 모였다. 부사장이 대접하는 식사 자리이기에 제자들이 이렇게 모였다. 얼마나 기분이 좋았는지 모른다. (주)LG디스플레이가 우리 학과의 졸업생들을 이렇게나 많이 채용해 주었다는 것이 얼마나 감사한 일이냐! LG 관계자 여러분들에게 감사드린다. 아무쪼록 LG에 근무하는 우리 제자들이 열심히 회사를 위하여 애써줄 것을 당부한다.

2000년도 전까지만 하여도 미래의 텔레비전은 PDP라고 믿고 있었다. LCD는 소형 디스플레이로 핸드폰에서 노트북에 적합 한 것으로 인식되었다. 실제로 2000년도 이전에, 일본의 경우는 미래의 엄청난 세계의 TV 시장을 겨냥하여 발 빠르게 산업을 개편하였다. 그 당시 전 세계에 연간 1억대의 평판 TV 시장이 향후 수십 년간 지속된다는 것이다. 그리하여 일본은 미래의 전 세계 TV 시장을 선점하기 위하여 PDP기술에 모든 것을 쏟았다. 그리고 LCD는 관련 공장을 대만으로 이전하였다.

이것이 잘못된 판단이었다. 실제로 PDP 기술 관련 원천 기술의 대부분은 '마쯔시다'가 보유하고 있었다. 마쯔시다는 미국의 PDP 원천 개발자가 설립한 플라즈마텍과 PDP개발을 공유하였다. 마쯔시다의 제품은 국제 브랜드는 PANASONIC이고 일본 내는 NATIONAL이다. 뿐만 아니라 '후지쯔' 도 마쯔시다 못지않은 PDP 개발에 주력하였다.

그러나 2005년도부터 서서히 LCD가 대화면 TV로 각광 받기 시작하였다. 반면에 한국은 PDP와 LCD 두 분야에 동시에 기술 개발 투자를 하였다. 만약 당시에 한국이 일본처럼 PDP에만 주력하였다면, 오늘 날 일본을 제치고 세계 시장을 주도하기는 어려웠을 것이다. 한국이 세계의 평판 TV 시장에서 1위를 점하고 있는 것도 하나의 기적이다. 반도체에 이어서 또 하나의 기적을 이루어낸 셈이다.

디스플레이 관련 국제학회로는 매년 미국에서 개최되는 '정보디스플레이학회(SID; Society for Information Display)' 가 있다. 내가 이 학회에 처음 참가한 것은 1998년 미국 서부 LA 남쪽의 롱비치이다. 내가 이 학회에 참가한 것도 상당히 늦었다. 그 전에는 이런 학회가 있는지도 몰랐다. 그만큼 기술의 변화에 둔감한 채, 우물 안 개구리로 연구실에서만 지내왔다.

당시에 이 학회의 분위기는 미국과 일본이 주도하고 있었다. 흔히, 반도체가 그러했듯이 일본의 업체가 논문을 발표하면, 한국의 기업들이 뒤에서 사진을 촬영하기에 바빴다. 그러한 분위기는 10년이 지난 2009년 현재 완전히 바뀌었다. 1998년부터 나는 매년 학생들을 데리고 이 학회에 참석하여 2~3편의 논문을 발표하였다. 2000년대 중반부터는 그 학회의 분위기를 한국이 주도하기에 이르렀다. 그리고 2009년의 분위기는 한국의 일색이었다. 오히려 한국의 기업에서 발표하면, 미국과 일본이 사진촬영하기 바빴다. 참으로 기적적인 역전 드라마였다. 초기에는 PDP가 주도하였다. 그러던 것이 서서히 LCD가 주도하게 되었다. 2009년의 SID 학회를 보면 PDP는 아예 사라진 듯했다. LCD가 주도하면서 오히려

OLED가 떠오르기 시작하였다. 기술은 그렇게 변화하고 있었다. 그러한 가운데 이 분야에서 한국의 성장은 과히 놀랄 만 하였다. 자랑스럽다. 현재, 평판 TV 분야의 세계 시장 점유는 삼성과 LG가 1위와 2위를 차지하고 있다.

디스플레이 산업

구미에 가본 적이 있는가. 그리고 수원과 천안에 가본 적이 있는가. 디스플레이 산업은 지난 10년간 거대한 산업으로 성장하였다. 이공계 교수로서 파주의 디스플레이 산업 단지나 탕정의 산업 단지를 한 번도 가보지 않았다면, 교수라고 할 수 있을 까 할 정도로 잠자는 교수들이다. 하루아침에 변해 버린 파주와 탕정 지역. 상전벽해라는 말이 따로 없다. 이런 변화를 모르고 연구실에서 잠자는 교수들이라면, 과연 이공계 교수라 할 수 있을지 모르겠다. 그 만큼 산업이 변하고 있다. 그러나 대학은 그러한 산업 변화에 얼마나 능동적으로 움직이는가?

오로지 수출에 의존하고 있는 우리나라이지만, 우리 교수들이 수출에 대하여 얼마나 알고 있을까. 수출의 날은 11월 30일이다. 매년 이맘때가 되면, 수출에 공이 큰 기업에 10억불, 100억불 수출탑과 훈장을 수여한다. 1964년 1억불 수출을 계기로 수출의 날이 제정되었다. 당시에 박정희 정부는 수출 제일주의를 내세우고 수출을 신앙처럼 밀어붙였다. 마치 전쟁의 군사작전처럼 대통령이 직접 수출관련 회의를 관장하였다. 당시에 1억불 달러 달성을 위하여 휴일에도 세관이 업무를 보았다. 수출 대금의 입금이 매일 같이 시간대별로 집계되었다. 그로부터 13년 후인 1977년에는 100억불의 수출을 달성하였다.

2008년 말 우리나라의 수출은 4200억 달러에 이른다. 최근 몇 년간은 매년 약 15%의 성장을 보였다. 1964년 1억불 수출이후 44년 만에 약 4000천배가 늘었다. 5개의 기업이 100억불을 돌파하였다. 삼성전자와 LG디스플레이가 5대 수출 기업에 포함되었다. 삼성전자는 약 550억불을 수출하여 사상 처음 '500억불 탑' 을 수상하였다. 삼성전자가 우리나라 수출의 약 15%를 점한다. 실로 놀라운 일이다. IT제품 전체로는 약 2800억불에 이른다. 그중에 디스프레이 산업의 수출은 약 500억불로서 5대 수출 산업에 포함되었다.

2009년 현재, 세계의 TV 시장에서, 일본의 SONY를 제치고 삼성전자와 LG전자가 나란히 1위와 2위를 차지하고 있다. LCD-TV의 세계 시장의 규모가 약 6,000만대에 이른다. 이중 절반이상인 약 4,000만대를 우리나라 삼성과 LG가 점유하고 있다. 매출액 규모로는 약 300억불에 이른다.

디스플레이 산업의 배후 산업도 엄청나게 성장하였다. 초기에 거의 모든 원자재와 부품이 거의 전량 일본 등으로부터 수입하던 것이 이제는 국산화율도 70%에 육박한다고 한다. 그렇게 성장하였다. 그 여파는 기업들의 인력의 수요로 나타났다.

우리 학과가 지난 10년간 괄목할 만한 취업률을 보인 것도 모두 이러한 산업의 성장 덕분이다. 그리고 우리 학과의 교수들이 모두 이러한 변화에 능동적으로 대처한 결과이다. 이러한 산업의 변화를 모르고 대학에서 잠만 자는 교수라면 그 학과는 뻔하다.

일본 마쯔시다 방문

2003년도 어느 날. 일본의 거대 전자기업인 마쯔시다에서 나를 초청하였다. 마쯔시다의 가전제품의 브랜드는 일본 국내의 National과 해외의 Panasonic이 있다. 마쯔시다라고 하면 한국의 삼성과 같은 가전업체이다.

당시에 나는 LCD 백라이트 광원인 새로운 램프를 개발하여 매년 2편 이상을 국제 학회에서 발표하였다. 그리고 삼성과 LG와도 이와 관련된 연구를 하고 있었다. 그러나 당시에 마쯔시다는 PDP에 주력하고 있었다. PDP분야는 한국보다 훨씬 앞선 회사다. 그런 마쯔시다가, LCD가 주력이 아닌 마쯔시다가, 내가 개발한 LCD 백라이트의 광원에 관심을 갖는다고 하니 이해가 안 되었다.

초청 형식은 내가 연구하는 램프의 기술 세미나이다. 나는 마쯔시다의 초청을 수차례 거절하였다. 거절 이유는 내가 특별히 이야기 할 것이 없다는 것이다. 대부분 관련 국제 학회에 발표하였다는 것이다. 나의 속내는 나의 기술 별거 아니라는 생각으로 자신이 없었다. 그리고 마쯔시다가 이 기술에 흥미를 둘 이유도 없었다. LCD가 주력이 아닌 회사가 이에 대한 관심을 갖을 이유가 없다. 그리고 나는 어디 가는 것을 별로 좋아하지 않는다. 어쩌면 내성적인 연구 생활을 하는 편이다. 사실 교수가 그래서는 안 된다. 오지 말라고 해도 가겠다고 쫓아 다녀야 하나라도 건진다. 그러나 나는 여행 자체가 힘들기 때문에 별로 좋아하지 않는다.

수차례 초청을 거절하였다. 그런데도 그쪽에서 집요하게 방문을 요청하였다. 귀찮은 나머지 초청에 거절하는 방법으로 초청비용을 턱없이 요구하였다. 물론 나의 입장에서는 몇 시간 세미나 해 주는데 방문 경비일체이면 족하다. 그러나 내가 생각할 때 턱없는 돈을 요구하면, 초청을 포기 할 줄 알았다. 요구한 금액이 적지 않은 액수(구체적인 액수는 밝히지 않겠다)이다. 그런데 의외로 미쯔시다는 나의 요구 조건을 흔쾌히 받아 들였다. 아찔했다. 한편으로는 마쯔시다와 같은 일본의 대기업은 그런 정도의 몸값은 아무 것도 아닌 듯싶다. 그렇게 마쯔시다의 방문이 성사되었다.

마쯔시다의 방문을 계기로 나의 몸값은 높아졌다. 그 후에도 대만에 초청받고 세미나 하는데도 그 금액에 준하여 요구하였다. 국내 기업에서의 세미나에서는 거의 공짜였다. 물론, 어떤 중소기업은 초청 세미나에서 교통비 이상의 거마비를 받은 적도 많다. 그러나 대기업은 거의 공짜내지는 차비 정도였다. 앞에서 이야기한 삼성코닝의 평판램프 회의에 자문으로 갔을 때에도 점심 얻어먹는 정도라고 한 것도 이 때문이다. 그렇게 마쯔시다는 우리를 사람대접하였다.

나는 연구원 2명을 대동하고 일본으로 갔다. 마쯔시다의 세미나에는 10여명이 경청하였다. 주로 기획관련 부서의 사람이었다. 나는 당시에 30인치급 백라이트를 들고 가서, 그 특성을 설명하였다. 당시에 30인치라면 LCD-TV 입장에서 굉장히 큰 대화면이었다.

마쯔시다가 나를 초청한 이유는 몇 가지로 추측할 수 있다. 나중에 생각해보니, 하나의 이유로는 과연 LCD-백라이트 기술이 대화면의 구현이 가능한지에 대한 관심이었던 것 같다. 한국에서 새로운 램프가 개발되었다는데, 이것이 LCD-TV의 백라이트에서 대화면의 문제를 해결한다는 것이 사실인지를 확인하고 싶었던 것으로 생각된다. 당시만하여도 마쯔시다가 대화면 TV로 PDP에 주력하던 터이다. LCD가 TV가 되기 위하여 대화면의 광원이 해결되어야 하는데, 그와 관련된 기술을 파악하고자 하였다. 그리고 이러한 백라이트가 LCD-TV 생산 원가의 절만을 차지하므로 매우 중요한 기술이었다. 그렇게 마쯔시다는 자신이 주력하고 있는 PDP가 LCD의 도전을 매우 심각하게 생각한 것 같다. 기술 동향의 정확한 정보 파악이 그 만큼 기업의 사활이 걸린 문제였다.

독일 쇼트 방문 : 태극기 휘날리고

2006년 2월의 겨울 어느 날. 독일 굴지의 유리 생산업체인 쇼트

(SCHOTT)가 나를 초청하였다. 쇼트라는 회사는 우리나라에 LCD 용 광원의 부품인 램프의 유리관을 공급하는 회사이다. 초청과정은 독일에서 어느 날 나에게 E-mail이 왔다. 나의 연구에 관심이 있다는 것이다. 처음에는 그 메일을 그냥 무시하였다. 답장도 하지 않았다.

이제 와서 생각해 보면, 나의 대외적인 활동성이 얼마나 소극적인지를 반성할 일이다. 나뿐이겠는가. 대부분의 대학교수들은 자기 방에 앉아만 있고, 내외적으로는 소극적일 것이다. 굳이 안 해도 되는데, 무엇하러 그렇게 하느냐 하고 귀찮아한다. 나도 그렇다. 이는 발전이 없는 나쁜 습관이다. 그리고 교수들에게 이러한 일에 적극성을 갖도록 하는 동기 부여도 없다. 그것이 우리나라 대학교수의 현 주소다. 내가 기업인 이었다면, 오지 말라고 해도 가겠다고 우겼을 것이다. 그렇게 대학과 기업이 차이가 난다. 수차례 접촉 끝에 독일의 프랑크푸르트 행 비행기에 올랐다.

프랑크프르트에서 자동차로 1 시간 정도 거리에 있는 Meinz에서 1박을 하였다. 쇼트 본사가 있는 Meinz에서 1박을 하면서 그곳의 연구소도 시찰하였다. VIP 대접을 받았다. 다음 날 자동차로 5 시간 달려서 남쪽에 있는 뉴른버그 소재 쇼트 공장에 서 1박하였다. 당시에 이 회사에서 일하는 인사(Dr. Letz, Dr. Martin, Dr. Fechner)들의 일하는 모습이 인상적이었다. 나는 이 회사에 평소에도 관심이 있었다. 나의 램프 연구에는 유리관이 매우 중요하였다. 그러한 연유로 나는 쇼트의 초청을 흔쾌히 수락한 것이다.

쇼트라는 회사는 1880년경에 Schott라는 학자가 세운 회사이다. Schott라는 이름은 나의 대학 시절 광학 교과서의 저자였다. 회사의 역사만 보아도 100년이 넘는 매우 오래된 회사이다. 모래에서 유리성분을 추출하여, 판유리 등 각종 유리관 등을 전 세계에 공급하는 전통 있는 글로벌 회사였다.

내가 인상 깊었던 것은 몇 가지가 있다. 하나는 식사 대접이었다. 허름한 건물에 들어가니 작은 방이 있었다. 그곳에는 1800년대부터의 유리 관련 유서 깊은 전시물들이 있었다. 방의 정면의 벽면에는 Schott 박사의 초상화가 있고, 방 한가운데 식탁이 있었다. 거기에서 식사를 하였다. 이렇게 오래된 회사가 사주의 초상화를 아직도 벽에 걸어 두고, 그곳에서 식사 대접하는 것이 VIP로의 최고 대접인 듯하였다. 조그마한 나라인 한국, 들어보지도 못한 광운대학, 이름 없는 교수를 이렇게 대접하였다. 과분한 대접이었다. 그곳에서 승용차로 5 시간 정도 남쪽으로 이동하여 세미나 장소인 지방의 뉴른버그로 갔다.

다음 날 뉴른버그 교외에 있는 쇼트의 유리관 생산 공장으로 갔다. 이 공장의 종업원의 수는 약 7천명이란다. 이 작은 도시에는 곳곳에 SCHOTT 깃발이 나부꼈다. 이 도시의 인구는 약 3만 명이 채 안 된단다. 이것이 바로 기업 도시였다. 쇼트라는 회사 하나로 인하여 관련된 종사자들이 이곳에 거주하는 기업 도시였다. 도시는 시골풍이지만 잘 정돈되어 있었다. 호텔도 쇼트를 위하여 있는 듯하였다.

아침 일찍 공장으로 갔다. 내가 놀란 것은 공장 정문으로 들어서니, 게양대에 태극기가 휘 날리고 있었다. 나는 의아하게 생각하였다. "아마도 오늘이 쇼트에 근무하는 한국인 근로자의 날인가 보다."라고 생각하였다. 이런 곳에서도 한국 근로자가 일하나? 나는 독일하면, 떠오르는 것이 있다. 나로서 고종 친척뻘 되는 사람이 우리나라가 어려운 시절에 광부로 가서 일했다. 그리고 간호원도 있었다. 우리가 가난했던 시절에 돈을 벌기 위하여, 머나먼 유럽 땅에 와서 고생하는 사람이 많았다. 그런 생각이 들었다. 동행한 연구원에게 물었다. "오늘이 한국 근로자의 날이냐?". 그 연구원의 대답은 "한국에서 Professor Cho가 왔기 때문이다."라고 하였다. 내심 놀랐다. "정말이냐? 그렇다면, 기념사진 한 장 찍어야지." 차에서 내려서 사진을 찍었다. 한국에서 온 보잘 것 없는 교수 한사람이 왔다고, 태극기를 게양하다니! 이 사람들이 사람을 이렇게 접대하는 구나!

우리 기업체의 사람들이 이 점을 배워도 좋겠다. 상대방의 기분이 얼마나 좋겠는가. 접대한다고 고급 술집에 가서 술 먹이고, 별짓 다하는 것이 접대인 줄로 알았지. 이런 고 단수의 접대도 있었다.

쇼트의 세미나는 3 시간으로 예정되었었다. 참석자들은 모두 임원급이었다. 박사학위 소지자가 대다수이었다. 물리학 박사도 있었다. 화학을 전공한 박사와 유리 관련 세라믹분야 학위자도 있었다. 진지한 세미나였다. 예정 시간 3 시간을 마치자, 참석자들이 플라즈마 방전에 대한 질문을 쏟아 내었다. 그리하여 내친 김에 예정에도 없었던 '플라즈마 방전' 관련하여 즉석 강의를 2 시간 더 하였다. 나도 참, 영어도 잘 못하는 놈이! 강의 하라면 신나게 한다. 나의 짧은 영어 실력으로도 어디 가서도 큰 소리치고 거품 품으며 열강 하는 스타일이다. 교수가 천직인가 보다.

영어 이야기가 나왔으니까 하는 말이다. 나는 어학에 소질이 없다. 중학교에서 고등학교, 그리고 대학에 이르기 까지 그렇게 영어를 배웠지만, 아직도 영어를 잘 못한다. 물론, 미국에서 정식으로 교육을 받아보지 못한 탓도 있다. 그래도 그렇지 MIT에도 있었고, 버클리 대학에서도 있었고, 그리고 수시로 미국을 자주 방문하였다. 그래도 영어가 달린다. 세미나를 할 때에도 상대방이 나를 배려하여 이야기 하지 않고, 영어를 굴려 버리면 알아듣기 힘들다. 그러면 내가 화를 내면서, 천천히 이야기하라고 한다. 아직도 미국에 오면 가장 불편한 곳이 식당이다. 메뉴도 잘 모르지만, 관련 음식의 소스에 관해서는 전혀 모른다. 그래도 배곯지 않고 살아가는 방법이 있다. 관련 소스 이야기가 나오면, 종업원을 붙들고 "네가 나와 같은 동양인을 위하여 추천하라."고 한다. 물론 음식 맛도 잘 모른다. 그러나 무엇이든지 잘 먹는 식성 탓에 별 문제 없다. 한 번은 여름철인데, 여행 중에 아이스커피(?)가 먹고 싶었다. 난들 커피라는 것을 잘 알지도 못한다. 우리 아이들과 간혹 '스타박스'에서 이상하지만 맛있는 커피를 아이들이 골라 주니까 간혹 사먹었다. 자동차 여행 중에 그것이 먹고 싶었다. 막상 스타박스에 가니, 그게 어떤 것인지 알 수가 없었다. 그래서 종업원 아가씨에게 그 커피를 설명해 주었다. "우리 애가 사주었기 때문에 이름은 알 수 없다. 아주 차가운 얼음도 있고, 커피 맛이 나고, 아주 달고, 그리고 맨 위에는 비누의 버블과 같은 눈같이 하얀 것이 덮여 있다."고 설명하였다. 그 종업원이 웃으면서도 단박에 내가 주문하고자 하는 것을 알아차린 것 같았다. 잠시 기다렸더니 주문한 커피가 나왔다. 신기하게도 내가 평소에 맛보았던 것과 같은 것이다. "내가 이렇게 무식하지만, 살아가는 방법이 있구나!"하고 웃음이 나왔다.

귀국 후, 쇼트로부터 프로젝트 제의를 받았다. 독일의 쇼트에서 파견된 연구원이 내 연구실에서 6개월 정도 같이 일했다. 나도 유리에 대하여 많이 배웠다. 연구 결과도 좋았다. 쇼트도 만족하였다. 추가로 보너스까지 받았다. 좋은 논문을 썼다. 미국의 잡지인 J. Appl. Physics에 게재하였다. 관련 연구를 미국의 학회 SID에 발표하였다. 당시에 최고 연구 논문상을 수상하였다.

우리가 언제 독일과 프로젝트를 할 것이라고 상상이라도 했냐? 물론, 기죽을 일은 아니다. 우리도 그만큼 열심히 하였다. 그들과의 프로젝트 수행 과정에서 나도 많은 새로운 것을 배웠다. 프로젝트에 참여하였던 대학원생 1명이 쇼트에 취업하여 지금도 잘 근무하고 있다. 그 학생은 엔지니어로 근무한다. 영어도 거의 못했는데, 영어공부 잘하고 있는지가 궁금하다. 그 프로젝트는 일 년 더 연장되어 2차년까지 진행하였다.

조명기술연구소 이야기

2005년도에 '한국조명기술연구소'와 일을 하게 되었다. 조명연구소는 당시 '산자부'와 우리나라의 '등기구조합'이 상호 출자하여 설립한 연구소이다.

이 연구소는 우리나라 조명산업의 영세성을 벗어나기 위하여, 1999년도쯤 설립되었다. 처음에는 서울의 합정동에 위치하였다. 그 후 경기도 부천의 테크노빌딩에 입주하여 이전하였다. 나는 2005년~2006년 기간에 이 연구소의 이사로 활동하였다.

이 작은 규모의 연구소가 부천으로 이전하면서 성장하는 모습을 보았다. 어려운 여건 속에서도 연구소의 임직원들이 열성으로 노력하는 모습을 보면서, 우리나라의 조명기술의 미래를 엿보게 되었다.

연구소의 '양승용' 소장님은 30년의 공직생활을 끝으로 이 연구소에 부임하였다. 공직생활을 주로 국회에서 보내어서, 조명과는 인연이 없는 분이었다. 처음에는 조명에 대하여 전혀 모르는 분이 소장으로 부임하니, 약간은 의아스러웠다. 그러나 양소장의 30년의 공직 경험은 이런 우려를 불식시키고도 남았다. 내가 보기에는 그분의 재직기간 동안 조명연구소는 양적으로나 질적으로 상당히 발전을 하였다. 양소장님은 등소평의 '흑묘백묘론' 처럼, 연구소의 소장으로서, 전공분야이든 전공에 무경험하든 상관없이, 그 조직을 운영하여 발전하게 하는 탁월한 재주가 있었다. 그분 특유의 사람들을 서로 화합하게 하는 인화력과 친화력이 있었다.

그때부터 나는 조명에 관심을 갖게 되었다. 여기에 조명관련 미국대학의 방문기를 소개한다.

2008년 여름 방학 때이다. 미국의 'Rensselaer Polytechnic Institute (RPI)' 의 'Lighting Research Center (LRC)' 를 방문하였다. 이 대학은 뉴욕 주의 주 수도인 Albanny 북쪽의 Troy시에 있다.

그 도시는 교육도시답게 깔끔한 인상이었다. 연구소의 모든 시스템이 잘 조직화 되었다는 강한 인상을 받았다. 10명 남짓한 교수진과 30명 정도의 대학원생 및 관련 연구원들이 함께 움직이는 것 같은 모습이었다.

나의 강연 세미나가 12:30분에 있다는 안내방송이 센터 전체에 공지되었다. 사전에 오늘의 방문자와 세미나 예정이 고지되었다. 거의 모든 소속 연구원들이 세미나에 모였다. 모두 60명 정도였다. 놀라운 일이다.

우리는 대학에서 세미나를 하면 몇몇 사람만이 참석한다. 세미나 연사에게 미안하여, 학생들을 동원하기도 한다. 우리는 같은 학과의 교수도 참석을 좀처럼 않는다. 그곳은 여름 방학 기간인데도, 많은 연구원이 그렇게 진지하게 세미나를 경청하였다. 우리는 방학이면 거의 휴무다. 무슨 경쟁력이 있겠는가? 세미나 참여 열기를 보면, 그냥 시간 때우려고 앉아있는 것이 아니라는 것이 눈에 보인다. 그 열정들과 쏟아지는 질문의 내용을 보면, 그들의 실력을 알 수 있다. 상당히 높은 수준의 학문적 역량을 갖춘 사람들이었다.

우리대학과 비교하면 분명히 차이가 있다. 그들은 잘 조직화된 시스템과 함께 움직인다. 우리는 조직의 시스템이 없다. 이는 아무런 일을 하지 않는 것이고, 할 수도 없다. 너 따로, 나 따로의 따로국밥집이다. 연구센터의 운영도 거의 혼자서 한다. 너 밑에 들어가기 싫다는 이상한 논리이다. 지시 받는다고 생각한다. 함께한다는 의식이 없다. 대학교수는 수직 관계가 아니다, 수평 관계라는 것이다. 이런 이상한 논리가 협력이나 협동과는 멀다.

그 연구소의 연간 연구비는 5~6백만 불이란다. 대부분 기업이나 관련 연구 단체의 프로젝트였다. 크고 작은 약 40과제를 수행하고 있었다. 프로젝트 관련 기관을 보면, Boeing, California Energy Commission, GE Lighting, Genlyte Group, OSRAM, US Environmental Protection Agency, Philips lighting, 등이다. 모두가 들어봄직한 기업들이다. 연구 분야는 Vision, Out door Lighting, Light and Health, Aviation Lighting, Glare, Autommobile Headlamps, Color, Automobile interior lighting, Security lighting, LED traffic signals, Comfort, Energy and Environment, Photobiology, Photosensor, Lamp/ballast compatibility, New lighting technology, Lighting applications and design, 등이라고 소개하고 있다. 한국조명연구소가 벤치마킹해도 좋겠다는 생각이 들었다.

내가 그 연구소를 방문하게 된 동기는 조명관련 미국 시장의 구조를 파악하기 위한 목적이었다. 미국 뉴욕의 'LED-folio' 라는 벤처 회사의 CEO인 Dr. Steven Kim과의 접촉과정에서 이 연구소를 소개 받았다. Dr. Kim은 LRC/RPI는 미국의 유일의 권위 있는 대학의 조명 연구소라고 나에게 소개하였다.

웹사이트를 검색하여, 최고 책임자에게 이 메일 보냈다. 대개 메일을 보내면, "웬 놈이 방문하겠다는 거여?" 하고, 지워버릴 것으로 생각하였다. 의외로 친절한 답 메일을 받았다. 그 메일에서 해당부서의 접촉 인사(매니저)가 소개되었다. 그 인사와 수차례의 메일을 주고받았다. 한국에서 대학 교수가 한둘이냐? 일일이 상대해줄 가능성이 없다고 생각하였다. 답 메일에 대한 기대는 거의 없었다. 답 메일이 없었다면, 아마 몇 번 더 했을 것이다. 나에게는 아직도 약간의 'passion'이 남아있기 때문이다.

LRC의 교육과 연구 내용을 파악하고, 상호협력 관계를 모색하고 싶었다. 한국조명연구소와 우리대학의 PDP 센터, 그리고 가능하다면 정부부처에도 제안을 하고 싶었다. '조명과 정보 디스플레이'를 융합한 국제 수준의 교육 및 연구 센터가 한국에 설치되었으면 하는 바람이 있었다. 국제 수준의 조명교육과 디스플레이 교육, 그리고 해외연구소와 연계한 교육과 연구. 이런 그림을 그리며 LRC의 방문을 마쳤다.

이제는 OELD, 그리고 태양광 기술이다.

그동안 우리 학과는 디스플레이 분야에 상당한 연구 성과가 있었다. 디스플레이 기술도 이제는 상품화되어 안정단계에 진입하였다. 기술적인 문제들이 대부분 해결되었다.

이제는 무엇을 할 것인가? 나는 항상 고민한다. 그 다음에는 무엇을 하여야 할까? 어떤 새로운 분야가 있을까? 논문도 한편을 완성하고 나면, 또 다시 무슨 논문을 쓸 것인가를 고심한다. 후속 논문의 내용을 고민한다. 연구생활이란 이런 것이다. 끝이 없다. 끝이 있어서도 안 된다. 최신 기술은 매우 빠르게 변한다. 연구는 더욱 그렇다. 그동안 10년 이상을 PDP와 LCD 관련 연구를 하였다. 이 기술도 이제는 어느 정도 완성단계에 도달하였다. 이제는 무엇을 할 것인가?

그것은 OLED이다. 유기재료를 사용하여 빛을 내는 발광 장치이다. 궁극적으로 두루마리 TV를 만들자는 것이다. 돗자리처럼 말고 다니다가 펼치면, 텔레비전이 된다는 것이다. 우리 학과는 3년 전에 박교수를 초빙하였다. 일본 동경에서 OLED 분야를 공부하였다. 최근에 박교수는 이 분야의 여러 학회에서 모든 상을 휩쓸었다. 우리 학과의 연구 분위기를 그가 이어 나가고 있다. 또 다른 테마로 태양광의 이용이다. OLED뿐만이 아니라 태양광 분야도 모두 플라즈마 발생 장치를 이용하기 때문에 우리 학과 교수들은 자연스럽게 공동 연구가 가능하다.

최근에 우리 학과에서 초빙한 권교수는 반도체공정 장비 회사인 주성엔지니어링에서 이 분야에 많은 경험과 업적을 이루었다. 그를 우리학교에서 교수로 초빙하였다. 권교수는 우리학과의 88년도 입학한 나의 제자이다. 졸업할 당시에 전교 수석으로 졸업하였다. 졸업하고 과학원에서 플라즈마를 전공하였다. 나와 같은 플라즈마 전공이다. 그러나 나는 핵융합 이론이고, 권교수는 공정 플라즈마가 전공이다. 같은 플라즈마 전공이지만, 분야는 완전히 다르다. 내가 공부한 핵융합 플라즈마는 현재로서는 기업에서 써먹을 것이 못된다. 핵융합으로 미래의 인공태양을 만들자는 것이다. 어찌 보면 허황된 꿈일 수도 있다. 그래서 나는 이 학과에 부임한 이후에는 이 분야에서 멀리 있었다. 현실적으로 응용성이 별로 없다. 기업에서 관심이 없다. 그러나 권교수의 플라즈마는 기업체에서 한창 기술개발에 열을 올리는 분야이다. 반도체 공정 장비 산업, 디스플레이 공정 장비 산업 분야가 지난 10년 동안 국내에서도 급성장 하였다. 해당 기업으로부터 취업 수요도 매우 많다. 우리학과에서도 이 분야를 진즉부터 했어야 했다.

최근에는 OLED를 담당하는 박교수와 플라즈마 공정기술을 담당하는 권교수의 역할에 의하여 우리학과 졸업생들의 취업이 관련 회사에 취업이 부쩍 늘어나고 있다. 얼마나 고맙고, 자랑스러운지 모르겠다. 이렇게 우리학과는 산업 기술의 향방에 신속하게 대응하여 나간다. 살아 움직이는 학과다.

5 시멘트 바닥에 쌓아 올린 교수 20년

대학 교수는 논문으로 말한다. 논문이 교수 역량의 모든 것이라고 해도 과언이 아니다. 연구 결과를 논문으로 출간하면, 연구비도 유치되고, 학생들의 취업도 수월해 진다.

논문이 없는 교수는 연구비 유치도 어렵고, 학생들 취업도 어렵다. 지난 20년 교수 생활하면서 이 점을 염두에 두고 끊임없이 노력하였다. 연구 여건이 열악하다는 것을 핑계로 연구를 포기할 수는 없다. 여건이 열악하여도 거기서도 연구의 열매는 열린다. 열악한 여건은 연구에 장애 일뿐이며, 극복의 대상이다. 그것을 극복하여 얻어지는 것이 연구이다.

지난 20년의 교수 생활을 여기에 정리하여 본다. 관련된 내용을 연도별 그래프로 나타내었다. 내가 출간한 SCI 논문 리스트를 부록에 정리하였다. 표에서 보는 바와 같이, 정규 논문 156편, 국제학술회의 논문발표 82편, 연구비 수혜 건수 70건에 총액 32억 원, 특허 건수 79건, 그리고 대학원 석사 및 박사 학위자 27명이다.

SCI등재 논문

SCI란 'science citation index' 로서 미국과학정보연구소(ISI: Institute for Scientific Information)에서 과학과 기술 분야 학술잡지에 게재된 논문의 색인을 수록한 데이터베이스이다. 이는 논문의 국가과학기술력의 척도로 인증 받고 있다. 이들 SCI등재 논문은 'ISSN-' 으로 시작하는 고유번호가 주어진다. SCI의 확장판(extension)으로 SCIE는 SCI에 준하는 논문이다. 사회과학 논문의 인용색인은 SSCI로 분류되고, 예술 및 인문과학 논문의 인용색인은 A&HCI로 분류한다. 그리고 각 저널의 수준을 평가하는 지표로 인용빈도수인 'journal impact factor' 가 주어진다. 이 지표는 2년 단위로 모든 저널의 논문 수 대비하여 인용된 횟수를 나타낸 것이다. 요즈음은 이 지표를 중요시하기도 한다. SCI에 등재된 논문이면, 국제적으로 인정받는 논문으로 본다. 관련 웹사이트는 (http://www.thomsonscientific.com)이다.

우리나라의 과학과 기술관련 학회에서 발간하는 논문집들 중에도 SCI에 속하는 논문집들이 있다. 이들은 한국에서 발간되지만, 모두 영문으로 쓰여 진다. 물리, 화학, 수학, 등, 이공계 전체 분야에서 대개 한 두 개의 국내의 학회잡지가 SCI에 속한다. 물리분야에서는 한국물리학회에서 발간하는 'Journal of Korean Physical Society' 가 이에 속한다.

그 외에 우리나라의 인문사회계 및 이공계 관련 학회에서 발간되는 논문집은 '학술진흥재단' 의 등재 논문지들이 있다. 이들은 인문 사회 및 과학과 기술 분야의 논문집의 수준을 평가하여 학술진흥재단에 등록된 논문집을 말한다. 현재 학술진흥재단에 등재된 저널의 수는 474개나 되며, 등재 후보 논문집도 702개가 된다. 우리나라의 학술진흥재단 등재 논문집만하여도 총 1000여 잡지가 넘는다. 실제로 학문의 전 분야에 걸쳐서 논문집이 있다는 뜻이다. 예를 들면, 한국물리학회에서는 '새 물리' 와 'J. Kor. Phys. Soc.(JKPS)' 가 발간되며, 이들이 학술진흥재단에 등재되어 있다. 이중에 JKPS는 SCI에도 등재된 것이다. 대한수학회는 'Bulletin of Kor. Math.', 'Communication of Kor. Math.', 그리고 'J. Kor. Math.' 가 있다. 그 외에도 한국수학교육학회와 한국수학사학회 등에서 발간하는 논문집도 있다. 화학의 경우 대한화학회에서 발간하는 '대한화학회지' 와 'Bulletin of Kor. Chemical Soc.' 가 있다. 공학 분야의 잡지는 더 많다. 인문사회계도 매우 많다.

대학 교수의 정규논문이란 최소한 학술진흥재단의 등재 논문집이라야 인정받을 수 있다. 학문 전 분야에 걸쳐서 국내의 논문집만 하여도 천여 건의 잡지가 있다. 이공계 전 분야의 어느 분야를 망라하고, 논문을 낼 곳이 별로 없어서, 논문을 내기 어렵다는 말은 설득력이 없다. 연구를 않겠다는 말로 해석해야 한다.

나는 지난 20년 동안 SCI등재 논문에 총 112편을 게재하였다. (관련 표 및 부록 참조) 그동안 논문 게재를 등한시 했다면, 한편의 논문도 못 썼을 것임을 고백한다. 최선을 다하여 논문을 쓰려고 노력한 결과이다.

논문이란 써보지 않으면, 다시 말해서 논문 출간의 경험이 없으면, 좀처럼 논문을 내기 어렵다. 그러나 일단 한편의 논문이라도 국제 수준의 잡지에 출간하게 되면, 이력이 붙어서 그 다음부터는 쉬워진다. 지금까지 논문을 내지 못한 교수들에게 들려주는 나의 경험에서 나온 이야기이다. 그동안 국제 수준의 논문을 내지 못한 교수들은 이점을 인식하기 바란다. 우리나라의 사립대학에서 70% 이상의 교수가 일생동안 국제 SCI등재 논문을 한편도 못써보고 은퇴한다고 한다. 각성해야 한다.

논문 작성도 일종의 기술이다. 똑 같은 실험 데이터를 주고, 그것으로 논문을 쓰라고 하자. 국제 수준의 논문을 써보지 못한 사람은 그 데이터로 논문을 만들지 못한다. 그러나 국제 수준의 논문을 써 본 사람은 그 데이터를 가지고 논문을 만든다. 이 말은 논문을 쓰는 일도 기술이라는 뜻이다.

나와 같이 공동으로 연구를 해온 공대의 강준길 교수와는 같이 세미나도 하고 실험 데이터도 만든다. 실험을 수행하는 능력은 그 교수가 나보다 몇 수 위이다. 그러나 그것을 논문으로 만드는 일은 그 교수보다 내가 몇 수 위이다. 그것은 논문 출간 경험의 차이에서 비롯된 것이다. 그 교수는 내와 함께 실험하여 얻어진 데이터를 가지고 논문으로 만드는 일에 어려움을 갖는다. 쉽게 말해서, 이런 데이터로는 국제 수준의 논문이 안 된다고 생각한다. 그러나 내가 그 데이터를 가지고 논문으로 작성하여 보여주면, 감탄한다. 강교수의 말씀은, "나는 도저히 이 정도의 데이터로는 논문이 될 것 같지 않다."고 이야기 하였다. 그런데 내가 써 놓은 논문을 읽어 보더니 감탄하는 것이다. "이렇게 좋은 논문이 되는 구나!"하였다.

이 이야기는 논문의 작성이란, 그 논문에서의 이슈를 정확하게 표현해 주어야 한다는 것이다. 논문의 생명은 그 논문이 갖는 이슈를 새롭게 해석해 내는 것이다. 그것은 실험의 내용을 해석하는 기술이고, 그 해석을 잘 표현하는 기술이다. 그것이 논문이다. 나도 그동안 많은 논문을 작성하여 출간하였다. 그 중에는 참으로 가치 있는 좋은 논문도 있다. 그러나 그렇지 못한 논문도 많다. 문제는 논문을 쓰려는 노력을 부단히 해야 한다. 항상 좋은 논문만을 쓸 수는 없다. 처음부터 노벨상감의 논문을 쓰려고 하면 안 된다. 작은 논문, 간단한 논문, 강한 인상을 줄 수 있는 논문을 자주 써라. 그러다 보면 좋은 논문도 나온다. 훌륭한 연구 결과만을 논문으로 내려고 하지 말라. 후배 교수들에게 드리는 나의 충고이다.

내가 처음 쓴 논문은 석사학위 논문을 정규논문으로 작성하여 출간하였다. 플라즈마 핵융합 관련 연구이다. 한국물리학회 유일의 SCI등재 학술지인 JKPS에 게재하였다. 박사학위 논문은 IEEE Transection on Plasma Physics에 게재하였다. 아마 학위 과정에 국제 저널에 논문을 출간하지 못했다면, 현직 임용 이후에도 논문을 내지 못했을 것이다. 그 만큼 학위과정에서 학술지에 게재하는 것이 중요하다.

학술지에 논문을 출간하는 경험 없이 교수가 되면, 논문 업적이 취약할 수밖에 없다. 학위는 반드시 학술지 논문 출간 여부로 수여하는 것을 원칙으로 하여야 한다. 석박사 학위 과정에서 논문을 못 내면 영원히 논문 못 쓴다. 학술지 게제 없는 학위 논문은 거의 쓰레기이다. 물론 학술지 게재가 만사는 아니다. 학위 과정에서 가치 있는 학문 활동과 실력을 쌓은 사람도 있다. 그런 분들에게 누가 안 되기를 바란다.

그림에서 보는 바와 같이, SCI논문 총112편으로서 연간 5.6편 꼴이다(부록의 별첨자료에 논문 리스트 참조). 국내학술진흥재단 등재 논문 44편을 포함하면, 정규논문이 총 156편이다. 연간 8편의 정규 논문을 게재하였다. 대학 임용 이후 처음 5년간은 17편이며, 연간 3.4편이다.

당시에 SCI논문을 게재하는 교수가 거의 없었다는 것을 감안하면, 그 시절의 대학의 분위기에서, 그러한 실적은 상당한 것이다. 93년~97년 사이에는 논문수가 줄었다. 당시 기획관리실장으로 보직 수행 기간이었다. 이 데이터를 보면, 대학의 보직이 연구생활에 영향을 준다는 것이다. 연구실에 복귀하여, 98년부터 논문 수가 급격히 늘어난다. 연간 10편을 썼다. 왕성한 연구 활동이 엿보인다. 2000년부터는 BK21 프로젝트를 수행하였다. 이 프로젝트를 유지하기 위하여도 SCI논문의 게재가 필요하였다.

이후 이온현미경 연구 관련 논문들을 게재된다. 첫 단계는 이온현미경의 핵심인 액체금속이온원(LMIS)의 개발이었다. 이와 관련하여 최초의 국제 논문이 1990년에 영국의 J. Physic D: Appl. Phys에 게재되었다. 이는 이론 논문이다. 당시에 실험 준비가 안 된 상태에서 론 공부를 우선적으로 먼저 수행하였다. 실험만 쳐다보고, 여건 타령만하고 있었다면, 이런 논문을 쓸 수 없었을 것이다.

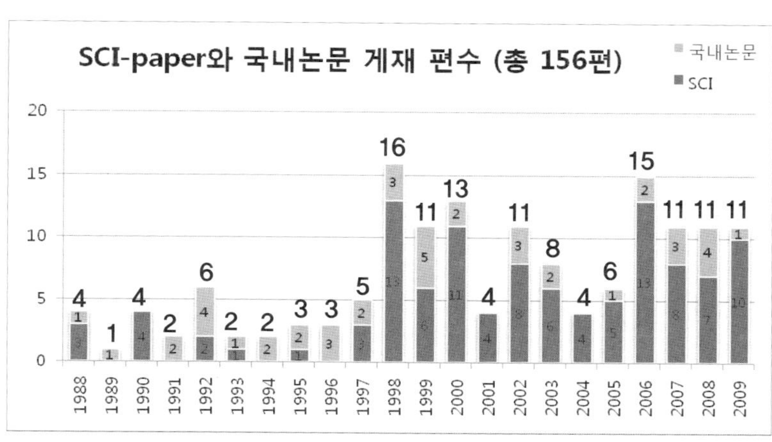

이론 논문은 돈이 들 일이 없다. 도구라는 것이 연필이다. 연필이 없어서 못한다는 말을 못한다. 이러한 이론 논문이 추후의 실험 논문과 조화를 이루고, 연구의 수준을 높여준다.

이후 1992년에 첫 번째의 실험결과가 나온다. 이온현미경의 이온의 방출에 성공한 것이다. 이 실험의 결과가 미국 저널인 J. Appl. Phys에 게재되었다. 이 논문은 우리학과 교수들의 합작품이었다. 이 논문의 출간은 우리에게는 상당한 성과였다. 성과라 하기보다 그 당시에는 교수가 논문을 쓰는 것을 어느 누구도 중요시하지 않았다. 교수는 오로지 강의가 전부라고 생각하였다.

오늘 날 전문대학이나 단과대학 수준의 대학에서는 아직도 논문 출간의 개념이 없다. 종합대학에서도 겨우 10년 전부터 교수들의 논문 출간을 따지기 시작 한 것이다. 이제는 서울대학이나 과학원 같은 대학에서는 교수 승진의 탈락률이 두 자리 퍼센티지(%)에 가깝게 되었다. 신문에도 자주 기사로 다루는 등, 난리다. 승진 탈락과 재임용 탈락을 동반하는 교수 평가가 가까운 장래에는 거의 모든 종합대학에서 실시될 것이다. 또 그렇게 되어야 한다.

실험실이랄 것도 없는, 시멘트 바닥에서 만들어진 논문들이다. 92년도에 처음으로 실험 논문을 추간한 이후부터 매년 실험 논문을 게재하였다. 93년의 이온원의 특성을 동일한 저널인 J. Appl. Phys.에 게재하였다. 그 이후 이온원의 전파 연구는 이온현미경의 개발에 직접적인 연구 결과들이다. 이 연구 결과를 가지고 우리는 연구비 지원 기관의 문을 두드릴 수 있었다. 과학재단이 지원하는 연구비와 학술진흥재단의 연구비를 하나하나 수혜하기에 이르렀다. 그리하여 당시 상공부에서 지원하는 공업기반과제를 수혜하여 1억 원대의 연구비를 유치하게 된 것이다. 이러한 일연의 연구는 우리학과의 강승언 교수와 최은하 교수와의 공동 연구가 아니었다면 불가능 하였을 것이다. 공동 연구의 중요성을 강조하고 싶다. 우리는 논문을 내려고 안간 힘을 다 했다. 그저 얻어진 것은 없다. 그렇다고 불가능을 이룬 것도 아니다.

어느 교수라도 공동 연구를 통하여 손쉽게 논문을 낼 수 있다. 문제는 교수들 개인이 잘나서, 개인의 고집이 강해서, 공동 연구를 하지 않으려고 하기 때문에 논문 실적이 없는 것이다. 않으려는 것 보다는 할 필요성을 못 느낀다는 말이 더 맞을 것 같다. 그러나 이제는 논문을 쓰지 않으면, 교수직에서 퇴출된다고 하다면, 상황이 달라질 것이다. 예견하건데, 연구 논문 실적으로 해외 논문을 제출하지 않으면, 퇴출되는 규정이 시행된다고 하자. 10년 후에는 대부분의 교수가 모두 당연한 것처럼 국제논문을 제출할 것이다. 그러한지, 그렇지 않을 지, 내기하자. 나는 자신 있게 말할 수 있다. 그것은 최근에 시행하고 있는 강의평가를 보더라도 잘 알 수 있다. 학생들이 교수의 강의를 평가를 하고, 그 평가에 의하여 해당 강의를 맡지 못하게 하는 우리대학의 경우를 보더라도, 강의 분위기가 확 바뀌었음을 알 수 있다. 마찬가지다. 연구 평가로 퇴출 한다고 하면, 대학과 학과의 분위기가 확 바뀔 것이다. 그동안 서로 말도 않고 지내던 교수들이 언제 그랬나 하듯이, 교수들 간의 분위가 화기 애매해 질 것 같다. 같이 연구 좀 하자고.

94년에서 97년의 기간에는 대학의 보직을 수행한 기간이다. 그 기간에는 나의 연구실은 폐쇄하고 학교업무에 충실하였다. 98년도에는 대학에서 보직을 마치고 돌아와서 다시 왕성한 연구 활동을 하였다. 이온 현미경이 완성된 시점이다. PDP 관련 최초 논문(참고 리스트 22)이 일본에 게재되었다. 99년 이후에는 PDP와 관련하여 본격적으로 논문을 게재하였다. LCD 백라이트 광원을 개발하고, 최초의 관련 논문이 2002년도 IEEE에 게재하였다. 그 이후에 LCD 광원과 PDP 관련 논문을 여러 편 출간하게 된다. 2007년 이후부터 최근에는 LCD 광원에서 플라즈마의 전파에 대한 연구를 진행하였었다. 이 연구는 60년의 램프 역사에 남을 중요한 발견이다. 특히, 2009년에 발표한 영국잡지(논문 리스트의 107)에 게재된 논문은 해당 잡지의 웹사이트에서 2009년도에 10% 이내로 가장 많이 다운 로드된 논문이라 하여 해당 잡지사로부터 감사의 메일도 받았다. 이로 인하여 관련 'review paper' 가 'IN-Tech' 이라는 서적에 초청되어 2010년 2월 중에 출간된다.

국제학술회의

국제학술회의는 지난 20년 동안 총 82건의 논문을 발표하였다. 1991년에는 유럽에서 개최된 학회에서 이온현미경 관련 논문을 발표하였다. 그것이 국제학회에 처음 참석이었다. 도표에서도 92년도에서 97년까지는 국제학회에 참가한 실적이 없다. 그것은 당시만 하여도 우리학교에서 교수들의 국제학회 참석도 드문 일이었다. 물론 나도 그러한 학회의 참석이 경비문제 등으로 쉬운 일이 아니었다. 동시에 93년에서 97년은 보직을 수행하는 기간이었다.

국제학회의 참석은 98년도부터 본격적으로 참가하게 되었다 (관련 도표 참조). 그것은 우리가 PDP분야를 본격적으로 연구하는 시기였다. 따라서 PDP의 연구결과를 국제학회에 발표하고, 관련 정보를 이들 학회에서 수집하는 활동을 한 것이다. 학회에서 정보를 얻는 것이 중요했다. 학술회의 참가 논문 발표는 정규논문으로 이어 졌다. 98년부터 2009년까지 총 81편을 발표하였다. 연간 7편을 발표한 셈이다.

국제학술회의 참가는 비용이 따른다. 그러나 국내에 가만히 있으면, 우물 안의 개구리 신세가 된다. 가능하면 참가해야 한다. 참가하면, 반드시 얻는 것이 있고, 느끼는 것이 많다. 대학 당국이나 국가에서도 교수나 학생들의 학회 참가를 장려하여야 한다. 교수의 재교육이 학회 참가이다. 재교육 없이 교수 수준의 향상을 기대할 수 없다.

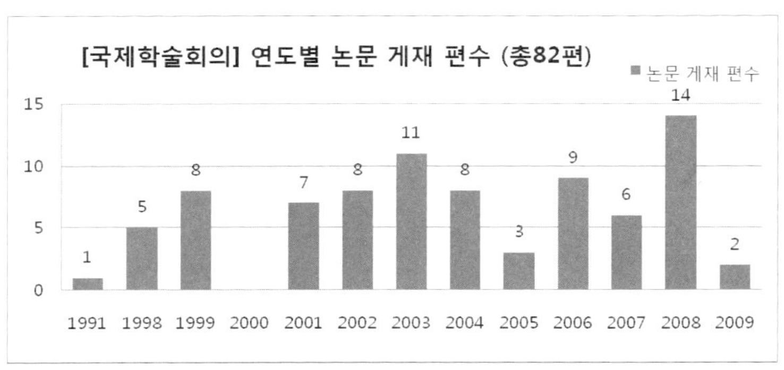

연구비 유치

지난 20년간 연구비 유치 실적이다 (관련 도표 참조). 20년 동안 70건의 연구비와 총액 32억 원을 유치하였다. 88년도에 이 대학에 부임하여 최초를 수혜한 연구비가 학술진흥재단의 신진연구비로서 89년도에 300만원이었다. 신진교수에게 주는 연구 정착금인 셈이다. 아직까지도 이 연구비가 시행되고 있다. 임용 5년 이내의 신임교수에게 지원한다. 신임교수는 무조건 이 연구비부터 수혜하고 볼 일이다. 이런 연구비를 수혜하지 못하면, 연구 정착에 어려움을 겪을 것이다. 방심하면 안 된다. 시작을 못하면 끝이 없다. 이런 연구비도 수혜 못하면, 명문 사립대학의 교수 자격 상실이라고 해도 과언이 아니다. 당시에는 300만원도 작은 연구비가 아니다. 지금은 약 3천만 원 단위로 10배 이상 증액되었다. 과학재단이나 학술재단의 이러한 연구비 지원은 참으로 잘하는 사업이다.

그 이후 매년 연구비를 유치하였다. 90년대 초반까지는 연구비의 규모가 300만원~500만원이다. 이러한 연구비의 유치는 연구활동에 결정적이라 할 수 있다. 그 후 1994년부터는 5천만원대의 연구비가 수혜 되었다. 특히, 1992년에는 이온현미경 개발과제로 상공부로부터 1억6천만 원의 유치는 이 장치 개발에 결정적 이였다. PDP관련 연구로 최초로 지원받은 것이 (주)오리온전기로부터 1999년 5천5백만 원, 2000년에 3천5백만 원이다. 이 연구비도 우리 학과 교수들이 발로 뛰어서 얻어낸 것이다. 이 연구비가 우리 학과의 PDP를 연구하는 계기가 된 것이다.

2000년도부터 현재까지 BK21 프로젝트를 수혜하였다. 이는 우리 대학에서 지난 10년간 연속으로 이 프로젝트를 수혜한 유일한 학과이다. 초기에 이 프로젝는 1억 원 남짓하였다. 특기 사항은 기업 대응자금이다. 교육부 지원 금액의 10% 정도를 기업으로부터 유치하였다. 그동안 우리 학과 BK21 프로젝트를 위하여 지원하여 준 기업으로는, LG디스플레이, LG마이크론, 일진, DMS, 한솔, 등 여러 기업이다. 참으로 감사드린다. 이런 기업들에게 나는 항상 빚을 진 것 같은 마음에 부담이 있다. 내가 이들 기업에 해드린 것이라고는 별로 없는 것 같다. 오히려 우리 학생들을 취업시켜주었다. 얼마나 감사한지 모르겠다. 사실 우리 학과의 경우, BK21-프로젝트의 핵심사업분야에 참가하기 위해서는 기업의 대응자금은 필수가 아니다. 대부분 기초과학 분야의 핵심사업은 기업을 유치하지 않는다. 그러함에도 우리 학과는 기업과의 관계의 소중함을 알기 때문에 참여를 부탁드렸다.

2003년도부터 삼성과 LG와의 LCD 백라이트 기술 개발 프로젝트를 수행하였다. 지난 20년간 연구비 유치 총 건수는 70건에 금액으로는 32억 5천만 원에 이른다. 연간 3.5건에 액수로는 1.5억원이다. 연도별 유치 사항이다. 89년부터 초창기에는 건수와 액수가 작다. 94년부터 97년까지 대학의 보직 수행기간에는 실적이 극히 저조하다. 95년도에는 아예 실적이 없다. 99년도부터 연구비가 본격적으로 유치되었음을 보여준다. 지난 10년간 매년 2억5천만원의 연구비로 운영되었다.

연도별 특허 건수는 총 79건이다. 매년 4건의 특허를 출원하였다. 2000년~2002년 사이에 특허가 많은 이유는 그 기간 중에 PDP와 LCD 관련 특허를 많이 출원하였기 때문이다.

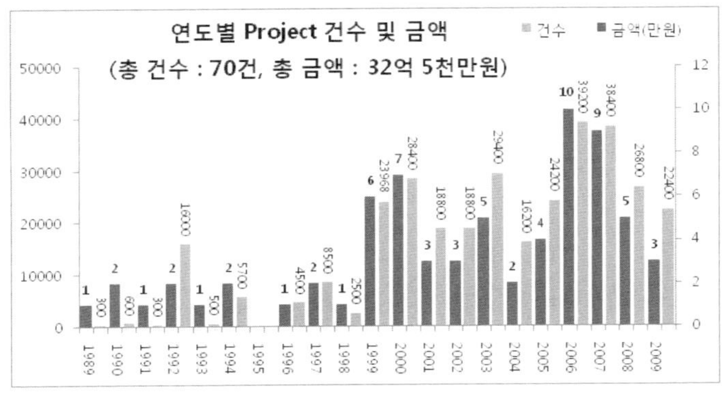

대학원생 지도

대학원생은 2002년부터 2009년까지 지난 8년 동안 총 27명이 학위를 받았다. 연간 약 3명의 석사 및 박사를 배출하였다 (관련 도표 참조). 거의 전원이 관련 기업에서 연구원으로 활동하고 있다. 27명중 50% 이상이 삼성(9명)과 LG(8명)에서 일하고 있다.

특이한 사항은 이들 모두 기업과의 프로젝트와 관련하여 취업한 것이다. 이들 외에도 우리 학과의 교수들은 일정부분 공동 지도교수제를 준용하고, 공동 연구를 수행하므로 다른 교수를 지도 교수로 하는 학생들의 취업에도 이들 기업에 취업한 예가 많다.

우리 학과 졸업생들에게 삼성 및 LG관련 회사 면접에서 묻는 말은 PDP분야 면접관은 "최교수 잘 계시냐?". LCD분야는 "조교수 잘 계시냐?"였단다. 이 말의 의미는 우리가 그 만큼 기업체에 알려져 있다는 것이다. 기업에서의 우리학과에 대한 인지도는 학생들의 취업과 직접관련 된다. 기업이 우리학과의 학생들을 선호하는 이유는 교육의 내용에 있다. 한마디로 우리는 학생들을 곧바로 기업 연구 현장에 투입할 수 있는 교육을 한다는 것이다. 기업체 프로젝트를 수행한 대학원생들이 해당 기업에 취업하는 것이 예이다. 기업체에서 우리 교수들의 연구실을 방문하면, "교수 연구실이 마치 기업 현장과 같다."라고 평가 하고 있다.

실제로 우리 연구실에 와서 보면, 다른 교수들의 연구실과는 사뭇 다르다. 일반적으로 교수 연구실은 깔끔하다. 정리 정돈이 잘 되어있지만, 왠지 모르게 일을 하는 현장이 아니다. 그러나 우리학과의 실험실은 비록 공간이 좁아도, 살아 움직이는 연구실이다. 첨단 기술의 개발 현장답게 없는 것이 없을 정도로 잡동사니들로 꽉 차있다. 연구 기재재도 기업에 못지않다. 그동안 10여 년 동안 재정과 인력이 투입된 현장이기 때문이다. 이런 곳에서 교육을 받은 학생들이다. 기술 개발을 직접 체험하고, 보고 듣는다. 관련 용어와 대화가 통한다. 관련 장치를 사용한 경험이 있다. 따라서 현장에 즉각 투입해도 업무가 가능하다. 우리학과 출신의 신입직원은 재교육이 필요 없다.

나와 공동 연구를 해온 총장을 지내신 전자공학부의 강준길 교수는 수시로 나의 연구실에 오셔서 같이 일한다. 대학원생들도 지도해 주신다. 실험도 같이 한다. 강교수는 우리 연구실을 항상 부러워한다. 전자공학부의 실험실보다 더 많은 것을 갖추었다는 것이다. 그리고 우리 실험실에서 대학원생들이 대기업 취업을 쉽게 하는 것을 보고 감탄한다.

언제가 내가 우리학과의 대기업 취업 현황을 파악하고 있었다. 당해 연도에 약 20명 정도가 LG나 삼성에 취업하였다. 그 데이터를 보고 전자공학부의 취업 현황을 해당 학과에 문의하였다. 한 학년에 50~60명인 우리학과의 취업 숫자가 250명인 전자공학부의 대기업 취업 수보다 많다는 것이다. 놀라지 않을 수 없는 데이터이다.

그러나 이렇게 되기까지는 상당한 세월이 필요하였다. 초창기 대학원 졸업자는 거의 실업자를 면하기 어려웠다. 우리가 아무리 훌륭하게 인재를 길러도 기업이 알아주지 않으면 그만이다. 언제부터 취업의 성과를 가져오기 시작했나? 그것은 PDP연구가 활발하게 되면서 기업에서 본격적으로 인력이 필요하였다. 지난 10년간 우리는 취업에서 자랑스러운 성과를 얻었다. 이 전통이 이어지기를 기대한다. 그렇게 되기 위해서는 또 다른 노력이 필요할 것이다. 분발해야 한다.

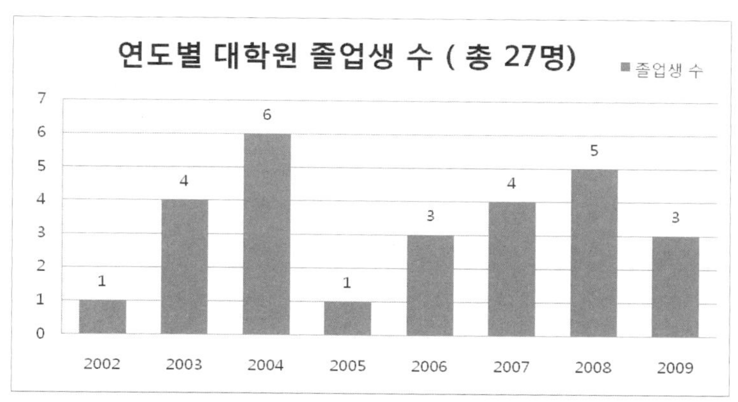

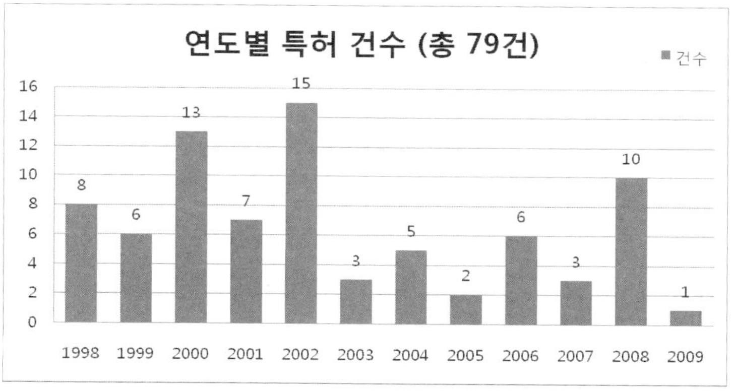

▶ 졸업생 근무처 :

근무처	삼성	LG	한국 조명 기술연구소	한솔	대우	SCHOTT (독일)	일진	DMS	TSTI 테크	OPTO NICA	총계
인원(명)	7	8	3	2	1	1	1	2	1	1	27

6 국제학회 참가기

교육부에서 지원하는 BK21 프로젝트는 대학원 과정의 인재 양성을 위한 지원 프로그램이다. 우리학과는 지난 10년간 기초과학 분야의 핵심사업으로 지원받았다. BK21의 선발 요건은 주로 SCI 논문으로 평가한다. 비교적 객관적인 정량 평가를 할 수 있다. 우리 학과와 같이 소규모 학과가 지난 10년간 수혜 받는 영광을 누렸다. BK21은 실력이면 된다. 제대로 평가받았다는 자부심이 있다. 다른 연구비가 객관성이 없다는 것은 아니다. 그러나 다른 연구비는 주관성과 정성적 평가가 강하다. BK는 정량적으로 평가된다. 논문이 없는 교수와 학과는 BK21 사업 신청도 못한다. 교수들에 대한 보이지 않는 책임을 묻고 있는 사업이다. 각 대학의 학과들 간에, 교수들 간에, 경쟁을 유도하는 의미가 있는 사업이다.

이 사업은 대학원생들에게 장학금으로 지원액의 60% 이상이 책정된다. 연구실적 없는 곳에, BK는 없다. BK없는 곳에는 대학원생도 없다. 그리고 연구도 없다. 일반 사립대 및 지방대는 대학원생을 유치하지 못하여 심각하다. 대학원생이 없다. 어떤 학생이 대학원을 가겠는가? 학부를 졸업해도 취업이 안 되는데! 대학원생에게 주는 장학금은 학업에 큰 도움이 된다.

해외교류 사업의 지원도 의미가 있다. 특히, 대학원생들의 국제 경험은 큰 의미가 있다. 대학원 시절에 국제학회에 참가하여 논문을 발표하는 일이다. 영어의 문제가 피부로 느껴진다. 국제적으로 관련 기술의 동향 파악도 중요한 기회이다. 이런 것들을 피부로 느낄 수 있는 기회이다. 연구 아이디어와 열심히 해야 하겠다는 동기도 자연스럽게 생긴다.

우리학과는 매년 미국에서 개최되는 SID와 일본에서 개최된

IDW에 참가한다. SID는 미국에서 매년 개최되는 규모가 큰 정보 디스플레이학회이다. 우리학과는 2000년부터 지난 2009년까지 10년째 참가하였다. 매년 2~3건의 논문을 발표한다. 매년 5월~6월 사이에 미국 서부와 동부에서 교대로 개최한다. 2007년 SID에서 'Outstanding Paper Award'를 수상한 적도 있다. 일본의 IDW 학회도 매년 참가한다. 최근에는 박병주교수팀의 학생들이 OLED분야의 연구로 IDW 학회의 주요 상을 휩쓸었다. 얼마나 자랑스러운가. 졸업생들에게 학창시절에 가장 기억에 남는 것이 무엇이냐고 물으면, 이구동성으로 교수님들과 미국이나 일본 학회에 참가한 것이라고 한다. 그만큼 그들에게는 인상이 깊었다는 뜻이다.

참가 준비를 위하여 6개월 전에 예비 논문을 투고한다. 실질적으로 논문 준비는 1년 전 부터 준비한다. 연구실의 연구 방향은 이 학회를 위한 준비이다. 논문 발표 내용을 국제 정규 논문으로 출간한다. 지난 10년간 꾸준히 참가하고, 참가하기 위하여 꾸준히 대학원생들의 연구를 독려하였다. 모두가 BK21 덕택이라고 해도 과언이 아니다.

학생들에게 논문의 준비를 위한 실험, 논문 작성, 투고, 그리고 발표 준비에 이르기 까지 나의 잔소리는 계속된다. 투고 날짜 이전까지 실험결과가 나와야 한다. 학생들은 밤을 세며 실험하고, 데이터를 정리하고, 그 가치를 평가한다. 논문은 영문으로 작성한다. 그 과정에서 학생들은 야단도 많아 맞는다. 발표를 위한 영어 말하기 훈련도 학생들에게는 일이다. 이런 것들이 모두 대학원생들의 훈련과정이고 경험이다.

대학원 졸업생들이 가장 기억에 남는 것을 미국 학회 참가를 꼽는 것도, 그만큼 고생하고, 보람도 컸기 때문일 것이다. 또한 학회 참석은 연구원들에게는 일종의 축제이다. 저마다 1년간 연구한 결과를 발표하고, 많은 사람들과 친교하며, 그 지역도 둘러본다.

예산은 BK21 연구비에서는 항공료 정도만 책정한다. 그 외에 다른 연구비의 보조를 받는다. 1인당 항공료 150만원, 체재비 50만원(기타 연구비에서 충당), 개인회비 40만원이 소요된다. 특히, 학생들에게 해외 학회 방문에서, 모든 것을 연구비에서 지출하고 개인은 한 푼도 내지 않고 공짜라는 생각을 하지 않도록, 일인당 40만원씩 걷는다. 그리고 개인이 쓰는 비용은 각자 알아서 하도록 한다. 항공료와 호텔 경비, 그리고 식사비만을 연구비로 처리하고, 부족한 경비는 개인이 충당한다. 캠핑 수준으로 절약한다. 숙박은 4인 1실로 절약한다. 식사는 대부분 해먹는다. 따라서 일인 당 200만 원 정도의 예산으로 약 15일간 버틴다. 미국 여행에서 1주일은 너무 짧다. 비행기에서 거의 2일을 소모한다. 대부분의 학생들은 미국여행이 처음이다. 이러한 기회가 학생들에게 주어지는 것 자체가 드문 일이다. 따라서 학회 참석과 함께, 여러 곳을 둘러보는 기회를 주려고 한다. 물론 비용 문제가 따르지만.

관광 가이드

그러다보니 지난 10년 동안 나는 미국의 관광가이드가 되었다. 지난 10년간 SID에 학생들과 참가하였으니, 그럴 수밖에. 2007년을 예로 들자. 우리 인원은 인솔교수인 나와, 박교수, 그리고 학생(OLED 연구실 3명, LCD-BLU 연구실 4명), 총 9명이다. 조명기술연구소 인사들이 우리와 동행하게 되었다. 연구소 소장님과, 차장, 그리고 연구원 1명이다. 총 12명의 그룹이다.

우리의 일정은 이렇다. 샌프란시스코의 UC 버클리 대학(University of California at Berkeley)의 '플라즈마 이론 및 시뮬레이션 그룹'과 미팅이 있다. 그리고 SID학회는 LA 근교 남쪽의 롱비치에서 열린다. UC 버클리대학과는 2000년부터 우리 학과와 교류하였다. 그동안 여러 편의 논문도 공동으로 게재하였다. 학생들에게는 버클리를 방문하는 일도 좋은 경험이다. 항공요금을 절약하기 위하여, 항공 스케줄을 인천-샌프란시스코-인천으로 하여 표를 구입하였다. 인천-샌프란시스코-LA-인천이면 몇 십만 원 더 부담하기 때문이다. 10명이면 몇 백만 원이 더 든다. 모든 호텔은 인터넷 상에서 사전 예약한다. 주로 홀리데이인을 애용한다. 나의 멤버십을 활용하기 때문에 편리하다.

샌프란시스코 공항에 도착하였다. 공항에서 자동차(미니밴 7인승 2대)를 빌렸다. 이럴 때도 나는 뒤에서 학생들을 지켜본다. 스스로 해결하라는 뜻이다. 학생들이 영어 대화의 소통이 잘 안 되면, 내가 나선다.

바쁜 일정이 시작되었다. 호텔에 도착하여 짐을 풀고, 곧바로 한국 식료품 가게에 가서 장을 본다. 쌀 한 포대 사고, 라면도 한 상자 산다. 국거리도 사고, 당연히 김치가 빠질 수 없다. 그리고 곧바로 버클리 대학 뒷산에 있는 'Tildern Park' 으로 간다. 골프를 경험하게 하기 위함이다. 골프라기보다는 들판을 걷는 운동이다. 이 운동은 시차 적응에 최고이다.

버클리 대학의 뒷산으로 가는 길에 캠퍼스를 둘러본다. 버클리는 미국 서부 캐리포니아의 주립대학으로는 최고의 명문이다. 이 지역의 명문 사립대학으로 스탠포드가 있다면, 주립으로는 버클리이다. 스탠포드가 귀족적으로 화려하다면, 버클리는 자유 분망하여 캠퍼스 풍경도 서민적이다. 버클리의 상징인 시계탑도 지나고, 미식축구장도 지나면서 구경한다. 대학 뒷산을 넘으면, 산 중턱쯤에 골프장이 있는 것도 우리나라의 대학과는 분위기가 다르다. 골프장에는 수령이 오래된 아름드리나무들이 하늘로 쭉 벋어서 하늘을 덮고 있는 것이 퍽이나 인상적이다. 오후 늦은 시간인 5시 이후에는 'Super-twilight' 라고 하여, 일인 당 7달러로 골프를 즐길 수 있다. 사실, 골프를 처음 접하는 학생들이 드넓은 푸른 잔디밭을 걷는 즐거움을 누리라는 것이다. 다만 골프 장비가 개인별로 있어야 한다. 신발은 일반 운동화가 허용된다. 골프 가방과 장비는 개인별로 있어야 하는데, 매년 학생들을 위하여 내가 준비해둔 것들이 있다. 정규 장비가 아니라, 간이 장비이다. 가방 하나에 골프채를 3개씩 꽂아 주면 된다. 처음 하는 운동이라서 어떤 것인지만 경험하도록 하는 것이 나의 의도이다. 간단한 오리엔테이션과 골프 매너를 주지 시켜 준다. 12명이면 4개조로 3팀이다. 학생들이 모두 처음 접하기 때문에 당연히 혼란스럽다. 그러나 미국은 이런 경우에 매너만 잘 지키면, 생전 처음 하는 초보 골퍼도 허용된다. 학생들에게는 더 없는 좋은 경험이다. 그런데 예상과는 달리, 학생들이 제법 잘 휘두른다. 젊은 학생들이기 때문이다. 오후 5시에 시작하여 8시면 해가 진다. 해가 져서 앞이 잘 안 보이는 데도 학생들은 그만 둘 생각이 없다. 넓은 들판에 그것도 푸른 잔디밭에 학생들을 풀어 놓으니, 망아지 떼처럼 이리 뛰고 저리 뛴다. 나는 뒤에 따라가면서, 그 광경만 보아도 흐뭇하다. 골프 경험은 대자연 속을 거닐고 자연을 만끽하는 것이다. 골프 자체의 재미는 알 수 없으나, 수 십 만평의 골프 코스를 거니는 것이다. 바다를 끼고, 대자연을 품는 그 맛. 미국이라는 것을 느끼게 해주는 기회로서 좋은 프로그램이다.

호텔로 돌아가는 길에 동행한 한국기술조명연구소 소장님이 저녁을 산단다. 오클랜드의 다운타운에 가면 한국음식점이 여러 곳 있다. 그곳에서 한국 갈비식당을 찾았다. 12 시간 이상의 비행기 여행과 내리자마자 저녁 늦도록 운동했으니, 학생들이 얼마나 배가 고팠을까. 호텔에 돌아오면 거의 밤 12시다. 샤워하고 잔다. 모두들 정신없이 곯아떨어진다. 잠에서 깨면, 새벽 5시이다. 이렇게 하여 현지 시차 적응이 완료된다. 아침밥을 준비한다. 전기밥솥으로 밥을 한다. 전열기로 북어 김치국을 한다. 진수성찬이 따로 없다. 아침을 먹고, 오늘 버클리 대학 세미나 준비를 한다. 각자 발표 자료를 점검하고, 발표 연습을 한다. 11시 출발한다. 12시에 버클리 대학의 초청해주신 교수가 우리 모두에게 점심을 대접한단다.

점심은 버클리 대학 구내의 교수식당에 초대 받았다. 점심 비용이 적어도 200불 이상일 것이다. 얼마나 고마운지 우리를 초대하여 주신 버클리 대학의 교수님께 감사할 따름이다. 이제는 연례행사가 되었다. 그동안 수년간의 교류 덕분에 그 교수도 우리를 환대하는 것이다. 그동안 공동 연구 결과, 논문을 1년에 거의 한편 꼴로 게재하였다. 그렇게 하기도 쉬운 일이 아니다. 그러한 결과가 없었다면, 그 분들이 우리에게 눈길이라도 주겠는가. 오후 2시부터 세미나이다.

버클리에서 세미나가 끝나면, 'Golden Bridge' 로 향한다. 가는 길에 'Bay-bridge' 를 건너서 관광지로 유명한 'Piers 49' 를 지난다. 그곳을 둘러볼 시간은 없다. 학생들에게 다음에 샌프란시스코에 들릴 때는 가족과 함께 오라고 일러둔다. 그때는 이곳도 둘러보고, 배를 타고 '알카트로스 섬' 도 가보라고 일러두었다. 아마 우리 학생들은 다음에 반드시 이곳을 또 찾을 것이다.

우리 일행은 금문교로 향하였다. 금문교하면 샌프란시스코의 'land mark' 이다. 여기서 우리는 증명사진(?)을 찍는다. 금문교를 배경으로 학생들 모두가 각자 기념사진을 찍는다. 증명사진을 찍기 위해서는 위치 선정이 매우 중요하다. 그 위치는 일급 가이드인 내가 일러준다. 일단 금문교를 건너서 북쪽의 산기슭으로 가서 사진을 찍는 것이 최고의 위치이다. 이런 것을 모르면, 제대로 구경을 못한다. 내가 관광가이드 수준이라는 것은 이런 것을 두고 이야기 하는 것이다. 금문교에서 찍은 사진은 학생들 각자의 노트북 컴퓨터의 초기 배경 화면으로 깔아두곤 한다.

저녁식사는 내가 버클리 객원교수 시절에 친밀하게 지냈던 심장로님과 같이 하기로 약속이 되어 있다. 샌프란시스코 북쪽의 티브론이라는 곳에 중국식당 'Dynasty' 에서 만찬이 예정되어 있다. 좋은 볼거리 코스로는 금문교를 지나서, 110번 도로를 타자마자 곧바로 우측으로 빠지면 'Sosalito' 지역이 나온다. 여기도 관광객이 많이 찾는 곳이다. 그리고 다시 110번 도로를 타고 북쪽으로 수 마일가면, 'Tiburon' 이라는 곳이 나온다. 현대의 정주영 회장이 이곳을 방문하였을 때, 경치가 너무 좋아서 다음의 현대 차종을 '티브론' 으로 하라고 하였다 한다. 그만큼 볼만한 곳이다. 바다 건너편에는 금문교와 샌프란시스코 다운타운이 보인다. 화려한 고급 주택들이 즐비한 곳이다. 그 도시 한가운데의 바닷가에 고급 중국식당이 있다. 이 책을 읽는 분들은 한번쯤 가볼만한 곳이다. 물론 식사도 한국인에 잘 맞다. 한국어를 하는 종업원도 있으니, 한국인에게 맞는 식단을 부탁하면, 잘 알아서 해준다. 바가지 걱정은 안 해도 된다. 그리고 호텔로 돌아오면, 또 밤 12 시이다.

나는 우리학생들이 이런 경험을 통하여 새로운 세상이 있다는 것을 직접 느끼고 보여주려는 것이다. 그들이 이런 경험을 하는 것도 예사로운 일은 아니다. 그들 혼자서는 엄두도 못 낼 일이다. 제자들에게 그런 기회를 제공하는 것 자체로 나도 행복하다. 세상을 보는 시야를 한 차원 높여 주고자함도 있다. 이런 경험을 하는 학생과 그렇지 않은 학생들의 시야는 차이가 있게 된다. 우리학생들이 "나도 언젠가는 이런 곳에 와서 살아보아야지." 라는 생각 자체로 이들의 시야는 이미 넓게 트인 것이다.

학생들 중에는 평소에 고급 식당을 가본 적이 없을 것이다. 그러나 나는 의식적으로 고급 식당을 경험 시킨다. 고급 호텔도 마찬가지이다. 미리 경험하라는 것이다. 사회에 나가서, 기죽지 말라는 것이다. 자신감을 가져야, 공부도 신나게 할 수 있다. 위축된 마음으로는 연구 활동이 안 된다. 언젠가는 네가 성공적으로 사회활동을 하게 되면, 이러한 생활을 할 수 있다는 것이다.

버클리 대학의 논문 발표 경험도 자신감을 북돋아 주기 위한 것이다. 발표하기 전에는 학생들 스스로 위축되어서 밥맛도 없었을 것이다. 발표하고 나면, 스스로 해냈구나하고 달라진다. 그리고 우리대학의 연구 수준이 그들과 어깨를 같이 할 정도라는 자부심을 가졌을 것이다. 다만, 학생들이 그곳의 학생들과 'qualify level'의 차이는 분명히 있다.

우리 대학원 졸업생들은 모두 미국 학회에 참석한 적이 있다. 나와 고급 레스토랑도, 최고급 호텔도 경험하였다. 미국이 어떤 곳인지를 직접 보았다. 세계 속에서 우리나라의 위상도 확인해 보았다. 가보지 않은 자의 막연함과 가본 자의 분명한 인식과의 차이는 크다. 이들이 LG나 삼성과 같은 대기업을 가던지, 중소기업을 가던지, 자부심을 가지고 열심히 할 수 있는 소양을 갖추었다는 것이다.

버클리 대학 세미나

우리 대학원생들이 버클리 대학의 '플라즈마 이론 및 시뮬레이션 그룹'에서 연구 결과를 발표한다는 것은 좋은 경험이다. 우선 영어로 떠들어야 한다. 발표 내용도 준비를 잘 해야 한다. 학생들에게는 부담이 많았을 것이다. 발표 준비를 위하여, 여러 차례 영어 발표 예행연습을 시킨다. 그 과정에서 나에게 야단도 많이 듣는다. 막상 버클리 대학에서 발표를 하면, 중간에 말문이 막히는 경우가 허다하다. 그러면 나도 도와준다. 그러나 대충 그쪽 사람들이 다 알아듣는다. 그리고 우리를 초청한 교수도 도와준다. 발표 후에 그 교수가 잘 했다고 칭찬하는 말에 학생들은 용기 백 배 얻는다. 그리고 버클리대 교수님은 우리 학생들에게 박사과정에 들어오면 받아주겠다는 말도 한다. 문제는 우리 학생들이 어느 정도 영어와 기초 실력을 그곳 학생들 수준으로 갖추는 것이 문제다. 언젠가는 능력 있는 학생을 이곳에 보낼 수 있을 것으로 기대한다.

이곳에 와서 학생들 자신이 한 일을 발표해보면, 이미 우리는 국제 수준의 연구를 하고 있는 것을 느낀다. 그동안 논문의 출판 건수나 수준을 보면, 우리가 이들 대학에 견주어 뒤지지 않는 다는 것을 안다. 우리가 매년 발표하는 SCI 논문의 편수만 보아도, 이들이 우리의 연구 수준을 무시하지 못한다. 결국 교수는 논문을 많이 써야 대접 받는다. 논문을 못 쓰면, 어디 버클리 교수가 우리와 같이 앉아 있겠는가. 언제 보았느냐 할 것이다. 논문이 없는 교수는 '방안 퉁수' 를 면치 못한다. 외국 대학과의 교류나 협력을 상상이나 할 수 있겠는가. 논문을 많이 써서, BK21 프로젝트도 하고, 대학원생들에게 장학금도 지원하고, 좋은 연구결과를 내고, 기업체와도 교류하고, 좋은 기업체에 취업도 할 수 있는 것이다. 결국 대학은 시작도 논문, 끝도 논문이다.

심장로님 이야기

심장로님은 샌프란시스코 북쪽의 'Marin County' 에 사신다. 그곳은 부자들이 많이 사는 미국에서도 몇 안 되는 부자 동네이다. 우리 집사람이 한국 교회 장로이어서 교회를 통하여 소개 받았다. 내가 샌프란시스코에 처음 들렸을 때, 심장로께서 직접 공항까지 차를 가지고 나와서 안내해 주셨다. 그 이후 매번 들릴 때마다 항상 장로님을 뵙고 가는 것이 일상이 되었다.

장로님은 오래 전에 미국의 팬실베니아 대학에서 조경학으로 박사학위를 받았다. 70년대에 한국에 교수초빙이 있어서 한국의 모 대학에 갔더니, 교수초빙 대가로 기금을 내라고 하였단다. 말이 기금이지 돈을 내라는 것이다. 깜짝 놀라서 곧 바로 미국으로 돌아와 버렸다고 하셨다.

심장로는 이 지역에서 조경 관련 사업을 하고 계셨다. 그리고 교회 장로로서 많은 봉사활동을 하고 계셨다. 매번 우리 학생들이 오면, 항상 반갑게 맞아 주셨다. 집으로 초대하여 식사도 대접 받았다. 사시는 동네가 부촌이므로 학생들에게 이러한 곳을 보여 주는 것도 좋겠다는 생각에 항상 들린다. 그리고 미국에 거주하는 우리 동포들이 어떻게 살고 있는지, 그 생활상을 보여주는 기회이기도 하다. 고국을 떠나서 미국에 와서 성공하여 사는 모습에서 학생들이 느끼는 것이 있을 것이다. 그런 뜻에서 우리 대학원생을 데리고 올 때마다 심장로님과 자리를 같이 한다.

장로님은 사람들을 너무 좋아하신다. 얼마나 인자하신 분인지는 만나는 학생들이 느낀다. 학생들도 '이런 분도 계시구나!' 한다. 한국같이 땅이 좁은 나라에서 우리는 많은 인구가 살아간다. 보다 많은 한국 사람이 미국 같은 넓은 곳에 와서 자리 잡고 사는 것도 좋다. 일요일이면 심장로님이 다니시는 교회로 학생들을 데리고 가서 같이 예배드린다. 미국에서 한국인들이 교회에서 어떤 활동을 하는지를 보여주기 위함이다. 물론 교회 예배 후에는 교회에서 제공하는 점심도 먹는다. 학생들에게는 이 모든 것들이 새롭게 와 닿을 것이다.

서부 해안 1번 도로

내일은 LA로 간다. 샌프란시스코에서 LA로 가는 길은 하루를 잡아야 한다. 물론 쉬지 않고 운전하면 5~6시간이면 된다. 그러나 이런 기회에 미국 서부 해안에서 가장 절경이라는 휴양지 '몬트레이(Monterey)' 와 '17마일 도로' 를 거쳐서 그 유명한 서부 해안 1번 도로를 가보는 것이 좋다. 그 코스를 택하면, 거의 하루가 걸린다. 아침 일찍 호텔을 나서면, 3시간이면 몬트레이에 도착한다. 그곳을 차창 밖으로 둘러보고, 곧 바로 'Seventeen Mile Drive' 로 들어간다. 가는 곳 마다 그냥 지나칠 수 없는 곳들이다. 그리고 서부해안의 1번 도로를 달리는 경험도 색다르다. 가는 곳마다 절벽아래에 태평양의 파도가 철석인다. 천해의 절경이다. 그리고 1번 도로의 절벽 위에서 태평양을 바라보고, 호텔에서 준비해온 도시락을 까먹는 그 맛. 잊지 못한다. 밥통의 밥이 눈 깜박할 사이에 동이 난다. 한창 때인 젊은 장정들이 먹는 점심이다. 모두들 "이런 곳이 다 있구나!"하고 입이 벌어진다. 학생들이 언제 이런 여행을 다시 할 수 있을까. 다음에는 너희 가족들과 같이 오라고 당부한다. 우리의 목적은 학회 참가이지만, 대학원 졸업 여행의 성격도 있었다. 학생들은 많은 것을 보고 느꼈을 것이다.

LA에서는 한인 타운에 있는 로텍스 호텔의 콘도식 방에 묵었다. 4인 1실이지만 거실과 주방이 갖추어져 있다. 물론 밥을 지어 먹을 수 있다. 가까운 곳에 대형 한인 슈퍼도 있다. 한인 타운은 우리 동포들이 LA에서 어떻게 살아가는 지를 가늠할 수 있는 곳이다. 다음날부터는 바쁜 일정이다. 컨벤션센터에서 개최되는 학회에 아침 일찍부터 참가한다.

어느 한 나절은 한국 지사장인 김일호 사장의 안내로 'Photo Research' 본사를 방문한다. 그곳에서 광측정에 대한 설명과 견학을 한다. 이것도 우리 학생들에게는 매우 유익한 방문 프로그램이다. 모든 일정을 소화하고, 5번 고속도로를 타고 샌프란시스코로 돌아간다. 거기서 1박하고, 다음날 인천으로 향한다.

LA 폭동 이야기

LA에 가면, 학생들에게 들려주는 이야기가 있다. 나의 고등학교 친구인 'David Chung' 이야기이다.

David는 서울대 기계과를 졸업하고, 당시 '대우엔지니어링' 에 입사하였다. 고등학교 때 나와 같은 반을 했는데, 공부도 잘했다. 그는 대우엔지니어링에 일 년 남짓 근무하고, 70년대 말경에 미국으로 건너갔다. 미국에 도착할 당시에 호주머니에는 전 재산 500불이 있었다고 한다. 맨 처음 일을 한 곳이 주유소였다. 한국에서 일류 대학을 나온 사람이 자동차에 휘발유를 넣어주는 주유원으로 일을 한 것이다. 미국의 주유소는 대개 자동차 수리도 겸한다. 주인이 자동차 수리할 때는 옆에서 보고 있다가 헌신적으로 도왔다. 기계공학을 전공하였으니, 자동차 수리쯤은 옆에서 보기만 하여도 쉽게 도울 수 있었다고 한다. 그리고 자동차 정비 관련 모든 자격증도 금세 땄다고 한다. 시험이라면 도가 튼 사람이니까, 그깟 자격시험 정도야 문제가 되지 않았을 것으로 상상이 되고도 남는다.

너무나 성실하게 헌신적으로 주인을 도와 일을 했더니, 주인이 주유소를 믿고 맡길 정도였다고 한다. 어느 날, 주인이 아예 이 주유소를 인수하여 운영하라고 제의해 왔단다. 인수 자금이 한 푼도 없는지라, 5년 거치 매월 갚는 조건이었단다. David는 이 주유소를 인수하여 3년 만에 빚을 다 갚았다고 한다. 얼마나 성실하고 찾아오는 사람들에게 친절하게 대해 주었든지, 그 지역의 인심도 크게 얻었다고 한다.

이 주유소는 LA 한인 타운을 가로지르는 'Western RD' 에서 'Martinruther King BLVD' 를 가로지르는 네거리에 위치하였다. 이 지역은 흑인들의 밀집 거주 지역이었다. 10여 년 전 LA 폭동이 일어났을 때의 일이란다. 이 지역이 LA폭동의 진원지였단다. 이 지역에서 흑인들의 폭동이 시작되어 'Western Rd' 를 따라서 모든 가게와 한인 상가들이 불탔다.

그런데 David의 주유소가 위치한 곳은 왕복 8차선의 큰 4거리 교차로의 한 모퉁이에 있었다. 그 4거리에는 David의 주유소를 포함하여 주유소가 3군데가 있었다고 한다. 그런데 David 주유소만 제외하고 다른 주유소들은 모두 불탔다고 한다. 흑인들이 떼를 지어 다니면서, Davis의 주유소 앞을 지날 때에는 "Davis! David!" 를 연호 하고 엄지손가락을 지켜 세우며 지나갔다고 한다. 그리고 일부 그 지역의 흑인들이 직접 David의 주유소를 지켜주었단다.

그동안 David는 흑인들의 차를 정성껏 고쳐주었다고 한다. 그리고 흑인들을 종업원으로 고용하여 주었단다. 흑인들의 행사에는 여러 가지로 후원하였단다. 흑인지역에서 상업 활동을 하면서 그들에게 인심을 잃지 않은 결과가, LA 지역의 흑인폭동 때에 진원지 이었음에도 불구하고 아무런 피해를 입지 않았단다. 오히려 흑인폭동 이후에 주변의 주유소가 모두 불타버려서 주유소의 매출이 급등하였단다.

이 이야기는 LA의 한인 신문에도 대서특필된 이야기이다. 그 후

David는 이 주유소에서 성공하여, 지금은 요식 사업에도 뛰어 들었다. 할리우드와 라스베이거스에 엄청나게 큰 식당을 경영하고 있다. 맨손으로 미국 땅에 와서 성공한 사례이다. 오로지 성실하고 열심히 일하면서 현지 지역 사람의 인심을 얻는 것이 이렇게 중요하다. 대부분의 한국 사람들이 낯선 미국에 와서 이렇게 성공한다. 한국과 같이 좁은 땅에서 너무 바둥거리지 말고 기회가 있으면 많은 사람이 이 넓은 미국 땅에 와서 자리 잡고 사는 것도 좋다고 학생들에게 당부하였다.

나는 LA에 오면 항상 'Martin Ruther King BLVD' 에 있는 David의 주유소에서 주유를 하였다. 그의 얼굴도 볼 겸 해서다. 아마도 학생들은 David의 주유소에서 우리가 빌려 타고 온 차에 주유를 할 때에, 이 지역이 완전히 흑인 지역이라는 것을 느꼈을 것이다. 흑인들의 차들은 한마디로 거의가 똥차다. David의 주유소에서 이런 똥차들이 수리를 받고 있는 모습을 보고 학생들은 무엇을 느꼈을까?

잔소리 시리즈 1 : 아들에게 줄 선물

몇 해 전의 일이다. 미국에 막 도착하였다. 컴퓨터 인터넷을 연결하기 위하여, 인터넷 연결선이 필요하였다. 이것을 사기 위하여 대형 쇼핑센터인 미국에서 유명한 체인스토어 '월마트' 에 갔다. 여느 때처럼 미니밴을 빌려서 내가 운전하였다. 쇼핑몰에서 나는 "운전대에 앉아 있을 터이니, 빨리 가서 인터넷 연결선을 사오라!" 고 학생들을 보냈다.

아마 몇 명이 연결선을 사서 돌아왔다. 그런데 한 학생이 30분이 지나도록 돌아오지 않는 것이다. 다른 학생을 보내서 그 학생을 찾아오라고 하였다. 갈 길이 바쁘기 때문이었다. 그러나 찾아오라고 보낸 학생이 돌아와서는, 도저히 못 찾겠다는 것이다. 월마트는 매장의 규모가 매우 넓은 곳이다. 웬만큼 넓어야 찾지, 그 넓은 곳에서 사실상 찾기 힘들다. 상당한 시간이 지나서야, 그 학생이 검은 봉지 하나를 들고 오는 것이다. "너 지금 어디서 뭘 했냐?". 선물을 샀다는 것이다. "무슨 선물이냐?". "우리 애 장난감을 샀다."고 하였다. 교수님을 차 운전대에 앉혀 두고, 자기 아이 선물을 샀단다. 반시간이 넘도록, 나를 운전대에 앉혀놔! 야단을 쳤다. "혹시, 네가 너의 부모님 선물을 샀다면, 또 모르겠다. 너 애 선물 산다고 나를 여기에 앉혀놔? 지금 가야할 일정이 촉박한데, 너 쇼핑하라고 여기 왔냐?"

한편으로는 이해가 된다. 미국에 처음 와서, 이름으로만 듣던 굉장한 규모의 쇼핑몰에 왔으니, 신기했을 것이다. 온갖 물건이 다 있으니, 어리둥절했겠지. 그리고 자기 아이 생각이 났겠지. 그 많은 장난감들 중에 무엇을 고를 지도 헛갈렸을 것이다. 그러니 순간 교수님이 운전대에 앉아있다는 것도 깜박 잊어버렸을 것이다. 다시 출발하여 밴을 몰고 목적지로 가는 동안 내내, 나의 잔소리 아닌 잔소리가 이어졌다.

그 학생은 대학원 박사과정의 선임 학생이다. 내가 지도교수가 아니다. 선임 학생이므로 특별히 배려하여 이번 학회에 데리고 왔다. 그 학생은 결혼도 하여, 아이가 돌을 앞두고 있단다. 나는 결혼생활에 대하여 그 학생뿐만이 아니라 다른 학생들도 들어 보라고 차안에서 내내 많은 이야기를 해주었다.

결혼하여 아이가 태어나게 되면, 본능적으로 귀엽고 가련하기 마련이다. 이 아이로 인하여 부모 형제도 잊게 마련이다. 가장 불효가 부모님 앞에서 자기 아이를 얼레면서 귀여워 해주는 것이다. "아이고, 예쁜 내 아들!"하고. 그러면 옆에서 물끄러미 바라보던 부모는, "나도 네가 어릴 때는 눈에 넣어도 안 아까울 정도였단다." 이에 대하여 "뭘 그래요!"하며 반박하기 일쑤다. 그러한 광경을 본 부모는 자식에게 커다란 배신감을 느낀다. 그 이후로는 자식이고 며느리고 부모와의 사이는 볼짱 다 본다. 자기 아이를 그렇게 내놓고 귀여워하는 것이 아니다. 특히, 부모 앞에서는 더욱 그렇다.

미국에 처음 왔으니 집에 있는 가족들 선물도 챙기기고 싶었겠지. 선물을 챙기더라도 부모님을 먼저 생각하는 것을 요즈음 학생들이 알기라도 할까? 그래서, 그 학생에게 물었다. "너의 처와 네 부모와의 관계가 어떠냐?"하고 물었다. "제 처와 우리 부모와는 요즈음은 왕래도 않고, 서로 남보듯이 지낸다."는 것이다. 네가 오늘 하는 꼴을 보니, 눈에 선하다. 그러하고도 남겠다. 불효가 따로 없다. 부모를 공경하는 일이 별게 아니데, 그것을 요즈음의 학생들은 잘 모른다.

결혼을 앞두고 신부될 사람을 집에 데려와서 부모님께 인사 시킬 때, 신부가 안쓰러워 부모님 앞에서 어쩔 줄 모르고 안절부절못한다. 춥겠다고 따뜻한 곳을 찾아서 자리를 비껴주고, 이것 먹어 보라고 좋은 음식을 가까이 밀어 주고, 이런 행동들이 부모님 앞에서는 '빵점'이라는 것을 모른다. 그러한 행동은 곧 바로 처와 자신이 부모로부터 등지고 살게 된다는 것을 모른다. 불효가 따로 없다. 자신의 처와 시부모와의 관계는 자신에게 달려있다. 이삼십년의 긴 세월동안, 보모님이 자신을 길러주었고, 온갖 뒷바라지를 다해 주었건만, 신부를 만나면서 모든 것을 잊어버리고 신부이외는 보이는 것이 없는, 소경같이 눈이 멀어버린 놈들. 불효막심이다.

그 학생과 호텔에 돌아와서 같은 방을 쓰게 되었다. 그 학생이 자신의 노트북 컴퓨터를 켰다. 바탕 화면에는 자신의 아들 사진이 크게 깔려 있었다. 아직 돌이 지나지 않은 아이는 앉은뱅이 놀이기구에 앉아서 벙긋 웃고 있었다. 이것을 또 지적해야하나? 불쌍한 녀석! 그렇게 잔소리했으면, 바탕화면에서 지워야지. 저 혼자 조용히 볼 것이지. 내 눈에 띄지 않도록 해야지. 이런 단순한 일이지만, 요즈음 학생들은 이런 것을 잘 모른다. 이런 것도 지적해 주어야 한다. 학생을 가르치는 직업은 잔소리꾼일 수밖에 없다.

잔소리 시리즈 2 : 신세대 주례

나는 신설 학과의 선임 교수로서 40세의 젊은 나이에 학생들의 주례를 하기 시작하였다. 지금까지 50회 이상의 주례를 보았다. 학생들이 신부를 데리고 나에게 주례를 부탁하기 위하여 오면, 여러 가지 이야기를 해준다. 비록 그것이 잔소리일지 모르지만, 살아가는데 도움이 될 것이다. 결혼식은 검소하게 해야 한다는 것부터 집은 단칸방에서 출발하라는 이야기 등등이다.

요즈음은 결혼식 전부터 무슨 사진들을 그렇게도 많이 찍어대는지 모르겠다. 야외 촬영이다 하여 무수히 찍고, 결혼식장에서도, 폐백에서도, 여기저기에서 찍어댄다. 신혼여행에서는 어떤가? 오고 가면서 찍고, 해변에서도 찍고, 심지어 호텔 방에서도 찍어댄다. 뽀뽀하는 장면도 찍고, 안고 찍고, 누워서 찍고, 별별 포즈를 다 잡는다. 무슨 포르노 사진들 인지 얄궂다. 일생에 단 한 번이란다. 따지고 보면 일생에 단 한번이 아닌 것이 어디 있냐? 인생살이에서 모두가 한 번이지 두 번 있냐? 신혼 살림집에 초대받아 가면, 온통 사진으로 벽들이 도배된다. 결혼 사진첩(앨범)도 여러 권이다.

정작 신혼집에는 부모님의 사진은 걸리지 않는다. 이러한 사진들을 부보님이 초대받고 와서 보시면, 뭐라고 하겠는가? 부모들이 느끼는 감정이 어떻겠는가? 그 이후부터는 처와 부모와의 관계는 뻔하다. 그렇게 지혜가 없나! 모든 것은 살아가면서 이루어 가는 것이다. 집도 사글세에서 시작하여 구두쇠처럼 돈을 모아서 집도 장만해야 한다. 연로하신 부모님 봉양도 뒤로 미룬 수는 없다. 여행도 살아가면서 얼마든지 기회가 있다. 무슨 신혼여행이 그리도 시끌벅적한가!

나는 80년도에 결혼하였다. 조출하게 치르기로 내 처와 의기투합했다. 결혼식도 가능하면 조용히 치르기 위하여 평일에 하였다. 아마 2월 어느 날의 수요일이다. 신혼여행이라고 그동안 여행을 가본 곳이 없었다. 유일하게 가본 곳은 고등학교 때 속리산으로 수학여행이 고작이었다. 그 경험으로 속리산으로 갔다. 강남 고속터미널에서 속리산행 버스를 탔다. 지금 생각하면, 촌놈 중에 깡촌놈이었다. 여행가방 하나씩 들고 버스를 탔다. 겨울의 속리산에는 여행객이 거의 없었다. 속리산 관광호텔에는 우리 신혼부부 두 사람이 투숙객의 전부인 듯했다. 나는 지금까지도 내 손으로 카메라를 구입해 본 적이 없다. 그러니 사진을 찍는 것 자체도 나와는 거리가 멀다. 여행 가방 속에는 가까운 친척분이 카메라를 한 대 넣어주었다. 필름도 세통이나 있었다. 우리는 그 카메라로 단 한 장의 사진을 찍었다. 지금도 정리되지 않은 오래된 사진첩 갈피 속에는 그때의 사진이 있을 것이다.

우리는 서울에서 2~3시간 거리의 속리산으로 버스를 타고 갔지만, 지금까지 살아오면서 얼마나 많은 여행을 했는가. 물론, 아직까지도 여행만을 목적으로 한 여행은 해본 적이 없다. 구경만 다니는 휴가 여행을 해본 적이 없다는 말이다. 어떤 업무가 있어서 하는 여행이다. 집사람의 사업관계로 동행하는 여행이 많았다. 비행기도 엄청 많이 탔다. 주로 일반석으로 다녔지만, 비즈니스도 타보았고, 일등석도 타보았다. 타고 싶어서가 아니라 일을 하다 보면 그렇게 된다. 아마도 신혼여행을 비행기로 가지 않아서 그런지 몰라도, 살아가면서 신물 나도록 비행기를 탔다. 신혼여행이 일생에 한 번이라고 해외로 거창하게 떠나는 젊은이들. 나의 이런 잔소리의 뜻을 되새겨 듣기 바란다. 인생을 설계하여야 하는 신혼여행을 마치 모든 것을 끝장내려는 것 같은 여행으로 착각하지 말라. 결혼은 또 다른 인생의 시작에 불과하다. 모든 비용이 네가 마련한 것도 아니지 않느냐? 부모님이 뼈골 빠지게 뒷바라지하여 마련해준 것 아니냐?

잔소리 시리즈 3 : 식사 기도

한번은, 미국의 플라즈마 학회에 논문 발표를 위하여 학생들 모두 7명과 함께 떠났다. 인터넷으로 살펴보니 '힐턴호텔' 이 비교적 저렴하였다. 힐턴호텔과 같이 고급호텔을 택하는 데는 두 가지 의도가 있다. 하나는 학생들에게 이런 고급호텔에 투숙을 경험을 갖게 하자는 것. 일종의 호연지기를 불어 넣자는 것이다. 학생 개인이라면 미국 여행도 쉽지 않을뿐더러 특급호텔은 엄두도 못 낼 것이다. 그러나 너희들은 앞으로 대기업에 가서 일한 사람들이다. 미리 이런 호텔도 경험하여라. 자격이 충분하다는 것으로 격려도 하였다.

또 다른 이유는, 이런 특급호텔일수록 한방에 여러 명이 묵어도 아무런 간섭을 받지 않는다는 것이다. 싸구려 호텔일수록 몇 명이 한방에 묵느냐? 한 명당 추가 요금을 더 내어야 한다는 둥, 간섭도 많다. 물론 서비스의 질도 나쁘다. 대접받기 어렵다는 뜻이다. 그러나 특급호텔은 서비스의 격이 다르다. 우리의 경우는 학생들과 한방에서 4명도 같이 지내야 한다. 때에 따라서는 전기밥통으로 밥도 지어 먹어야 한다. 고급호텔일수록 사람대접 받는다. 밥을 해먹든, 라면을 끓여 먹든, 별로 눈치 볼 것 없다. 싸구려 호텔은 밥을 지어먹거나 라면 끓이는 것 자체가 어렵다.

힐튼호텔에서 다음날 아침, 호텔식당에서 아침식사를 하게 되었다. 전날 밤에 내일 아침에 6시에 식사를 할 예정이라고 일러두었다. 모두들 호텔 식당으로 시간 늦지 않도록 내려오도록 당부 하였다. 다음 날 아침, 호텔식당에 모두가 한자리에 앉을 수 있는 넓은 테이블로 안내를 받았다. 그런데 한 학생이 상당히 늦었다. 그 학생을 모두 기다렸다. 그 학생은 늦게 서야 나타났다. 그런데 모두가 그 학생을 쳐다보게 되었다. 차림이 남달랐던 것이다. 맨발에 슬러퍼를 끌고, 게다가 반바지 차림이었다.

이 호텔은 특급호텔이었다. 식당에는 잘 차례 입은 웨이터가 풀 서비스하였다. 식당안의 투숙객들은 모두가 말쑥하게 차례입고 식사를 하였다. 나는 그 학생에게 야단쳤다. "네가 보듯이, 누가 너와 같은 차림을 한 사람이 여기 어디에 있냐? 당장 갈아입고 오라!"고 했다. 동양에서 온, 그것도 학생들이다. 학생들이므로 정장을 갖출 필요는 없다. 그래도 깔끔한 복장으로 갖추어야지. 미국 현지의 사람들이 우리를 볼 때, 동양인들이지만 의복하며 식사 매너가 좋다는 인상을 받는 것도 중요하다. 눈살 찌푸리게 해서야 되겠냐. 그것도 지도 교수와 같이 동행하면서. 이런 잔소리를 하지 않을 수 없었다. 식사 예절도 마찬가지였다. 이것도 교육인 것이다. 비록 학생들이 교수님이 또 잔소리한다고 할지 몰라도.

한번은 첫날 샌프란시스코에 도착하여 버클리 뒷산에 가서 여느 때처럼 운동으로 몸을 풀었다. 저녁 9시경 오클랜드의 삼호갈비집에서 식사하게 되었다. 나와 동료 교수인 박교수가 화장실에 가서 손을 씻고, 가장 늦게 테이블로 갔다. 학생들 모두 앉아서 음료수를 먹으면서 음식을 기다리고 있었다. 맨 바깥쪽에 두 좌석이 비워져 있었다. 나와 박교수의 자리인 것이다. 학생들은 저희들끼리 떠드느라고 우리가 가도 누구한 사람 신경도 쓰지 않았다. 음식이 나왔다. 나오기가 무섭게 먹기 시작하였다. 이놈들 봐라. 이런 거지 같은 놈들! 한편, 이해가 된다. 얼마나 배가 고팠을까! 비행기에서부터 한국 음식 못 먹었다. 버클리 뒷산에서 운동도 했다. 늦은 시간이다. 미국에서 한식 갈비 음식이 얼마나 맛있어 보였겠는가! 정신이 없겠지. '눈에 뵈는 것이 없다.'는 말이 이때 쓰는 말이다. 그러나 내 마음 속으로는 이놈들 잘 걸렸다. 두고 보자. 잔소리 거리가 생겼다는 뜻이다. 교수는 잔소리가 취미인가 보다.

다음 날, 버클리 대학에서 세미나를 마치고, 여느 때처럼 심장로님과 티브론의 중국식당에서 저녁 약속이 있었다. 아침 일찍 일어나 버클리에서 세미나 했지, 알카토섬이 있는 49번 부두에 들렀지, 골든 브릿지에 갔지, 소사리토에 들렀지, 등등 매우 바쁘게 움직였다. 하루 종일 점심이라고는 버클리 대학 교수식당에서 입에 맞지도 않는 양식을 먹었다. 우리는 아무리 좋은 양식이라도 도무지 식사한 것 같지 않다. 학생들도 그럴 것이다.

얼마나 배가 고팠을까. 당시에 일행이 15명이었다. 두 개의 테이블을 나란히 배치하였다. 티브론의 아름다운 경치에 식당은 다이네시티라는 고급 중국음식점이다. 요리도 최고급이다. 맨 처음 나오는 요리가 새우 살에 누룽지가 있는 스프요리였다. 식당도 초일류이고, 요리도 최고급이다. 웬만하게 여유가 없으면, 한국에서도 이런 식당에서 식사하기 어렵다. 하필이면 종업원이 그 스프 요리를 학생들 쪽의 식탁에 먼저 내려놓았다. 그 요리를 내려놓자마자 학생들이 먼저 후적후적 먹기 시작하였다. 심장로님과 나는 옆 테이블에서 벌어지는 이 광경을 쳐다만 보고 있었다. 곧바로 우리 식탁에도 요리가 놓여졌다. 내가 심장로님께 식사 기도를 부탁드렸다. 장로님은 그 분위기를 파악하시고, 매우 짧은 식사기도를 하였다.

나로서는 얼마나 민망했던지, 그 기억이 새롭다. 이것도 충분히 이해가 된다. 종업원이 음식을 내려놓는 그 순간은 학생들은 보이는 것이 없었을 것이다.

어제와 오늘의 일을 집고 넘어 가야하겠다. 이것이 선생이라는 잔소리 많은 직업 본능이다. 호텔로 돌아 왔다. 모두 내방으로 모이라고 했다. 내일 모두 한국으로 돌아가라고 했다. 너희들은 여행할 자격이 없는 놈들이다. 야단을 쳤다. 학생들 스스로도 실수했다는 것을 느꼈을 것이다. 이것도 교육이다.

그 이후부터는 분위기가 사뭇 달라졌다. 식사 시간이 되면, 한 사람도 나와 박교수가 먼저 수저를 들기 전에 어느 누구도 먼저 드는 사람이 없었다. "교수님, 식사하시지요!" 라고 권하였다. 교육이 이런 것이다. 우리학생들이 회사생활을 할 때, 상사와 식사를 같이 하면, 이러한 식사 예절은 두고두고 잊지 않을 것이다. 회사의 상사들은 항상 유심히 직원들을 관찰한다. 저 친구가 괜찮은 직원인가 아니가 하고. 회사에서는 실수를 하면, 그것으로 끝이다. 나쁜 인상을 주면, 그것으로 평가 된다. 누가 지적해주는 사람도 없다. 그러나 나와 학생들의 여행에서는 얼마든지 실수해도 좋다. 고쳐줄 기회도 있다. 그리고 고쳐주어야 한다. 요즈음은 각 가정에서도 자녀가 한 두 명뿐이다. 모두 귀하게 자란다. 부모가 이런 예절을 바로잡아 주는 일을 놓치는 경우가 허다하다. 나와 동행한 학생들은 이제는 어디에 가서도 식사 예절만큼은 결례를 하지 않을 것이다.

한번은, 미국 텍사스 주의 샌안토니오에서 개최된 학회에 참가하였다. 홀리데이인의 호텔에서 아침식사를 하게 되었다. 아침 식당에 내려온 학생들은 나를 보고서는 멀긋 멀긋 쳐다만 보는 것이다. 이것을 보고 그냥 지나칠 수 없었다. 아침에 내려와서 나를 보면 인사를 해야지. 아침부터 또 잔소리이다. 그 날 아침은 식사도 못하게 늦게까지 앉혀두고 잔소리했다. 대충해서는 기억에서 사라질 것이다. 확실하게 기억되도록 훈련시킨다. 학생들을 앉혀두고 돌아가면서 "안녕히 주무셨습니까! '라는 말로 열 바퀴쯤 돌린다. 이후부터는 아침에 내려오면, 얼마나 큰 소리로 인사를 잘하는지. 사람이 달라졌다. 학생들도 밝은 웃음으로 인사다운 인사를 한다.

홀리데이인 호텔의 아침식사는 토스트와 빵종류, 계란찜, 우유와 시리얼 등이 준비되어 있다. 음식 준비를 할머니가 하고 있었다. 나는 아침 일찍 식당에 내려오면, 그 할머니에게 큰 소리로 인사를 건넨다. "Hi, Mam. Good morning."이라고. 그러나 대부분의 미국 사람들은 그 할머니에게 인사하는 사람이 없었다. 인사를 해도 그저 시늉에 그쳤다. 그러나 나는 그 할머니에게 말도 걸고 반갑게 인사하였다. 그리고 학생들에게도 그 할머니에게 의도적으로라도 인사하라고 시켰다. 그러나 처음에는 거의 모기소리 정도이다. 억지로 마지못해 하는 것이다. 물론 영어 발음도 시원찮아서 자신이 없기 때문이다. 그렇게 하면 안 된다고 또 잔소리한다. 5일간 아침마다 그 할머니가 준비해 주는 식사를 하였다. 정이 들었다. 그러다보니 학생들도 할머니와 대화가 되었다. 학생들도 이젠 대화에 자신이 생긴 것 같았다. 우리가 어디서 왔고, 무엇을 하는지에 대한 대화가 아침마다 오고 갔다. 우리가 떠나는 마지막 날에는 헤어진다고 학생들을 허그(hug)해 주셨다. 식사도 별도로 추가하여 만들어 주셨다. 그 정도면, 교육 효과가 있었다. 우리 학생들의 밝은 모습을 그 할머니에게 보여 주었고, 우리 학생들은 외국인과의 인사 예절에서 많은 자신감 얻었을 것이다. 인간사회에서 인사는 말 그대로 사람의 일이다. 인간의 따뜻한 정이 오고감을 확인하는 일이다. 언젠가부터 우리 학생들과 여행을 가면, 학생들이 아침에 일어나자마자 맨 먼저 나에게 '잘 주무셨습니까!' 하고 인사

한다. 애들이 선배들로부터 교육을 잘 받은 모양이다. 어디를 가더라도 그렇게 하면 된다.

내가 University of California Berkeley에 객원교수로 있을 당시의 이야기이다. 나는 그 대학의 '플라즈마 이론 및 시뮬레이션 그룹'에 초청되어, 일 년 남짓 있었다. 이 그룹은 Prof. Birdsall이 만든 연구실로서 플라즈마 시뮬레이션으로는 유명한 그룹이다. Birdsall 교수는 정년을 훨씬 넘겨서 80세가 되셨는데도 항상 실험실 미팅에 빠지지 않고 참가하신다. 이 그룹의 실질적인 리드는 버번코 교수(Prof. Verboncoure)이다.

일주일에 한번 갖는 그룹 미팅에는 대학원생 예닐곱 명이 참가하였다. 나도 빠지지 않고 참석하였다. 항상 11시경에 미팅을 시작하는데, 한 주일간 주요 연구 내용에 대하여 서로 논의한다. 이런 실험실 미팅에는, 버번코 교수가 대형 피자 두 판과 콜라 몇 병을 주문하여 마련한다. 미팅이 시작되면서 이 피자를 점심식사로 대체한다. 피자가 배달되었다. 그런데 이 피자가 배달되면, 학생들이 앞다투어 먹는다. 콜라도 먼저 따라서 마신다. 대개 중국에서 유학 온 학생의 손이 가장 빠르다. 제일 먼저 피자 한 조각을 잽싸게 집어 갔다.

한번은, 배달되어온 피자와 콜라를 모두 내 앞에 놓았다. 그리고 설명을 하였다. 앞으로는 우리가 피자를 먹을 때는 Birdsall 교수 먼저 드리고, 콜라도 따라 드리고, 우리가 먹자고 시범을 보여 주었다. 그랬더니 Birdsall 교수와 버번코 교수가 매우 흐뭇한 표정이었다. 그것이 계기가 되어 그 후부터는 항상 교수부터 먼저 드리고 학생들이 먹는 형태로 바뀌었다. 대체로 서양인의 평소 관습으로는 피자를 학생들이 먼저 먹는다는 것이 별로 이상하지도 않고, 대수롭지 않은 일이다. 그러나 그들에게도 이렇게 바뀌어 진 모습이 나쁘지 않다고 생각하는 것이다.

버번코 교수는 내게 말하였다. 대개 한국의 학생들은 매너가 좋단다. 한국 학생과 복도를 같이 걸어가는 경우에, 현관문이 나오면, 한국 학생은 그 문을 열어 주면서 자신을 먼저 들어가라고 배려한단다. 그러나 다른 대다수의 미국 학생들은 혼자 먼저 쏙 들어간단다. 우리는 이러한 모습에서 서로를 배려하고 존경하는 아름다운 미덕을 가지고 있다. 이러한 사람은 반드시 아름다운 사람으로 대접받게 된다.

산타페에서

뉴멕시코의 수도 알바커키에서 학회가 있었다. 이 학회에는 우리 학과의 최은하 교수 실험실의 학생 서너 명과 아주대학의 교수이신 엄박사의 학생 두 명이 참가하였다. 나는 이들이 먼저 떠나고 며칠 후에 그곳에서 이들과 합류하였다.

최박사는 학생들과 학회에 같이 참가하면, 학회 참가이외에는 아무 것도 하지 않는 참으로 재미없는 교수였다. 오로지 호텔과 학회장 이외에는 거들떠보지 않는다는 것이다. 호텔도 여관급의 싸구려였다. 음식도 미국의 마켓에서 기다란 빵을 사와서 적당히 떼어 먹는데, 일주일 내내 그렇게 지난단다. 한국음식은 꼴도 보지 못 했단다. 내가 합류하여 곧 바로 그 지역의 한인 슈퍼를 찾았다. 라면도 사고, 김치도 사고, 부식거리도 샀다. 며칠 만에 먹어보는 한국음식이란다.

내가 합류한 며칠 후, 학회 일정이 오전에 모두 끝나고, 오후에는 별다른 일정이 없었다. 학생들에게 너희들이 보고 싶은 곳을 데려다 주겠다고 하였다. 뉴멕시코 주의 수도인 알바커키의 외곽에는 '산타페' 라는 유명한 관광지가 있었다. 우리나라의 자동차 이름

중에 이 지명을 딴 차도 있다. 학생들은 산타페를 가자고 하였다. 자동차로 한 시간 정도면 그곳에 갈 수 있었다. 우리 일행은 8명으로 공항에서 빌린 밴 한 대에 모두 탔다. 우리는 사전 정보가 거의 없었기 때문에, 그곳에 갔으나 막상 유명한 산타페는 찾기가 어려웠다. 밴을 이러 저리 몰고 다녔으나, 별 것이 없었다. 다만 건축물들이 스페인 풍으로 색다른 것 이외는 특이한 곳을 찾지 못하였다. 그래서 별로 볼 곳도 없다하여 차를 다시 호텔로 돌렸다. 그랬더니 맨 뒷좌석에 앉아 있던 한 여학생이 "이게 뭡니까. 왔으면 구경이라도 좀 하고 가야지!"라고 하였다. 그 말도 맞다 싶어서, 길가는 행인에게 물러보았다. "산타페, 어디를 가면 볼거리가 있나요."라고. 그랬더니 친절하게 가르쳐 주었다. 그곳에 가니 제법 볼거리가 많았다. 아마 그곳에 들리지 않고 호텔로 갔다면, 후회할 뻔 했다. 한 시간 이상을 구경하였다. 아이스크림도 하나씩 사먹었다. 이것이 관광이었다.

오후 4시경 호텔로 돌아오는 길에 골프장이 눈에 띄었다. 학생들에게 너희들 골프 한번 해볼래하고 권하였다. 막상 골프장에 차를 세우고 구경하였다. 모두들 처음 보는 잔디이다. 나는 가격을 알아보았다. 더운 지방이고 한적한 곳이라서 사람도 별로 없었다. 가격 흥정이 가능하였다. 골프 도구가 없으니 도구를 포함하여 깎고 깎아서 골프채 빌리는 삯을 포함하여 일인당 35불로 합의 보았다. 그러나 막상 학생들의 의견이 반으로 갈렸다. 안하겠다는 학생들을 설득하였다. 이런 곳에 와서 이런 경험을 해 보는 것도 좋은 일이다. 한국에서는 못하는 일이다. 그러나 학생들은 내키지 않는 듯하였다. 할 수 없이 안하겠다는 학생은 제외하고 원하는 학생만 하기로 하였다. 그러나 속사정을 알아보니 35불이라는 돈이 문제였다. 학생들에게 이 돈이 부담되었던 것이었다. 비록 여행 경비를 교수님 연구비에서 쪼개서 왔지만, 개인적으로는 선물살 돈도 빠듯한데 부담되었을 것이다. 사실은 골프 경비는 내가 다 내어 주려고 했던 터였다. 경비를 내가 낸다는 사실을 알고서야 안하겠다는 학생들까지 늦게 서야 한다고 나섰다. 막상 학생들을 이곳에 풀어 놓으니, 대자연을 누비며 만끽하는 학생들의 모습들이 얼마나 즐거워 보였는지 모른다. 산타페 근교에서의 골프 운동 경험은 학생들에게 좋은 경험이 되었을 것이다. 너희들도 언젠가는 좋은 기업에 취업하여 중견간부가 되어서 여유가 있으면 이런 운동도 즐길 수 있을 것이다. 그때는 내가 내어준 35불도 갚아야 한다. 앞으로 더욱 열심히 노력하여라.

샌안토니오 학회

2009년 샌안토니오에서 국제정보디스플레이학회가 개최되었다. 우리는 학생들 대여섯 명과 참가하였다. 학회개최지는 도시의 다운타운이다. 우리는 도시 외곽의 홀리데이인에 묵었다. 주방 시설이 완벽하게 갖추어져 있는 방이었다. 어느 날 저녁 학회의 하루 일정을 마치고 우리는 졸업생들이 같이 근무하는 삼성의 연구원들과 조명기술연구소의 연구원들을 우리 호텔로 초청하여 식사를 같이하게 되었다. 샌안토니오에는 한국식당을 찾기가 어려워서 모두들 한국 음식도 며칠 째 먹지 못한 터였다.

우리는 한국슈퍼에서 부식을 마련하여 한국 음식을 해먹고 있었다. 모두들 한국음식을 오래간 만에 먹었다. 음식이래야 밥과 국, 그리고 불고기 정도이다. 후식으로 수박과 과일, 그리고 아이스크림을 준비하였다. 미국이라는 객지에 나와서 밥만 먹을 수 있어도 그게 어디냐. 삼성의 연구원들도 아주 만족한듯하였다. 이렇게 상호 교류하는 기회는 흔치않았다. 물론 우리 학생들에게도 이들과의 대화에서 얻는 것이 많았다. 학회 활동이 이러한 교류의 장인 것이다.

식사가 끝날 무렵, 우리 학생들과 여러 사람들의 밥그릇에 밥알이 남아있었다. 이걸 그대로 넘길 내가 아니다. 밥알을 남기면 안 된다고 지적하였다. 얼마나 소중한 식사이냐. 물론 밥알을 남기면, 설거지하기에도 어려움이 있다. 맞는 지적이다. 연구소 소속의 연구원이 교수님께서 올바른 지적을 해주셨다고 하였다. 간혹 깜박 잊을 때도 있다는 것이다. 한국의 식사 예절 중의 하나이다. 우리 세대만하여도 가난하고 어려운 시대에 살았다. 그 시절에는 밥알을 남길 이유도 없었다. 물론 밥알을 남기면 어른들에게도 혼났다. 지금도 나는 밥을 깨끗이 먹는 것이 몸에 베여있다. 그러나 이 시대의 학생들이야 그런 것을 얼마나 따지고 지적해주는 사람들이 없을 것이다. 후식 때에 수박을 먹었다. 수박을 먹을 때도 마찬가지였다. 우리는 본능적으로 수박을 먹을 때는 붉은 부분이 남지 않도록 바짝 다 먹는다. 그러나 요즈음의 학생들은 대부분 수박을 깨끗하게 먹지 않았다. 수박 겉 핥기식이다. 곧바로 지적해 주었다. 어디 가서 이렇게 수박을 먹으면 안 된다고. 이런 지적이 다 잔소리 같지만, 우리 학생들에게는 하나 같이 새겨야할 이야기이다. 이런 이야기를 받아들일 때, 사회에 나가서 욕을 덜 먹는다. 교육이 별거냐. 생활 교육이다.

언제가 서울시내에서 개최된 기술 평가 관련 회의에 참석하였다. 이 회의에는 국내 전문가들이 한 자리에 모였다. 교수들도 다수 있었고, 대기업의 부장급의 연구원도 있었다. 마침 나의 옆자리에는 삼성의 부장이 자리를 같이하게 되었다. 그 부장이 나에게 인사를 건넸다. “교수님 말씀 많이 들었습니다. 그런데, 교수님 제자인 이아무개를 제가 데리고 같이 일하고 있습니다.”라고 하였다. 순간 나의 머릿속은 이 아무개에 대한 생각이 휙 지나갔다. 그리하여

"아, 그렇습니까. 이 아무개가 부족한 면이 많습니다. 제가 가르친다고 했으나 항상 부족합니다. 잘 돌봐 주십시오."라고 하였다. 나의 뜻은 여러 가지로 부족한 이 아무개를 데리고 일하시느라고 얼마나 고생이 많겠느냐. 잘 지도해 달라는 부탁과 함께 염려되어 하는 이야기였다. 그런데 그 부장의 이야기를 가만히 들어보니, 나의 생각과는 완전히 달랐다. 이 아무개가 너무나 일을 잘 한다는 것이다. 업무 태도도 어느 연구원보다 솔선수범하고, 실제로 다른 연구원들보다 아는 것도 많다는 것이다. 어느 한 가지 나무랄 데 없다는 것이다. 나는 '이 말이 정말인가?' 하고 의심하였다.

모든 대학원생들이 내 연구실에서 지낼 때는, 그렇게도 야단도 많이 맞고, 잔소리도 많이 들었다. "너희들 기업에 가서 이 따위로 하면, 그 기업 너희가 다 말아먹을 일이다!"라고 하는 말은 흔히 하는 야단이다. 그런데, 그 부장님의 말씀이 우리학생이 일을 잘 한다고 하니 얼마나 안심이 되었는지 모른다. 항상 어느 누구보다 아침 일찍 나온다는 것이다. 예의도 요즈음 학생들과는 다르다는 것이다. 일을 시키면, 일을 할 줄 안다는 것이다. 관련 장비들도 이 친구만큼 잘 다루는 사람이 없다는 것이다. 모든 일에서 부장인 자기가 해야 할 일들을 대신하여, 너무나 잘 챙겨준다는 것이다. 그 부장님은 그렇게 칭찬하였다. 그리고 그런 학생을 보내주셔서 감사하다는 말씀도 덧 붙였다. 이 얼마나 고맙고 보람찬 일인가. 삼성에서 앞으로도 우리학생들을 더 많이 데려가 주시기를 바란다.

삼푸로 감은 머리

미국의 한인수퍼에서의 일이다. 여느 때와 마찬가지로 미국에 도착하자마자 맨 먼저 한인수퍼에 들렀다. 학생들과 함께 쌀도 사고, 김치도 사고, 라면도 샀다. 그리고 여러 가지 부식거리도 샀다. 계산대에서 계산을 하는데, 이상한 플라스틱 통이 있었다. 이거는 누가 고른 거냐? 이게 무엇이냐? 어느 덩치가 큰 남학생이 자기가 골랐다고 했다. 머리 감을 때 쓰는 삼푸란다. 뭐, 삼푸! 이런 것은 호텔의 욕실에 다 비치되어 있는데, 이런 것을 왜 사느냐고 했다. 물론, 계산은 내가하기 때문에 개인의 용품은 각자가 지불해야 한다. 호텔에 있는 삼푸는 그 학생의 머리에 안 맞는다는 것이다. 그 학생은 이 삼푸를 써야 한다고 하였다. "야, 너는 남자가 무슨 삼푸를 쓰냐! 그냥 비누로 머리 감아도 얼마든지 잘 감기는데. 여자도 아니고, 남자가 무슨 삼푸냐!" 하였다.

삼푸 값을 계산하면서 나는 잠시 망설였다. 사실 나는 여태까지 삼푸를 써 본적이 없다. 호텔에서도 별별 종류의 삼푸들이 각양각색의 작은 용기에 비치되어 있다. 그러나 나는 지금까지 그러한 삼푸에 손을 대본 적이 없다. 집에서도 마찬가지다. 삼푸가 있고, 린즈라는 것이 있단다. 그런데, 그것들이 어떤 것인지 구분도 못한다. 비누만을 고집스럽게 사용하였기 때문이다. 잠시 망설이다가, "그래, 좋다. 이번만은 내가 사주마." 하고 계산하도록 하였다.

요즈음 학생들은 '무스' 라는 것을 사용하여 머리를 곳곳이 세우는 학생들도 많다. 그들 나름대로 멋이다. 취향이다. 개성일 수도 있다. 시대가 변하였다. 나와 같이 50년 이상을 살면서도 청바지를 입어보지 못한 구시대를 고집하는 사람도 있다. 사실이다. 나는 청바지라는 것을 입어본적이 없다. 내 스스로 청바지 같은 옷은 나의 사고방식과는 거리가 먼 의복이다. 항상 허름하지만, 양복바지 같은 것을 입어야한다. 청바지는 학생들이나 입는 거다. 조금 양보한다면, 세련된 사람이나 입는 거다. 그러나 이제는 학생들이 삼푸로 머리 감는 것을 이해한다. 무스 바르는 것도 이해한다. 나도 그렇게 시대에 한참 뒤 떨어진 사람은 아니다.

미국 학회에 가기 전에 학생들에게 몇 가지를 당부한다. 의복은 단정한 것을 입어야 한다. 발표장에서는 양복은 입지 않더라도 최소한 넥타이 정도는 매어야 한다. 그리고 윗도리 T-셔츠는 반드시 카라가 있는 옷을 입어야 한다. 카라가 없는 옷은 상놈들이나 입는 것이다. 점잖은 사람은 카라가 없는 T-셔츠를 입고 다니지 않는다. 실제로 미국의 골프장은 어떤 곳은 출입제한 조건으로 칼라 없는 윗옷, 긴 양말을 착용하지 않은 반바지 차림은 출입을 금한다. 그만큼 예의를 갖추라는 것이다. 특히, 고급 음식점은 더욱 그렇다.

중국에서 우리 연구실로 유학 온 교포 대학원생의 이야기이다. 카라가 없는 옷을 입으면 안 된다고 하니까, 잘못 알아듣고, 집에 가서 색깔(칼라)이 있는 알록달록한 옷을 골라서 사 입고 왔다. 어쩐지 이상해서 물어 보았더니, 색깔이 있는 옷으로 잘못 들었다는 것이다.

내 연구실에서 석사학위를 마친 졸업생 중에 신상초라는 학생이 있었다. 지금은 삼성에 입사하여 잘 근무하고 있다. 그 학생은 항상 차림이 내가 보기에는 요상했다. 마치 넝마주이 같은 복장이었다. 일단 바지의 무릎 부분이 항상 찢어져 있었다. 윗도리도 카라가 없을 뿐 아니라 이상한 색깔에 이상한 그림의 문양이 있는 옷들을 입었다. 내가보기에는 추잡스러운 옷이다. 항상 실내외를 가리지 않고, 모자를 쓴다. 그 모자는 언뜻 보면, 예비군모자 같은데, 그것도 아니다. 모자 옆 테두리는 얼기설기 망으로 되었고, 모자창의 테두리는 어김없이 너주레하게 낡아 떨어져 있었다. 옛날에 각설이들이나 쓰는 그런 류의 모자이다. 마치 가출한 아이들과 어울려서 동네 후미 곳에서 비닐봉지에 담겨진 본드나 빠는 그런 아이 같았다. 이 학생이 4학년을 마치고, 내 연구실로 온다고 했을 때, 이 녀석이 앞으로 나에게 잔소리 꽤나 들어야 하겠구나 생각하였다. 이름도 상초라서 내가 항상 그를 '판초' 라고 불렀다.

그런데 연구실 생활을 하면서 일을 시켜보니, 제법 책임감도 있고, 곧 잘 연구생활에 적응하였다. 그러나 보니, 그 차림에 나도 익숙해져서 차림에 대하여는 나도 별말 없이 지냈다. 오히려 이 녀석 개성이구나 싶었다. 그런데 삼성에 입사한다고 하니, 한편으로는 걱정이 되기도 하였다.

언젠가 상초도 나와 미국 학회에 참가하게 되었다. 나는 상초에게 부탁하였다. 미국에 갈 때는 옷 차림새를 이렇게 하면 안 된다고 일러주었다. 인천공항에서 만난 상초는 다른 사람 같았다. 카라가 있는 T-셔츠에, 말쑥해 보이는 바지를 입고, 모자도 쓰지 않고, 공항에 나왔다. 완전히 다른 사람이었다. 그런데 그 차림이 어쩐지 상초에게 어울리지 않았다. "너는 아무래도 네가 평소에 입고 다니는 스타일이 더 어울린다."고 하였다. 사실이었다.

그런데 상초가 삼성에 입사하고 일 년 뒤쯤, 내 연구실에 인사차 왔다. 양복을 말끔하게 빼입고 있었다. '삼성 맨' 이었다. 이렇게 달라지는 구나. 때가되면, 그런 차림도 달라진다. 학창시절에 조금은 자유분방한 차림이 어떠하겠느냐! 이제는 이해를 한다. 나도 학생들과 더불어 지내면서 시대에 잘 맞추어 가고 있다. 삼푸로 감은 머리처럼 반짝이듯이, 반짝이는 아이디어로 좋은 연구를 할 수 있었으면 좋겠다. 차림이야 어찌되었든 책임감을 가지고 열성으로 생활했으면 좋겠다.

비록 밥 빌어먹는 거지도 멋을 낸다고 깡통을 왼쪽 허리에 찼다가, 이게 아니다 싶어 오른 쪽으로 바꾸어 찬단다. 비유가 좀 잘못되었나?

대학원생들 중에는 간혹 E-mail을 내게 보내면서, 깜박 잊고 첨부 파일을 첨부하지 않고 보내는 녀석들이 있다. 그러면 나는 즉

각 답 메일을 보내어 욕을 바가지로 퍼붓는다. “이런 정신없는 녀석! 너, 회사에 가서 상사에게 첨부 파일을 까먹고 메일을 보냈다가는 정신없는 놈이라고 그 다음부터는 일도 안 시킨다.”라고 야단을 친다. 그렇게 야단을 쳐야, 그 다음에는 첨부 파일을 보낼 때, 메일에 파일을 첨부하는 것을 잊지 않는다. 제자이니까 잔소리한다. 회사라면 이미 눈 밖에 나버린다. 기회를 잃어버린다. 누가 뭐라고 일러주기 전에 이미 판가름 난다.

지난 10년간 국제학회에 학생들과 참가하면서 학생들에게 많은 이야기를 해주었다. 이것이 잔소리만을 아닐 것이다. 이제는 우리 학생들이 교수님과의 여행에서는 어떻게 해야 한다는 행동지침이 만들어져서, 사전에 오리엔테이션 프로그램을 통하여 후배들에게 전수되는 것 같다. 호텔에서 아침에 일어나면, 학생들이 “교수님, 안녕히 주무셨습니까?”라고 내방에 와서 인사한다. 호텔에서 몇 시에 출발한다고 하면, 사전에 만반의 준비를 하고, 차에서 모두 출발을 대기한다. 물론 밥 먹을 때는 “교수님, 먼저 드십시오.”라고 한다. 이 녀석들이 사람 되었네! 그리고 이제는 랜트카 운전도 더 이상 내가 못하겠다. 몇 해 전부터는 학생들이 운전한다. 이러한 여행도 60을 바라보는 내 나이 탓에 점점 여력이 부친다.

제 2 부

대학가면, 공부 않는다. 옛 말이 되었다

제2부 : 대학가면, 공부 않는다. 옛 말이 되었다

대학이 많이 변하였다.

시대 상황이 변하였다. 해방과 6.25 동란 직후의 60년대의 혼란기, 70년대의 유신정권에 대항해 온 학생운동, 80년대 박정희 대통령 서거 이후의 군부독재, 이런 것들이 대학의 기능을 마비시켰다. 88년의 민주화 요구를 정점으로 90년대 말부터 대학가의 최루탄 연기도 점차 사라지기 시작하였다. 2000년대에는 시민운동 형태로 학생운동도 변하였다. 2000년대 중반의 참여정부 시절부터는 대학의 시위문화도 서서히 자취를 감추어 갔다.

대학가면 공부 않는다. 이는 과거 군사독재 항거하여, 대학가에 데모가 성행하고, 휴강이 다 반사인 옛 시절의 이야기가 되고 있다.

대학이 달라졌다. 대학이 학문적인 기능을 갖추게 되었다. 70년대와 80년대의 우수한 유학생들은 대부분 장학금을 받고 해외에서 공부하였다. 그들이 80년대에 박사학위를 받고 국내로 돌아 왔다. 이들 우수한 학자들이 대학으로 몰리면서, 90년대에는 각 대학의 학문적 기능이 평준화 되었다. 이제 대학 교수의 해외파와 국내에서 학위를 한 교수의 비율이 50:50에 이르는 사학이 많다. 그 비율도 점점 높아지고 있다. 그리하여 학문적인 역량을 제대로 갖춘 교수들의 강의 수준도 높아졌다. 교수의 연구 기능의 향상은 기업에서 관심을 갖게 되었다.

학내의 민주화 요구도 대학의 변화를 가속시켰다. 이제는 대학의 운영도 투명해졌다. 등록금 인상율도 과거 10년~5년 전만하여도 거의 두 자리 수로 인상되었다. 그러나 이제는 한자리 수의 인상율도 어려워 졌다. 그만큼 대학 재정의 운영에도 내실을 기하기 위하여 각 대학이 노력하고 있다. 그로 인하여 학생들의 등록금 투쟁도 과거에 비하여 완화되고 있다. 오히려 이제는 정부와 국회에서 대학 등록금과 학자금 문제를 논란의 대상으로 다루고 있다.

대학의 행정과 학사관리도 체계화 되었다. 이제는 모두 전산화되었다. 수강신청에서 종이가 사라진지도 오래다.

국가 산업이 발전하였다. 대학이 변화한 또 다른 요인이 바로 산업의 발전이다. 2000년대에 들어와서 세계 10대 교역국의 대열에 들어왔다. 연간 수출액이 4000억불로서 1965년의 4000배로 증가하였다. 그에 따라서 산업의 규모도 그 정도로 팽창하였다. 산업체에서의 대학의 고급 인력 수요가 증가하였다. 대학의 인재 양성과 우수 인력의 공급이 산업의 수요와 균형을 이루게 되었다. 과거에는 산업체의 수요가 턱없이 작았고, 대학 인력의 공급이 과잉이었다. 이제는 대학 졸업자들의 취업의 기회가 늘어났다. 오히려 중소기업에서는 구직난이란다. 사람이 없다. 기업에서 취업자의 능력을 요구하기 시작하였다. 이제는 공부해야 한다. 대학이 맞춤 교육으로의 전환을 요구 받고 있다.

강의실 분위기도 달라졌다. 요즈음은 웬만한 강의실에는 모두 영상시설과 관련 장치들을 갖추고 있다. 오히려 그런 시설이 없는 강의실은 거의 없다. 조명 시설과 음향 시설도 잘 갖추고 있다. 최근에는 분필을 쓰지 않는 강의실도 많아 졌다. 과거에 열악한 강의실이 옛 말이 되었다.

강의평가, 대학의 강의실 분위기를 바꾸어 놓았다. 대학의 강의가 달라졌다. 강의가 충실해 졌다. 최고의 공로는 강의평가임에 틀림없다. 학생들이 교수의 강의를 평가함에 따라서, 서로가 좋아졌다. 교수들의 강의에 임하는 열성이 학생들이 진지하게 수업에 임하도록 유도하였다. 강의 분위기와 수업태도가 달라졌다. 휴강이 사라졌다. 이제는 공부한다. 강의가 된다.

이제는 교수가 조금만 더 학생들에게 관심을 두면, 학생들의 학습 열기 더 좋아진다.

대학 캠퍼스 생활을 그려본다. 교수는 강의를 통하여 학생들과 만난다. 그 외에도 대학 생활 전반에서 학생들과 교제한다. 지난 시절 학생운동이라는 것으로 인하여 이런 것들이 상당 부분 단절되었다. 이제는 학생들과의 만남이 새롭게 정립되어야 한다.

교육은 농사와 같은 것이다. 교수들의 관심을 먹고 학생들이 자란다. 실제로 학생들은 교수들의 관심을 갈망한다. 과거에는 학생들의 잘못된 대학생활의 인식과 교수들의 무관심과 방치 속에서 대학이 멍들었다.

1 강의실 열기 뜨겁다

최근의 사은회에서 졸업예정자들이 한 결 같이 하는 이야기가 있다. "교수님, 저는 이제 제가 원하는 기업에 취업하였습니다. 교수님들께 감사합니다.". "입학 때부터 제 나름대로 열심히 했지만, 이럴 줄 알았더라면, 더 열심히 했을 것입니다. 이제는 직장 생활에 더 열심히 할 것입니다. 앞으로는 실수하지 않을 것입니다.". 이런 말들은 최근의 사은회에서 흔히 듣는 말이다.

요즈음 강의실 분위기는 학생들의 학습 열기로 뜨겁다. 강의실 앞자리 경쟁도 치열하다. 출석을 부를 필요가 없을 정도로 수업 열기를 느낀다. 학점 경쟁도 치열하다. A학점을 받기 위하여 노력하는 것이 보인다. 잘못되어 B학점을 주면, 곧바로 교수 면담을 신청한다. B학점을 D나 F로 낮추어 달라는 것이다. 안타까운 마음에, "B학점도 괜찮은 성적인데, 왜 그러느냐?" 라고 묻는다. 학생 자신이 이번 과목을 제대로 공부를 못했다는 것이다. 다시 강의를 듣겠다는 것이다. 그리하여 다음 학기에 재수강 하여 반드시 A학점을 따겠다는 것이다. 성적처리 기간이 되면, 학생들로부터 e-mail을 무수하게 받는다. 그 기간에는 나의 컴퓨터를 켜고 mail을 열면, 학생들이 보낸 메일로 가득 차 있다.

이런 분위기이니, 강의실 열기가 뜨거울 수밖에 없다. 출석을 부른다하여 시간을 낭비할 이유가 없다. 행여 과제물이라도 내어주면, 지정된 기간에 어김없이 재출한다. 시험기간에는 도서관이고 강의실이고 학생들로 만원이 된다.

수강 신청 기간이 되면, 해당 과목에 대한 정보를 얻기 위하여 학생들이 분주하게 움직인다. 요즈음은 신설되는 과목이 부쩍 늘었다. 산업 기술의 변화가 빠르고, 이에 따른 산업체의 요구에 신속하게 대응하여, 새로운 과목들이 신설된 것이다. 그 과목의 성격을 파악하기 위하여, 사전에 교수 면담을 하고자 하는 학생들이 많다. 이 과목이 자신이 택하고자 하는 전공과 진로에 얼마나 유익한지를 알아보기 위해서다. 참으로 바람직하다.

학생들, 대학만 가면, 공부 않는다는 말. 옛말이 되었다. 이제는 교수 할만하다.

달라진 캠퍼스 생활

우리나라 대학이 20년 전에는 형편없는 강의가 많았다. 그 시대에는 대학의 학문적인 수준이 형편없어서 강의도 들으나 마나였다. 그리고 그 시대의 민주화 시위도 강의를 할 수 없게 만들었다. 그 시절에는 어차피 하나마나한 강의였고, 그래서 휴강의 명분으로 데모가 일상화 되었다. 한 학기에 책 표지 소개부분이나 혹은 잘해야 교과서 제1장 소개부분의 강의 진도가 고작이었다. 실로 교수들의 강의가 들으나마나가 많았다. 혼자 공부하는 편이 더 나았다.

대학의 학문적인 기능이 제 자리를 잡아가면서, 강의가 제대로 되기 시작하였다. 그래도 일부 강의는 10년 전까지도 어영 구영하는 강의도 있었다. 그러나 최근에는 어떤가? 이제는 모든 대학이 학문적으로 상당히 평준화되었다. 명문대학이나 그렇지 않은 대학의 교수들의 수준차가 별로 없어졌다. 제대로 공부하여 학위를 취득한 교수들로 대학이 채워졌다. 이제 대학 강의가 제대로 되기 시작한 것이다. 게다가 학생들로부터의 강의평가는 결정적인 역할을 하게 되었다.

10년 전까지만 하여도, 대학에서 학생들이 적당히 강의도 빠지고, 어영구영해도 대학생활이 통했다. 이 말은 강의를 통하여 배울 것이 별로 없었다는 것이다. 강의를 듣는 사람과 듣지 않는 사람의 최종 성적에는 출석 점수 이외는 별로 차이가 없었다. 그 만큼 시험기간에 교과서를 대충 훑어보면 그게 그거였다. 그러니 대학 생활에서 술마시고 맹판 놀아도 별 문제가 없는 것이다.

우리나라의 학생들은 고등학교까지는 열심히 하는데, 대학에 들어가서는 공부를 않는다고 한다. 그 이유가 바로 여기에 있다. 강의도 대충 빼먹고, 적당히 놀아도, 시험기간에 바짝 공부하면 그게 그거였다. 대학에 와서 학생들이 공부 하지 않는 문제도 사실은 교수들의 탓이다. 20년 전에는 교수들을 탓하기 어려웠을 지도 모른다. 적어도 10년 전까지도 그러한 측면이 있다. 공부하지 않아도 되는 풍토를 개선하려는 노력이 없었던 것이다. 대학에서 공부를 하지 않는 풍토는 관성적으로 오래 지속되었다. 아직도 그러한 착각에 빠지는 신입생들도 종종 눈에 띈다. 흔히, 신입생들에게 선배들이 '좀 놀아도 된다.' 라고 이야기 한다. '자, 우리 술도 좀 마셔' 라고 하면서 분위기를 띄운다. 그러나 사실 이제는 아니다. 강의 1 시간만 빠져도, 다음 시간 강의를 못 쫓아 간다.

일단 교수가 어영 구영하는 경우가 사라졌다. 강의평가 3.5점 이하이면, 창피 당한다. 교수가 강의 시간에 늦게 들어가? 강의를 빼먹어? 솔직히 10년 전에는 교수들끼리 점심을 먹다보면, 강의 시간에 늦는 것이 다반사다. 점심에 술도 한잔 걸치면, '에잇, 김교수, 이번 수업 제쳐!' 라고 한다. 수업 빼먹는 것이 학생이 반, 교수 반이다. 그런데 요즈음은 동료 교수들과 점심때 같이 식사하다가도, 오후 시간 수업이 있다고 하면, '아, 그래요. 그만 일어납시다.' 라고 한다. 풍경이 이렇게 바뀌었다. 그 요인이 바로 학생들의 강의평가이다. 3.5점 이하이면, 그 강의를 못 맡는 일이 생긴다. 두 번째 이유는 대학의 학문적 수준의 향상이다. 대학이 제 기능을 한다는 것이다.

10년 전까지 만하여도, 그 시절에는 교수들이 삼삼오오 몰려다니며 술도 많이 마셔댔다. 그런데 지금은 나도 안마시고 다른 교수와 어울릴 분위기가 아니다. 그 시절에는 교수들이 서로 어울리지 않으면, 되는 일이 없었다. 술판에서 모든 일이 진행되고 결정되었다. 그러나 지금은 같은 옆방의 동료 교수와 언제 점심을 같이 했는지 기억에 없다. 점심은 주로 연구실에서 한다. 대학원생들과 연구관련 회의의 연장 시간이다. 점심을 먹으려고 외부로 나가면, 1시간 30분에서 2 시간 정도가 소요된다. 그 시간이 아깝다. 왜 그렇게 되었는가? 교수가 바쁘게 되었다. 빠르게 변화하는 산업사회에 대응하기 위하여 바쁘게 움직이지 않으면 안 된다. 일 년에 연구 논문 몇 편을 쓰려고 하면, 그렇게 한가하게 지낼 수 없다. 논문도 써야 하고, 연구비 받은 것에 대한 뒤처리도 해야 한다. 대학원생들 지도도 해야 한다. 바쁘다. 대학이 그리고 교수가 제 기능을 찾았다.

예전에는 선배들의 하는 말이 맞다. 적당히 강의에 출석하면, 학점이 나온다. 그러나 이제는 어림없다. 한 시간 강의 빠지면, 못 따라 간다. 강의가 철저해졌다. 사실은 철저가 아니라, 정상적으로 된 것이다. 안 들으면 엄청 손해 보는 강의가 된 것이다. 이제는 월사금 값어치를 하는 강의가 되었다. 그런데 강의를 안 들어가! 그러면 여지없이 F학점이다.

학생들 바빠졌다.

학생들의 대학생활이 많아 달라졌다. 수업 태도도 달라졌다.

그 원인을 앞에서 언급하였듯이, 우리나라 산업의 발전에서도 찾을 수 있다. 기업으로부터 학생들의 수요가 늘었다. 예전에는 공부를 하여도 갈 곳이 없었다. 학점이 좋아도 취업도 안 된다. 그렇다고 모두 대학 교수가 될 것도 아니다. 학점이 좋은 학생이나 나쁜 학생이나 똑 같다. 취업이 희귀한 시대였다. 그러나 이제는 대기업, 중소기업, 국가기관 등등. 맨 먼저 따지는 것이 학점이다. 학점 4.0 만점에 3.0이 아니라, 3.5 이상이라야 기업에 지원서를 낼 수가 있다. 학점이 일차적으로 중요한 변수가 되었다.

마음에 맞는 기업을 선택하기 위하여, 학점관리가 필수적이다. 내가 강의하는 전자기학 수업을 보면, 2학년 2학기 과목인데, 학생들이 모두들 기를 쓰고 공부하는 모습이 눈에 띈다. 출석을 부르지 않아도 수업에 빠지는 사람이 드물다. 수업 태도도 달라져 있다. 시험을 대비하여 모르는 것이 있으면, 연구실로 찾아오는 학생이 많아졌다. 그 이유는 학점을 잘 받기 위해서 이다. B학점을 받으면, 그 학생의 얼굴이 사색이 된다. 무조건 A학점을 받기 위하여, 몸부림치고 있는 모습이 느껴진다. 학점만 따기 위하여 그렇게 한다고만 볼 수 없다. 실질적으로 공부를 한다. 제대로 알려고 한다. 왜? 필요하다고 학생들 스스로 느끼기 때문이다. 강의를 통하여 알려고 한다. 혼자 교과서보고 이해하기 보다는 강의 듣는 것이 훨씬 낫다는 것을 안다. 그러니 강의를 꼬박꼬박 듣는다. 그래서 강의실 앞자리 다툼도 한다.

학생들이 대학에 가면, 공부를 않는다는 말은 옛날이야기가 되었다. 이제는 대학에서 학생들이 공부를 않는다는 말은 더 이상 사실이 아니다. 이러한 사실을 잘 모르는 신입생들은 결국은 대학 생활을 실패한다. 약간의 방심이 낙오를 초래한다. 남들이 모두 열심히 하기 때문에, 자신이 주춤하는 사이에 뒤쳐져 버린다. 이것이 대학의 현실이다. 대학의 교과과정은 고등학교의 과정과는 상당히 차이가 있다. 우선 난이도가 고교 과정보다 높다. 사실상 고등학교 때보다 공부를 많이 해야 따라간다.

조금 방심하는 사이에 학점이 걸레가 된다. 성적이 시들시들하여, C와 D학점으로 깔고, F도 쌍권총이나 따발총으로 무장된다. 학기초에 '좀 놀아도, 한두 시간 강의 빼먹어도 괜찮겠지' 라고 방심한다. 그러나 곧 바로 불안을 느낀다. 주변 모두가 치고 내빼니까. 그러나 생활 습관 고치가 힘들다. 결국 1학년과 2학년 과정을 망쳐 버린다. 하는 수없이 군대에 입대한다. 제대 이후에는 정신이 바짝 든다. 그나마 온 힘을 다해 보지만, 여전히 역부족이다. 다들 열심히 하기 때문이다. 과거 2년의 공백의 여진이 남아있기 때문이다. 자포자기다. 학과에 대한 불만, 남들이 다 잘나가는 것 같은데, 자기만 처져있다. 이에 대한 묘한 콤플렉스도 느낀다. 취업을 할래야 학점이 되나. 영어가 되나. 앞으로 뭘 해야 하나. 비싼 등록금만 갖다 바치고, 부모님 고생만 시켜드렸다.

고등학교 시절에는 대학입시에 수험생은 물론이고 온 가족들이 매달렸다. 그러나 정작 더 중요한 시기인 대학에서 상당수의 학생이 긴장을 풀어 버린다. 더 많은 시간을 학습에 치중해야 함에도, 대학 생활에 대한 잘못된 인식으로 시간을 허비하는 경우가 있다. 그리하여 중요한 시기를 놓쳐 버린다. 학생들 스스로도 대학생활에 대한 인식을 고쳐 나가야 한다. 교수들도 학생들이 올바른 대학 생활을 하도록 보다 적극적으로 임해야 한다.

신입생이 대학에 들어오면, 처음에는 대단한 의욕을 보여준다. 그러나 시간이 갈수록 자신도 모르는 사이에 나사가 풀린다. 신입생 오리엔테이션이다, 신입생 환영회다, MT다 하여, 술 퍼 마시고, 끼리끼리 어울리다 보면, 처음 입학 당시의 각오가 어느새 허물어진다.

대학 강의는 1시간의 강의에 최소한 3 시간 이상을 스스로 투자하여야 따라 간다. 그리고 학기 중에 긴장의 끈을 풀어버리면, 곧

바로 강의를 따라가지 못한다. 신입생들이 대학에 가서는 좀 놀아도 된다는 인식은 옛말이 되었다. 이제는 출발이 잘못되면, 완전히 탈락된다. 첫 단추를 잘못 끼우면, 만회가 불가능한 것이 요즈음의 대학이다. 신입생 여러분, 착각하지 마시라!

한편, 처음 신입생 시절부터 졸업 때까지, 그 각오를 풀어버리지 않는 학생은 반드시 성공한다. 강의실 맨 앞자리를 차지하는 경쟁을 하고, A+ 학점받기 위하여 진력을 다한다. 앞으로 무엇을 할지도 보인다. 학과가 자랑스럽다. 앞으로 하고 싶은 전문 분야도 많다. 이걸 전공할까, 저 교수가 하는 것을 할까. 모두가 전망이 밝은 분야다. 저걸 하면, 취업은 따 놓은 당상이다. 자신감이 넘친다. 취업을 위하여 몇 가지 요건만 잘 갖추면 된다. 영어도 틈틈이 준비하고, 토익도 최하 800점. 아니, 그 이상이다. 선배들 말에 의하면, 이러이러하게 하면, 어디 기업에 취업하는데 문제없다는 정보도 있다.

교수와 학생들과의 만남이 소중하다. 그러나 그저 못 부르는 노래나 부르고, 어색하고 의미 없는 만남일 수가 있다. 만남을 위한 준비가 소홀하면, 그렇다. 예전에는 교수와 학생이 만나서 별로 할 일이 없었다. 술이나 먹고, 노래나 부르고, 음주 가무 이외에 할 일이 없었다.

그러나 이제는 사정이 다르다. 이야기 거리가 많아 졌다. 교수는 학과의 방향을 학생들에게 설명하고, 학생은 그 방향을 잘 이해하고 앞으로 해야 할 일을 정리하는 중요한 시간이 되었다. 교수와의 만남이란 중요한 정보의 교환이다. 학생들이 미래를 설계하고, 교수는 학과의 특성을 소개한다. 교수와의 만남에 안 나가면, 그 만큼 손해 보는 시간이 되었다. 결국은 교수와의 만남이 의미 있는 시간이 되느냐, 아니냐 하는 것도 교수의 역량이 중요하게 작용한다. 교수가 학문적으로 산업 기술의 동향을 이해하지 못하면, 그 만남에 가치는 없어진다. 교수가 최신의 정보를 모르고서는 이야기가 안 된다. 파주나 탕정이 어떻게 변해있는지를 모르는 눈이 먼 교수들. 자기 연구실 방구석에만 처박혀 있는 통수형 교수들. 학생들에게 들려줄 이야기가 없는 교수들은 학생들과의 만남이 의미가 없다. 할 이야기가 없는 것이다. 교수가 학생들에게 들려줄 이야기가 있고, 교수가 학생들과의 만남을 갈망할 때, 그 만남은 소중하게 된다.

우리학과는 신입생 입학식 직후의 첫째 주말에 신입생들과 학과 교수와의 만남을 갖는다. 할 이야기가 많다. 우리학과가 무엇을 하고 있는지를 알려주고 싶다. 우리학과가 어떤 분야를 하려고 하는지를 학생들에게 전하고 싶은 갈망이 있다. 그리고 최근에 선배들이 어떻게 해왔는지를 알려주고 싶다. 단 한명이라도 대학생활을 잘못 판단하여 낙오 되지 않도록 이야기 해주고 싶다. 그들이 자긍심을 갖도록 격려하고 싶다. 만남의 프로그램도 철저하게 준비한다. 소중한 시간을 헛되지 않도록 사전에 모든 준비를 한다. 그러한 만남이 왜 성공하지 않을 수 있겠는가?

몇 년 전만 하여도 우리학과의 학생들의 행사에 교수들이 참석하지 않았다. 이제는 적극적으로 참석할 필요가 있다. 할 이야기가 있다는 것이다. 한편, 신입생들에게 대학 차원의 오리엔테이션은 아직까지도 문제가 있다. 이것은 학생회의 행사다. 학교가 하는 오리엔테이션이라고 보기에는 불충분하다. 자칫, 떠들고, 술 먹고, 의미 없는 행사가 되기 쉽다. 이런 것은 시정되어야 한다. 물론 옛날보다 좋아지고 있다. 그러나 아직도 멀었다. 우리학과는 신입생 오리엔테이션을 별도로 한다. 물론 교수들이 시간을 할애하기가 쉬운 문제는 아니다. 그러나 적극적일 필요가 있다. 외면하는 교수들도 있다. 의미가 없다는 것이다. 의미 있는 이야기를 하면 된다. 의미 없는 이야기를 하고 있으니, 의미가 없는 것이다. 의미 있는 이야기를 해라. 할 이야기가 없으면, 교수를 그만두면 된다. 할 이야기가 없다는 것은 직무 부적격이다. 교수 자격이 없다. 강의평가에서 3.5점 이상 받는 것으로 모든 소임을 다하였다고 하면, 그것은 착각이다. 우리는 부단히 학생들과 대화하고, 학생들의 미래를 걱정하고, 그들의 고민을 해결하기 위하여 끊임없이 노력해야 한다. 교육이란 그런 것이다. 씨를 뿌린 데로 거둔다. 방치해 버리면, 수확 때에 쭉쟁이만 거둔다. 관심을 가지고 달려들면, 뭔가가 이루어진다. 헛된 것은 없다. 뒤에 앉아서 비웃지 말고, 앞에 나서야 한다.

처음부터 성실하게 학과에 충실하면, 대부분은 자신이 설계한데로 이루어진다. 우리사회가 그 만큼 발전하였기 때문이다. 이 사회가 그 만큼 기회가 많이 주어져 있다는 것이다. 이것이 과거와 달라진 점이다. 대기업에 진출을 목표로 삼은 학생은 그렇게 된다. 학자가 되겠다고 준비하면, 그 길도 열려있다. 그러나 자포자기형의 학생은 아무것도 이룰 수 없다. 자기 스스로 자신은 안 될 것이라고 포기하면, 그렇게 된다. 그러한 학생들을 최근에 수 없이 보아왔다. 자부심이 없고, 자신감 상실형의 학생은 아무 것도 이룰 수 없다. 어떻게 하다 보니 저 학년 때에 학점을 망쳤다. 그렇게 되면 이후의 학점도 쉽게 포기된다. 뒤늦게 후회해 본들, 이미 차는 떠났다. 현실을 바로 보아야 한다.

우리나라의 산업이 최근 10년간 얼마나 성장하였는지를 똑 바로 바라보아라. 그리고 이런 이야기를 교수들이 일깨워 주어야 한다. 금년도에 수출액이 어느 부분에서 얼마나 성장하였는지를 관심 있게 보아야 한다. 이런 것을 모르면 학생지도가 안 된다. 학생 스스로도 학과를 이해하고, 자신의 눈높이를 잘 조정하여 차분하게 준비하면 된다.

이공계는 학사 학위만으로는 부족하다. 빠른 시일 내에 석사와 박사학위를 권한다. 학사를 마치고 곧 바로 기업에 가는 경우와, 석사이상을 하고 가는 경우는, 대우도 다르고 하는 일도 달라진다. 최근에 우리 연구실에서 석사학위를 마친 학생이 있다. 다른 대학에서 우리학과에 편입하였다. 아무래도 학부에서 배운 것이 많지 않았다. 대학원에 진학하였다. 그 학생의 목표는 LG나 삼성이다. 그러나 여러모로 부족하였다. 대학원을 마치고도 지금도 끈질기게 도전하고 있다. 아직도 LG나 삼성을 포기하지 않았지만, 최근에 일단은 중소기업으로 눈을 돌렸다. 무려 중소기업 3군데에서 입사 제안을 받았다. 그 학생은 어디를 선택할 것인지를 나에게 자문을 구하였다. 현재, 어느 기업을 선택하여 근무하고 있다. 그러나 아직도 LG와 삼성의 입사를 포기하지 않았다고 한다. 이런 경우를 최근에 수 없이 많아 보아왔다. 우리학생들이 귀담아 들어야 한다. 나는 안 될 것이라는 생각을 버려라.

대학 초기에 학습을 등한시한 학생은 대학원에도 눈을 돌려라. 대학원이 활성화된 학과를 선택하라는 말도 그래서 나오는 것이다. 이공계 학과에서 대학원이 활성화 되지 않은 학과는 학과도 아니다. 대학원생이 없는 교수는 엄밀하게 따져 볼 때, 전임교수라기보다는 시간강사다.

2 강의는 '원맨쇼' 다

교수들에게 가장 보람찬 일은 학생들에게 인기 있는 강의를 하는 것이다.

대학 교수들이 받는 상들은 주로 10년, 20년, 혹은 정년이 되면 국가로부터 수여하는 교육부장관상, 국무총리상, 대통령상 등이 있다. 그리고 정년 시에는 훈장까지도 수여한다. 나는 그것들이 얼마나 가치가 있는 것인지, 받을 만한 일을 한 것인지 의문이다. 세월이 가면 받는 상이다. 그 이상의 의미가 있을까? 이러한 상들은 교수들이 세월을 잘 보내고, 순번이 잘 맞아 떨어져서, 복권에 당첨되듯이 상에 당첨되는 것이다. 줄 잘 서서 받는 상이다. 나도 비슷한 상을 받아 본적이 있다. 아마도 20년 동안 교수 생활 잘 했다하여, 대학에서 추천하여 국가에서 수여하는 상인 듯하다. 그러나 받자마자 쓰레기통에 처박았으니, 국가기관의 어느 높은 양반이 수여한 것인지, 기억도 못한다.

상들 중에는 강의를 잘한다고 주어지는 'Best Teacher 상' 이 있다. 우리대학은 몇 년 전부터 이 상을 제정하여 개교기념일에 시상하고 있다. 학생들의 강의 평가를 근거로 선발한단다. 잘 한 일이다. 내가 한 번쯤은 받고 싶은 상이다. 몇 년 전에 시행되었는데, 그때마다 나보다 젊은 교수들이 받았다.

교수는 강의를 잘해야 한다. 일차적인 의무다. 학생들의 교수에 대한 강의평가제도가 시행된 것은 불과 몇 년 전이다. 진즉했어야 했다. 강의평가 그리고 연구평가, 모두 해야 한다. 그리고 공개해야 한다. 자신 없으면 교수를 그만 두어야지. 뭘 그렇게 두려워하는가. 물론 강의 평가에서 학생들로부터 악용(?)될 여지도 있다. 선의의 피해도 있을 수 있다. 그것은 제도적으로 보완하면 된다. F

맞은 학생으로부터 강의 평가도 F맞을 수 있다. 그런 경우는 걸러내면 된다. 그러나 요즈음 학생들은 현명한 판단을 한다. 너무 학생을 탓하여서는 안 된다. 이제는 교수가 뒤에 숨어서 교수하면 안 된다. 앞에 나서서 평가도 받아야 한다. 그리고 평가대로 대접 받아야 한다. 그래야 발전이 있다. 그것은 초중고등 학교에서도 마찬가지이다.

강의는 '원맨 쇼' 라고 생각한다. 원맨 쇼에서 박수를 받기 위하여서는 각별한 노력이 필요하다. 일단, 강의록을 줄곧 들여다보고 하는 강의는 빵점짜리 강의다. 원맨 쇼를 대사보고 읽어서야 관객으로부터 박수를 받을 수 있나. 연기자가 무대에서 연기할 때, 관객과의 호흡을 맞추는 것이 그 연극의 성패가 달려있다고 한다. 강의도 학생들과의 호흡이다.

초등학교에서 중고등학교와 대학을 거치면서 수많은 선생님들과 교수들로부터 수업을 받았다. 그분들 중에는 참으로 강의를 잘하시는 분들이 있었다. 반면에 정말로 형편없는 강의도 있었다. 학생인 나보다도 설명을 제대로 못하고, 개념도 못 잡는 교수도 있었다. 그 시절에는 선생님이나 교수하면 하늘이었다. 그런 엉터리 수업도 아무런 문제없이 넘어 갔다. 선생님이 더 이상 하늘이 아니라는 말은 아니다. 하늘의 자격을 제대로 갖추라는 말이다. 하늘이 아닌데, 하늘 행세하면, 기만이다. 대학의 강의도 그렇지만 초중등 선생님도 하늘이기 위하여, 그만한 자격을 평가받고 갖추어야 한다. 과거에는 도저히 강단에 설 수 없는 분들도 많았다. 이제는 그런 시대가 아니다. 하늘과 땅은 엄격히 구분되어야 한다.

진짜 잘 배운 강의가 있다. 연기하듯, 열정이 있는 강의. 학생들과 호흡하는 강의. 그런 은사님들은 아직도 우리의 마음속에 존경심과 함께 기억된다. 그러나 지지리 못하는 강의, 배울 것이 없는 강의, 엉터리 강의, 하나마나한 강의, 깊이 없는 강의, 무성의한 강의도 있었다. 교안만 보고 냅다 베껴 쓰는 강의, 판서만 죽자고 하는 강의, 혼자 우물우물하는 강의, 그런 강의일수록 시간도 잘 안 지키고 휴강도 예사다. 강의평가에 의하여 경종이 가해져야 하고 걸러져야 한다.

대학에서 교수의 강의는 임용 3년차일 때 최고라고 한다. 나도 그 말에 동의한다. 그 이후에는 시든다. 열정이 식는다는 뜻이다. 그렇게 되면 좋은 강의가 안 된다. 임용 첫 한 두 해는 교안 준비에 바쁘다. 학생들과 호흡을 맞추는데 시행착오도 있다.

강의실에서 학생들의 분위기도 강의의 성패에 크게 영향을 미친다. 우수한 학생들이 듣는 강의는 할 맛도 난다. 그러나 학업에 의욕이 없는 학생들이 모인 강의실에서 강의하면, 거의 실패한다. 학생들이 떠들어대고, 잡담이나 하면, 대책이 없는 경우도 있다. 이러한 경우도 교수의 책임일 수 있다. 물론 학생들의 책임이 더 크다. 그렇다고 교수의 책임이 없는 것이 아니다. 수업 분위기를 잡는 것도 교수들의 몫이다. 재미있는 원맨 쇼를 하는데도 잡담을 계속하지는 않는다. 물론 강의가 코미디도 아니고 마냥 웃겨야 하냐? 재미없는 이공계 과목을 어떻게 코미디처럼 하라는 말인가. 그러나 경청하도록 하는 것도 일정부분 기술이다. 학생들로부터 주목 받도록 필요한 조처를 취해야 한다. 마냥 떠드는 학생을 못 본척하면, 그 강의는 망친다. 교수 나름대로 강의 분위기를 조성하는 기술이 있어야 한다. 물론, 그리 쉬운 일은 아니다.

일반적으로 학기 초에는 수업 분위기가 매우 좋다. 그러나 한 1개월 지나고, 학생들끼리 MT니, 뭐니, 행사 치르고 나면, 나사가 풀린다. 휴강해 달라고 떼를 쓰기도 한다. 이쯤 되면, 성공적인 강의가 어렵다. 과목에 따라서도 다르다. 전공과목의 경우는 학생들이 죽자 사자 해 보려는 각오가 있다. 지루 하지만 강의가 된다. 그러나 교양과목이라면, 분위기가 달라진다. 학생들의 마음가짐이 학점 떼우기식 이라면, 어렵다. 학년에 따라서도 수업 분위기가 다르다. 저학년 일수록 어렵다. 고 학년이 되면, 분위기가 확 달라진다. 좋은 강의란 교수 혼자서 되는 것은 아니다. 그러나 일차적인 책임은 교수가 져야 한다. 때론 달래서, 때로는 야단도 쳐야 한다.

요즈음은 중고등학교의 수업이 망가졌다는 이야기를 종종 듣는다. 학생들이 선생님들을 대하는 태도가 옛날과는 다르다고 한다. 있을 수 없는 이야기이다. 그런 분위기에서 선생질을 왜하냐? 그걸 가만두고 엉거주춤 물러 나냐? 정면 승부 해야지. 교장과 교감은 무엇을 하려고 있나? 학부모의 항의가 그렇게도 겁나는가. 언론에서 교사 폭력이라고 신문에 나면 곤란하다는 말인가. 학부모에게나, 언론에게나 당당해야지. 교권이란, 그냥 확립되는 것이 아니다. 일차적으로 교사가 무능하면, 교권이 서지 않는다. 무엇이 두려워서 교원평가제 한다는 데, 기를 쓰고 반대하는가. 그러고도 교권타령하나. 퇴출이 없는 교원평가제는 하나마나다. 떳떳하게 평가받고 당당하게 교권을 행사해야 한다. 자신 없으면 떠나야 한다.

언젠가 TV에서 어느 고등학교 여선생님이 남학생으로부터 농락 당하는 동영상을 보았다. 그 학교에서 어떻게 처리하였는지 궁금하다. 언론에 보도된 사실을 어떻게든 무마하려고만 했나? 아니면, 교장과 교감은 어떻게 처리하였나? 동료 교사들은 어떻게 했나? 이것은 학교 망신이 아니다. 어떻게 처리하는가에 따라서 학교의 위신을 세우는가의 문제다. 이런 장면을 보고, 전교조는 무엇을 하였나? 회원이 아니라서 침묵했나? 있을 수 없는 일이다.

엄격하신 천 교수님

교수들이 학생들을 대하는 스타일도 여러 가지이다. 어떤 교수는 학생들을 매우 엄격하게 대한다. 우리 대학의 전자공학부 천장호 교수님의 스타일을 학생들로부터 들어보면, 그 교수님은 매우 엄격하시 단다. 강의 시간에 늦게 오는 학생은 강의실에 들어오지 못하도록 강의실 문을 잠가버린다고 한다. 행여 강의 도중에 껌을 씹는 학생이 있으면, 여지없이 혼이 난단다. 모자 쓰고 강의를 들으면, 당장 나가라고 호통 치신다. 그러나 그 교수님의 강의는 우리 학교에서 명강의라고 학생들에게 소문나있다. 자연과학대학인 우리학과의 학생들도 간혹 그 분의 강의를 듣는다. 천장호 교수님은 매우 고루하신 분이다. 물론 우리 대학에서 내가 존경하는 몇 안 되는 교수님들 중에 한분이시다. 지금까지도 자동차가 없는 분이다. 집도 학교와는 멀리 떨어진 안양에 있는데도 자동차가 없단다. 그리고 항상 도시락을 싸가지고 전철로 출퇴근 하신단다. 지금은 어떠신지 몰라도, 몇 년 전까지도 내가 아는 한, 그 흔한 은행 카드도 없단다. 물론 핸드폰도 없단다. 지금은 어떠신지 모르겠다. 아무튼 이렇게 고루한 분은 교수들 가운데는 유일할 것이다.

그에 비하면, 나는 약간(?) 잔소리는 하여도, 학생들에게 매우 관대(?)한 편이다. 학생들이 이 말에 동의할 것인지, 잘 모르겠다. 내 스스로 관대하려고 노력한다. 강의실에 늦어도, 어서 오라하고 맞이한다. 자네 바쁜 일이 있었나 보구나하며, 반갑게 해준다. 강의 중에 밖으로 나가든, 돌아다니든, 별로 제재하는 법이 없다. 자유롭게 놔둔다. 껌을 씹는 녀석이 있으면, "너, 참 맛있겠다. 껌 소리가 '딱딱' 하고 좋구나!"라고 한다. 그러면 이상하게(?)도 학생들이 얼른 버린다. 사실, 껌을 좀 씹어도, 나는 별로 개의치 않는다. 강의실에 모자를 쓰고 있어도, 간혹 지나치면서 "모자가 멋있

구나!"라고 한다. 강의 중에 휴대폰이 울리면, "애야, 전화 받아라. 긴급한 전화인 것 같다."고 한다. 그만큼 나는 자유롭게 강의를 듣도록 허용한다. 그렇다고 강의가 방해 받는 다고 생각하지 않는다. 그러나 내 강의에서는 좀처럼 떠드는 학생들이 없다. 어딘가 모르게 내가 학생들에게 그렇게 관대함에도, 학생들은 나를 대하는데 있어서 약간은 어려움을 느끼는 것이 아닌가 한다. 아니면, 나의 인상이, 잘 못 걸리면 혼 날 듯한 인상인지도 모른다. 생긴 것이 도저히 관대하게 생기지 않은 것처럼 보이는 가보다. 그러나 실은 관대하다. 웬만하면, 야단치고 화내는 경우가 없다. 그러나 떠들고 강의가 방해받는 다고 판단이 되면, 내 나름대로 대처 방식이 있다. 대처법이래야 별게 아니다. 관련된 학생에게 강의 시간 내내 시선을 떼지 않고, 집중하여 처다 보며 강의한다. 그러면 대부분은 "아차, 교수님이 나를 뚫어지게 보시는 것이 심상찮다."고 느껴서 곧 바로 시정된다. 물론 수업 태도를 바르게 할 것과 열심히 공부해야 한다는 강변 혹은 잔소리는 수시로 한다. 학생들이 스스로 느끼도록, 어떤 때에는 상당한 시간을 할애한다.

나는 지금까지 강의 시간에 출석을 부른 적이 없다. 출석을 불러야할 필요성을 느끼지 못한다. 일반적으로 출석을 부르지 않으면, 학생들이 단박에 알아차리고 다음 시간부터는 마음대로 수업에 들어오지 않는다고 한다. 그래서 출석을 꼬박꼬박 부른다고 한다. 나는 생각이 다르다. 강의를 듣기 싫으면, 언제라도 안 들어도 좋다. 혼자 공부해도 된다면, 강의에 들어오지 않아도 좋다. 그러나 안 들어오면, 손해보는 강의를 하고자 한다. 학생들이 독학으로 해결할 문제도 있을 것이다. 그러나 나의 강의를 통하여 설명을 듣는 것이 훨씬 이해가 쉽고, 유익하다면, 강의를 듣게 된다. 비싼 등록금 내고, 왜 강의를 빠지냐? 물론 강의보다 더 중요하다고 판단되는 일이 있으면, 그 일을 우선시 하여도 좋다는 생각이다.

그리고 대학생쯤 되면, 어느 정도 개인의 인격도 배려해 주어야지. 개인의 책임인 것이지. 그리고 강의 시작 전에 출석을 부르면, 5분 정도는 훌쩍 지나간다. 일주일에 두 시간이면 주당 10분이다. 한 달이면, 40분이 소요된다. 이 시간이면 수업 한 시간에 맞먹는다. 그 시간이면 중요한 내용의 강의 한 대목을 할 수 있는 시간이다. 그러나 내가 지금까지 출석을 부르지 않았다고 하면, 내 강의를 들은 학생들이나 우리 대학원 학생들이 피식 웃는다. 실질적으로 출석은 부르지 않지만, 거의 매일 출석이 파악되는 것이다. 나의 수업에서는 마지막 5분을 남겨 두고, 거의 매일 퀴즈 문제를 풀어 제출하도록 한다. 해당 강의에서 중요한 대목을 요약하는 간단한 문제를 주고, 해결하여 곧 바로 제출하도록 한다. 이것은 사실상 출석이나 마찬가지다. 학기말이 되면, 퀴즈 점수로 출석부가 빽빽하다. 시험도 중간고사와 기말고사만을 치르는 것이 아니다. 각 장이 끝나면 시험을 본다. 어떤 때는 한 과목에 정규 시험을 십여 회 이상 치르는 경우도 있다. 그리고 해당 시험을 잘 치르지 못한 학생들에게는 거의 재시험의 기회를 준다. 이런 것들이 나에게는 다소 번거롭고 귀찮은 일일 수 있다. 그러나 어떻게 하든지 학생들을 공부 시키자는 것이 나의 의도이다. 내 수업을 항상 학생들이 경청하고 열심히 해주는 것 같다. 고마운 일이다.

강의평가제, 강의실 분위기 바꾸었다.

우리대학에서도 강의 평가제를 시행한 것이 몇 년 된 것 같다. 학생들에게 해당 강의에 대하여 여러 문항에 대한 설문 형식으로 평가한다. 이를 정량화 하고, 총점 5점에 대하여 평균 3.5점 이하이면, 경고이다. 2회 연속 3.5점 이하이면, 그 강의를 맡기지 않는다. 잘하는 일이다. 학생들은 해당 강의를 평가해야, 본인의 성적을 열람할 수 있도록 하고 있다. 학생들의 강의 평가는 모두 컴퓨터 관련 사이트에서 시행된다. 그리고 집계도 모두 컴퓨터로 처리된다. 그 결과는 해당 교수에게 알려준다.

우리대학은 학생들에 의한 강의 평가가 꽤 잘되고 있는 것 같다. 강의평가에서 수정 및 보완할 사항이 있다면, 불순한 의도가 있는 학생들에 의한 평가이다. 특히, F학점자(장기 결석자)는 평가에서 제외하는 문제도 검토할 만하다. 특수한 사정이 있는 과목에 대하여는 예외적인 조처도 필요할 듯하다. 어떤 특별한 과목은 비록 학생들에게 3.5점 이하의 평가를 받더라도, 그 사정을 감안하여 불이익을 주는 일이 없도록 하는 조처도 필요하다. 강의평가란 좋은 강의를 유도하기 위함이기 때문이다. 그러나 너무 느슨하면, 의미가 없어진다. 하나마나한 강의평가는 안 된다. 좋은 강의를 해야 하는 것이 교수의 책임임을 분명히 해야 한다. 강의 평가에 따라서 'best teacher 상'을 시상하는 것도 잘하는 일이다.

앞으로는 교수평가의 교육부문의 평가에서 학생들의 강의평가 결과를 위주로 반영하는 것이 바람직하다. 현행 교수평가에서 강의평가 항목은 강좌 수 등 형식적이고 별로 의미 없는 것들을 평가하고 있다. 적어도 70% 이상은 학생들의 강의평가 점수로 대체하면 된다. 강의 평가에서 다른 것들은 별로 의미가 없다는 말이다. 강의 의무 시간 이상의 초과 강의와 대학원생의 지도 정도를 교수들의 교육부문 평가에 반영하면 된다. 특히, 대학원생의 지도를 극히 미미하게 반영하는 것은 잘못된 것이다. 누군가 대학원 학생을 지도해 본 경험이 없는 교수의 입김이 작용한 것인지는 몰라도, 대학원생의 지도는 중요한 비중을 두어야 한다. 학생들의 정량평가와 대학원 지도학생 수의 반영, 그리고 초과 강의 시간 수 정도를 반영하면 족하다고 본다. 교수평가의 교육부문의 평가 항목들에서 바람직한 반영 비율은 학생들의 강의평가 점수(70% 이상), 대학원생 지도(10%), 초과 강의(10%), 기타 10%이면 족하다.

3 내가 바라는 교수

가장 바람직한 것은 학과의 특성화를 모든 교수가 공감하고 이해하는 것이다. 그러나 대부분의 학과에서 교수들은 제 각각이다. 좀처럼 교수 전원의 의견 일치가 어렵다. 공동 연구도 거의 불가능하다. 한 학기가 지내도록 서로 인사도 없는 경우도 허다하다. 그러한 의견의 불일치는 곧 바로 서로 간에 금이 가기 시작한다. 원수가 된다. 참으로 조잔하다고나 할까. 학과 운영에는 주도하는 교수가 있다. 연구도 마찬가지이다. 반대로 그것에 대한 피해의식도 상당하다. 어울리지 않으려는 교수도 많다. 어느 조직이나 이런 종류의 문제는 있기 마련이다. 주어진 여건 속에서 슬기롭게 대처하는 것이 상책이다.

철밥통, 안 된다.

교수들 간의 이러한 문제의 원인은 무엇일까? 교수 사회의 '철밥통'에서 찾을 수 있다. 한번 교수가 되면, 영원한 교수다. 교수는 자신의 연구실에서 자기 혼자만의 철옹성을 쌓고, 혼자 지내는 경우가 태반이다. 우리대학뿐만이 아니라 대부분의 사립대학에서 교수의 퇴출은 아직까지는 거의 없다. 승진 규정도 허울뿐이다. 재임용 규정도 허술하다. 교수평가 한다지만, 그것으로 탈락하는 교수가 없다. 그런 정도의 규정으로 교수를 평가한다는 것은 하나마나다. 아직도 형식적이다. 그러한 제도들이 개혁 차원에서 개선된다면, 이야기가 달라질 것이다. 철밥통이 도자기 밥통이 된다면, 이야기가 달라진다. 연구를 하지 않을 수 없다. 공동연구를 안 할 수 없다. 기업체를 쫓아다니지 않을 수 없다. 그러면 교수 개개인의 철벽이 허물어진다. 그러나 그것을 당분간 기대하기는 힘들 것 같다. 교수사회 개혁의 처방전은 분명하고 간단하다. 그러나 그 처방에 맞는 약을 투여할 방법이 없을 뿐이다.

제대로 된 교수평가는 50% 이상은 승진에서 탈락되고, 재임용에서 퇴출되는, 제대로 된 '테뉴어' 제도를 채용해야 한다. 이공계에서 연간 한편의 SCI 논문이 없으면, 승진과 재임용 자격 미달이다. 무엇을 더 따지자는 것인가. 그것을 시행하면, 대학의 분위기는 몰라보게 달라진다. 그리고 대학은 급성장한다. 화합이라는 이름으로, 의기투합이라는 명분 아닌 명분으로 철밥통이나 지키면서, 3류 대학의 꼴로 유지하자는 것이다. 그렇게 총장이 교수들 눈치나 보며, 비위나 맞추어 가지고, 대학이 발전할 수 없다. 우리 사학은 지금 교수사회를 개혁할 수 있는 그러한 총장들이 필요하다.

특히, 교수 초빙의 경우는 더욱 어렵다. 교수초빙에 관한한, 대부분 의견 일치는 불가능하다. 그 결과 서로 등 돌리고 원수가 된다. 이것 때문에 학과에서 서로 한마디 말도 안 하고 지내는 경우가 흔하다. 이것도 문제의 근원은 교수들이 너무 편하기 때문이다. 대학이 추구하여야 하는 가치, 그리고 학과가 어떻게 발전해야하는가의 문제에서 멀리 있기 때문이다. 가까이 있을 이유가 없다. 한번 교수는 영원한 교수이다. 철밥통이 빚어낸 결과이다.

교수 초빙에서 의견 불일치는 결국 엉뚱한 결과를 초래한다. 어떤 학과는 아예 초빙 관련 회의를 하지 않는다. 어떤 학과는 아예 교수들 개인에게 돌아가면서 지명권을 준다. 요즈음은 교수 초빙 대상의 인적 자원은 충분하다할 수 있다. 제대로 공부한 세대이다. 모두 자격을 갖추었다. 누구를 택하느냐의 문제이다. 학과의 방향이 무엇이냐의 문제이다. 이런 저런 것 없이 각자 알아서 써 낸다. 마치 계돈 낙찰식이다. 어떤 학과는 의견이 모두 다르게 대학의 인사위원회에 올린다. 의견을 개진하는 서류를 개인이 각자 밀봉하여 올린다. 각자 토론 없이 올리는 것이 좋은가? 토론에 의하여 의견에 합의점을 찾아서 올리는 것이 좋은가? 기술적인 문제이다. 중구난방에, 너 따로, 나 따로 이다. 그러면 인사위원회에서 마음대로 정한다. 학과의 특성화를 살릴 수 없는 따로 국밥집이 된다. 교육이라는 단어 앞에서 설 수 없는 교육자, 학생들에게 인간의 도리를 일깨워 주어야할 기본적인 소양과 자격에 미치지 못하는 교수들도 많다.

교수초빙에서 우리 학과는 유력한 초빙 대상자들에게 세미나를 시킨다. 그 세미나에서, 앞으로 어떻게 교수 생활을 할 것인지를 질문한다. 대부분 의욕만 넘친다. 우리학과의 초빙 대상 상당수가 서울대 출신이다. 그들은 물리학에 대하여 상당한 수준으로 교육을 받았다. 공부도 많이 하였다. 역학, 전자기학, 양자역학, 통계물리학, 고체 물리학, 광학, 관련 교과서도 뒤질 만큼 다 뒤졌고, 수준 높은 강의도 들었다. 연습 문제도 거의 다 풀었다. 서울대학 출신 정도라면, 상당한 깊이의 교육을 받은 것이다. 자격이 넘치도록 갖추었다. 문제는 이들이 우리학과에 와서, 자신이 받은 교육과 똑같은 수준의 강의를 하려고 덤비는 것이다. 자신과 비슷한 수준의 학자를 만들려고 한다. 이것이 잘못된 판단이다. 우리학과는 서울대 물리학과가 아니다. 서울대하면 고등학교 학급에서 1등, 전교에서 몇 등해야 한다. 우리 광운대 전자물리학과는 서울시내 고등학교 한 학급에서 10등 정도의 학생이 입학한다. 그들에게 서울대 물리학과와 같은 수준의 학습을 기대하는 것은 잘못 판단이다.

우리가 1995년에 물리학과에서 전자물리학과로 이름을 바꾼 이유가 있다. 우리는 기초 물리학을 토대로 전자공학적인 엔지니어 교육이 목표이다. 서울대 물리학과에서 가르치는 수준으로 강의하면 한 사람도 따라오기 힘들다. 모두가 포기한다. 일주일에 강의 3시간하고, 교과서의 문제를 풀어내라면 풀 수 있는 학생이 드물다. 모든 물리학 관련 교과서에서 극히 기초 사항을 반복하여 정확하게 이해시키는 강의가 되어야 한다. 그리고 공학적인 응용 능력을 키워주는 형태가 되어야 한다. 그러함에도 깊은 이론을 파고드는 강의, 혼자 떠드는 강의, 수학문제만 잔뜩 풀고 있는 강의, 실패한다. 물리는 일반물리 수준이면 충분하다. 역학도, 전자기도, 일반물리 수준에서 반복적으로 개념적인 내용을 강조하면 된다. 알아듣지 못하는 강의는 안 된다. 양자역학도 일반물리 수준이면 된다. 좀 더 욕심 부려서 현대물리 수준이다. 그 이상은 교수의 욕심일 뿐이다.

공학적인 해결 능력의 배양이란, 실질적인 실기 능력을 길러주는 교육이다. 실험실습 교육이다. 만지고, 땜질하고, 회로 구성하고, 조립하고. 여러 가지 계측장비를 다룰 수 있고, 진공장치를 설치 구성할 수 있고, 고급 장비를 이해하여 다룰 수 있는 교육이다. 이런 교육을 말한다. 철저하게 기업현장에서 필요로 하는 교육을 말한다. 전산 분야도 일차적으로 컴퓨터를 잘 다루는 교육을 해야 한다. 게다가 수치 해석에 의한 관련 프로그램을 작성하고 고급 프로그램을 사용할 수 있는 능력을 말한다. 이런 교육이 아니면, 우리가 살아남지 못한다. 그러나 이 의견에 동조하지 않고, 끝까지 자기 방식만을 고집하는 자기 편의에 의한 강의를 하는 것이 문제이다. 학과의 커리큘럼도 이러한 관점에서 설치되어야 한다.

우리학과 교수 초빙에서 나는 이런 질문을 한다. 학생들의 취업을 위하여 무엇을 어떻게 할 것인가? 이에 대한 대답은 대충 횡설수설이다. 그 답을 여기에 쓴다. 일단 교수라면 적어도 연간 논문 3편 이상을 쓸 수 있어야 한다. 그러면 연구비가 유치된다. 그러면 연구가 더욱 활발해진다. 그러한 연구가 기업에 관심을 받는다. 기업이 관심을 갖게 되면, 우리 학과의 인지도가 높아진다. 그것이 답이다. 출발이 논문이라는 것이다. 나의 이러한 질문이 못 마땅할 수도 있다. 그러나 모두 동참해야 한다. 그렇지 않으면, 학과가 죽고, 학생들에게 희망을 줄 수 없기 때문이다. 학생들에게 "모든 것은 너희가 알아서 해라."라고 방치해서는 안 된다.

우리의 처방은 간단하다. 학생들에게 교수들의 강의평가를 실시한 것과 같이 교수평가를 제대로 하면 된다. 강의 평가는 교수의 강의뿐만이 아니라, 학생들의 학습 태도에도 결정적인 작용을 하였다. 학생들의 수업 태도가 달라졌다. 강의 평가 5점 만점에 3.5점 이하는 그 강의를 못하도록 한 것이 이러한 결과를 가져다 준 것이다. 교수평가도 다를 것 없다. 교수의 승진과 재임용에서 연간 1편의 SCI논문 게재를 의무 조건으로 하면 된다. 이것이 실질적인 교수평가이다. 이 제도를 도입하면, 대학의 분위기가 확 바뀐다. 교수들 간에 분위기도 일시에 좋아진다. 연구를 같이 하지 않을 수 없는 계기가 된 것이다. 교수들 간의 화합의 동기부여인 것이다.

전국에서 최초로 우리대학에서 이 제도를 도입하자. 10년 내에 세계적인 대학이 된다. 좋은 학생들이 몰려온다. 기업체가 몰려든다. 훌륭한 학자들이 몰려온다.

4 수험생 학과 선택, 어떻게 할 것인가?

수험생들이 대학과 학과 선택을 어떻게 하는가? 인기 학과란 무엇인가? 대부분의 수험생들은 입시학원이 작성하여 제공하는 '진학사정표' 를 근거로 한다. 이들 진학사정표에는 대학 및 계열별로 수능 점수에 따라서 분류되어 있다. 이것이 수험생들의 대학 선택의 유일한 근거 자료이다.

진학사정표는 어떻게 작성되나? 아마도 지난 수년간의 입시 자료를 토대로 나름대로의 데이터에 근거 할 것이다. 그것은 각 대학과 각 학과의 인기 서열과 같은 것이다. 그러나 그 학과에서 실질적으로 무엇을 어떻게 하는지의 정보는 없다. 입시 학원들이 각 대학의 정보를 입수하여 구체적인 자료를 만들기는 불가능할 것이다.

우리나라는 아직도 각 대학과 학과의 평가 자료가 없다. 중앙일보의 평가가 고작이다. 대학교육협의회의 평가도 있다. 그러나 이런 자료들이 입시학원에서 활용할 수 있는 수준의 자료는 아닐 것이다. 입시학원뿐만이 아니라, 일반 수험생이나 학부모들이 대학의 평가를 활용할 만한 자료가 국내에는 아직까지 없다. 그것은 평가기관의 평가 자료도 일부 대학에 국한한다는 것이다. 대부분의 대학들이 평가에 응하지 않는 이유도 있다. 명문이라는 대학도 평가에 응하지 않는다. 따라서 모든 대학을 망라하여 일괄적으로 평가하는 자료들이 없기 때문에, 수험생들의 대학에 대한 정보는 매우 제한적이다. 따라서 입사학원의 진학 자료인 인기 서열에 집착할 수밖에 없다. 그 대학과 학과에 대한 정보의 부재 상태에서 수험생들이 대학을 선택하고 있는 것이 현실이다.

해당 학과와 교수들의 웹사이트를 철저히 분석하여라.

수험생들은 무엇을 보아야 하는가? 우선 해당 학과의 교수들을 살펴라. 그 학과의 교수들이 무엇을 하는지를 살펴라. 어떤 연구를 하는지? 연구 실적이 어떤지? 이러한 것들이 가장 정확한 정보이다. 그리고 실질적인 취업과 취업의 질을 살펴야 한다. 전공에 해당하는 기업으로 취업을 하는가? 그러한 정보도 아직까지는 부족할 것이다. 그러나 최근에는 각 대학의 각 학과별로 웹사이트가 개설되어 있다. 그 웹사이트에 들어가서 철저히 분석하여라.

이제는 각 대학의 교수들의 연구 자료들이 거의 공개되고 있다. 공개되지 않은 학과의 교수는 연구 실적이 없다고 보면 맞다. 그러한 학과는 가지 않는 것이 좋다.

교수들의 역량에 따라서 학생들이 어떻게 될지 가늠할 수 있다. 장차 학자가 되고자 하는 수험생은, 그 학과의 해당 교수를 살펴라. 어디에서 학위를 했는가? 현재 무엇을 하고 있는가? 연구실적은 어떤가? 우선 해당 학부의 진학을 생각하고, 장차 대학원과정을 외국에서 하고자 하는 학생도 해당 학과의 교수 역량이 중요하다. 교수들이 가이드 할 수 있는지를 엿 볼 수 있다. 취업을 원한다면, 마찬가지로 교수들이 무엇을 하는지를 보아라. 거기에 답이 있다.

인기 학과라고 다 좋은 것은 아니다. 인기학과임에도 형편없는 학과가 많다. 잘 못된 정보는 잘못된 선택으로 이어진다. 그리고 후회한다. 후회한들 이미 늦었다. 수험생이 선택한 학과가 수험생 여러분의 미래를 충분히 이끌어 줄 수 있는지는, 여러분의 판단에 달려있다.

그리고 또 하나의 중요한 선택의 잣대는 대학원이다. 해당 학과의 대학원을 살펴라. 대학원이 얼마나 활성화되어 있는가? 대학원을 평가하는 잣대로는 BK21 프로젝트를 수행하는지를 살펴라. BK21사업의 지원을 받는 대학원은 명문이라고 판단하면 틀림없다. 그 외에도 대학원의 활성화 여부는 그 학과에서 수행하는 각종 프로젝트를 살펴보면 정확하다. 대학원생이 한 명도 없는 학과는 죽은 학과다. 대학원에서 무엇을 하는지를 보면, 그 학과에서 하는 일을 이해하는 것이다. 대학원의 교육은 학부의 교육과 직결된다는 것을 알아야 한다. 요즈음은 대학원의 연구 기자재가 곧 바로 학부 학생들의 실험 기자재로 활용된다. 그 만큼 산업체의 기술이 빠르게 변화한다는 뜻이다. 기업은 저 만치 가고 있는데, 대학은 10년 전의 장비로 연구를 하고 있다면 그런 학과는 죽은 학과이다.

세 번제로 졸업생을 살펴라. 졸업생의 현황이 바로 여러분의 가까운 미래의 모습이다. 대학원의 석사와 박사학위를 마친 사람들이 어디에서 무엇을 하는지를 살펴라. 그것이 바로 여러분의 얼굴이다. 이러한 자료는 대부분 해당 학과 웹사이트에 있다. 없는 학과는 졸업생 현황이 형편없기 때문이라고 이해해도 된다.

우리 전자물리학과의 웹사이트는 http://cp.kw.ac.kr이다. 여기에는 우리 교수들의 프로필과 연구 분야 및 연구 실적이 소개되어 있다. 취업의 현황도 있다. 연구실별로 구체적인 연구 내용도 있다. 그 외에도 연구 프로젝트를 소개하고 있다. 우리 학과는 교육과학기술부가 지원하는 BK21 사업의 핵심분야에 지난 10년간 수혜하였다. 전국의 물리학과에서 BK21 핵심사업에 약 20개의 팀이 수혜하고 있다. 이 사업을 수행하는 물리학과는 전국 20대 물리학과라고 인식해도 무방하다. 물론 BK21 프로젝트에서 사업단으로 참여하는 물리학과도 있다. 그 수는 한정되어 있다. 따라서 핵심분야이든지 사업단 분야이든지 BK21 사업에 참여하는 학과 수는 20여개에 해당한다. 그런 학과는 자신 있게 선택해도 후회 없을 것이다. BK21 사업의 참가는 그 학과의 대학원이 매우 활성화 되었다고 이해하면 맞다. 왜냐하면, BK21 프로젝트는 대학원생들에게 주는 장학 프로젝트의 성격을 갖기 때문이다. 우리 학과의 또 하나의 자랑은 'PDP센터이다. 관련 웹사이트는 http://pdp.kw.ac.kr이다. 거기에 많은 정보가 들어 있다.

올바른 선택이 평생을 좌우한다. 올바른 선택은 올바른 정보에 의한다. 입시학원의 정보는 단순이 인기 서열의 참고 자료이다. 인기 서열이 낮더라도 그 학과의 웹정보를 보면 오히려 노다지를 건질 수 가 있다.

우리 학과는 88년도 이과대 소속의 물리학과로 출발하였다. 95년도에 전자물리학과로 개칭하였다. 앞에서도 언급했듯이, 물리는 전자공학과 명확하게 한계가 없다. 편의상의 분류이다. 물리학이라면, 흔히 이론만을 생각한다. 우리는 이론물리의 개념을 탈피하고, 우리대학의 전자공학의 명성과 맥을 같이 하기 위하여 전자물리학과로 개칭하였다. 전자공학이 엔지니어링에 치우친다면, 전자물리는 근본 이론 및 기본 개념에서 출발하여 공학적인 부분을 강조하고 있다. 우리는 물리학을 바탕으로 하는 최고의 엔지니어를 배출한다. 어느 분야로도 진출할 수 있다. 공학을 포함한 광범위한 분야로 진출 할 수 있다. 우리학과의 교과 내용을 보면, 물리학을 기반으로 전자부분이 강조되어 있다. 우리학과만큼 뚜렷하게 특성화에 성공한 학과도 드물다. 전자물리학과는 우리나라 전자산업의 추이에 따라서 발 빠르게 움직이고, 전자분야의 차세대 동력산업의 기술과 함께한다. 기업 현장에서 당장 필요로 하는 인재의 양성을 위한 교육에 집중한다. 기업은 저 만치 가고 있는데, 저 멀리서 바로 보고만 있는 학과는 죽은 학과이다. 대학 교육은 10년 전 그대로이고, 아무런 변화가 없다면, 그 대학은 죽은 대학이다. 졸업 후, 기업 스스로 재교육이 불가피한 교육을 대학이 한다면, 그러한 대학은 도태된다.

우리 학과는 미래의 TV 산업분야로 특성화하였다. 대학 최초로

PDP 교육을 실시하였다. PDP관련 플라즈마 교육 전문 기관이다. 지난 10여 년 동안 관련 시설과 기자재를 완전하게 갖추었다. LCD 분야로부터 최근에는 OLED 분야로 확장하였다. 이것도 산업체와 같이 발을 맞추기 위함이다. 미래의 두루마리형 텔레비전을 개발하기 위하여, 화면을 접을 수 있는 OLED 연구에 한창이다. 최근 몇 년 동안 OLED 분야의 국제 학회에서 관련 논문상을 휩쓸었다. 최근에는 태양광을 활용하는 'Solar cell' 연구도 한창이다. 반도체 제조 공정과 각종 디스플레이 제조 기술을 위한 플라즈마 공정 분야의 기술 개발도 중점을 두고 있다. 우리 전자물리학과는 일명 '디스플레이학과, 정보디스플레이학과, 평판TV학과' 라고 불려도 무방하다.

5 캠퍼스 풍경

사은회

사은회라고 하면, 스승을 존경하는 우리 고유의 전통에서 비롯된 것으로 이해한다. 오래 전부터 이러한 전통이 이어져 왔다. 학생들이 교수를 존경하는 우리나라의 유교적인 관습이 과거로부터 내려왔다. 스승이 잘 났건 못 났건, 은혜의 여부와는 상관없다.

그러나 한때는 이것이 약간 변질되어 학생들이 졸업을 앞두고 한판 벌리자는 행사로 변모하였다. 좋게는 졸업 축제다. 나쁜 의미로는 술판 벌리자는 것이다. 최근에는 그 양상이 또 변하였다. 우리는 사은회를 호텔이나 유흥점을 빌려서 하는 행사를 못하게 한다. 이제는 조촐하게 한다. 그 만큼 캠퍼스의 풍경이 변한 것이다. 아무려면 어떠냐. 스승과 졸업을 앞둔 제자의 의미 있는 만남이 중요하다. 서로 간에 지난날을 되돌아본다. 학생 스스로도 과거의 잘못 판단을 이야기한다. 우리교수들도 학생들이 무엇이 잘못된 것인지, 어떤 것이 잘된 것인지를 알아보는 계기이다. 대개는 구내식당에서 한다. 아니면 학교 근처의 분식집에서 한다. 스승에게 주는 선물도 하지 못하도록 한다. 학생들과 같이 식사하면서, 여러 가지 이야기를 나누는 자리이다. 대개는 취업자 위주로 참석한다. 나머지 취업이 안 된 학생들은 보면 안타깝다. 취업이 잘 안 되는 해에는 우리 교수들도 미안했다. 최근 몇 년간 풍성한 수확을 거두었다. 축하하는 기쁜 마음으로 참석한다.

어떤 학과는 아예 사은회가 없어진 학과도 있단다. 취업이 한 명도 못하는 학과에서 무슨 염치로 사은회한다고 떠들 수 있겠는가. 우리도 똑 같은 심정이다. 이제는 술 먹고 떠드는 모임은 아니다. 교수들과 저녁 식사하면서, 지난날의 학교생활을 이야기한다. 졸업생 각자의 이야기를 들으면, 우리 교수에게도 상당히 도움이 된다. 학생들이 이런 점을 고민하여 왔구나. 평소에 학생들이 너무나 자신감이 없었구나, 등등이다. 얼마나 유익한 시간인가!

2008년 베이징 올림픽 때, 유도에서 금메달을 딴 최민호의 눈물이 기억난다. 4년간 피나는 고생을 하였을 것이다. 육체적으로나 정신적으로 얼마나 힘들었을까! 그것을 모두 참고 견디어 내었다. 드디어 올림픽 유도경기에서 5판 연속의 '한판승의 사나이'가 된 것이다. 시상대에서 흘린 그의 눈물은 4년간의 피나는 고통을 참아낸 눈물이다. 감동과 환희의 눈물이다. 그것을 보는 우리국민들도 함께 눈시울을 적셨다.

4년의 눈물은 우리의 캠퍼스에도 있다. 김양의 아버지는 택시 운전사이다. 어머니는 식당 일을 한다. 동생도 대학을 다닌다. 자신의 등록금도 힘에 부치는데, 동생까지 대학을 다닌다. 등록금 때마다 부모님의 고생을 생각하며, 미어지는 눈물을 참아 왔다. 4년 후, 김양이 원하는 대기업에 남보란 듯이 합격하였다. 그 합격 소식을 나에게 전화로 알려왔다. "교수님, 합격하였습니다.". 감격의 눈물이었다. "그래 장하다. 고생했다. 열심히 한 보람이 있다." 나도 눈물을 삼켰다.

우리도 할 수 있었다. 광운대 전자물리학과, 누구도 생각하지 못한 취업률과 취업의 성과. 그러나 그것은 꿈에도 생각하지 못한 일이 아니었다. 우리 학생들과 함께, 모두가 노력한 결과이다. 학생들의 노력, 교수님들의 노력, 학과가 모두 노력했다. 그러한 노력 없이, 이러한 결과는 없다. 우리의 노력은 더욱 요구되고 있다. 앞으로가 걱정이다. 그러한 걱정은 어제나 오늘이나 이어져왔다.

학과 홍보

우리는 매년 학과를 홍보한다. 아마도 학과 홍보자료를 교수들이 자비를 털어서 제작하는 학과는 흔하지 않을 것이다. 대개 A4 용지 크기로 4면으로 작성한다. 우리 학과에서 연구하는 분야를 소개한다. 한번 제작 시에 2000부 정도를 만든다.

왜, 만드느냐? 기업체에 보낸다. 신입생 유치를 위하여, 일선 고등학교에도 보낸다. 1학년 신입생들과 재학생들에게도 나누어 준다. 학과의 정보를 적극적으로 제공한다는 목적이다. 취업 현황도 소개한다. 우리학과의 연구현황 및 연구실도 소개한다. 우리학과의 특성화와 교육의 방향도 제시한다.

이 자료를 배포하기 위하여, 주변 고등학교를 방문하기도 한다. 서울시내 고등학교 진학 담당 교사 앞으로 우편으로 보낸다. 서울시내의 고등학교 200개교에 5부씩 보내어도 1,000부가 필요하다. 재학생들에게는 우리학과를 보다 잘 이해하도록 하고, 앞으로의 진로를 정할 수 있는 방향을 잡도록 하는 목적도 있다. 학과에서 무엇을 하는지, 우리학과의 특성이 무엇인지를 이해하도록 하여, 스스로 대비하게 한다.

학기 초가 되면, 우리학과는 별도로 신입생들에게 '물리학의 날' 이라는 제목으로 학과 설명회를 갖는다. 대개 3월 초의 토요일에 실시한다. 오전에는 학과의 연구 분야를 소개한다. 교수들도 일일이 소개한다. 일반물리에 대한 오리엔테이션도 실시한다. 학과가 지향하는 방향을 소개한다. 점심식사는 간단한 도시락을 준비하여 제공한다. 그 비용은 교수님들 주머니에서 나온다. 왜, 이런 행사를 하는 것 일까?

2학기 중간고사 기간에는 우리학과 각 연구실의 'Open Lab' 행사를 갖는다. 학생들을 몇 개 조로 나누어서 각 실험실을 탐방하는 프로그램이다. 실질적으로 연구실에서 하는 일들을 구체적으로 보여준다. 학생들은 실험실에서 하는 일들을 직접 보고 기술 개발의 현황을 살핀다. PDP 실험실에서 PDP관련 연구도 직접 들여다 본다. LCD-백라이트 관련 실험도 직접 본다. OLED가 어떤 것인지도 본다. 직접 보는 것이 교육적인 효과는 매우 크다. 이제는 태양광 에너지를 이용한 'Solar cell'의 'Waper'들도 직접 만져 본다. 반도체 공정 관련 장치도 경험한다. 강의실에서만 듣던 것을 직접 보는 것이다. 이러한 행사를 통하여 학생들이 "내가 무엇을 하면 되겠구나."라고 생각하게 한다. 학습에 의욕을 갖도록 한다.

이러한 일련의 일들이 과연 효과가 있을까하는 회의도 든다. 실제로 다수의 교수들은 "그게 무슨 효과가 있을까요?"한다. 그래도 한다. 조금이라도 도움이 될 것이라는 판단이다. 아무 일도 하지 않는 것보다는 뭔가 하는 것이 낫다. 물론 수고스럽다. 효과를 걱정하는 회의적인 시각을 갖는 교수는 그 만큼 학생들에게 보여 줄 것이 없기 때문일 수도 있다. 우리는 학생들에게 보여 줄 것이 많도록 준비해야 한다. 그렇지 않으면 살아남기 어렵다.

학생들 앞에 부끄러운 교수가 되면 안 된다. 우리학과가 이만한 성과를 거둔 데에는 다 이유가 있을 것이다. 당장 눈에 보이는 효과보다는 우리 스스로의 작은 노력 그 자체로 중요하다. 사실은 시간과 돈이 투자된다. 간혹은 짜증스럽다. 아무 것도 하지 않고 가만히 있는 길을 택하는 교수? 결국은 도태된다. 제 밥그릇만 챙기면 결국은 망한다. 뭔가를 해보자는 몸부림이다.

전국의 물리학과는 다 죽었다. 자연과학 관련학과도 다 힘들다. 수학, 물리, 화학. 그러나 우리 대학은 그런대로 잘 버티고 있다. 이과대 교수들의 남다른 노력이 있었기 때문이라고 믿는다. 학과간의 경쟁? 수학과 화학과 교수님들도 만만찮다. 욕심나는 교수님들도 많다. 저런 분들이 우리학과에 계신다면 얼마나 좋을까라고 독백도 한다. 좋은 교수를 모시는 일. 그리고 학과 교수님들의 노력. 학생들에게 그 영향은 매우 크다.

휴일의 캠퍼스

나는 평일은 물론이고, 토요일과 일요일도 웬만하면 학교에 나간다. 일요일 오전 일찍 교회에 갔다가 특별한 약속이 없으면, 학교에 간다. 토요일과 일요일에는 학내의 주차장은 대부분 텅 비었다. 오전에는 조기 축구팀이 운동장에서 떠들썩할 뿐, 학교가 조용하다. 공휴일이나 명절에는 더욱 조용하다. 명절의 경우는 지금까지 거의 대부분 학교에 갔다. 설날이면 오전에 차례를 지내고, 오후에는 반드시 학교로 간다. 추석도 마찬가지다. 신정 연휴 때도 그랬다. 명절이면 다른 약속이 거의 없기 때문에 학교에 나간다. 명절 때 대학 캠퍼스는 참으로 한가하다. 나는 이런 조용한 분위기를 즐긴다. 중요한 구상도 이때 이루어진다. 이때가 집중력이 최고이다. 왜냐하면, 아무도 찾아오지 않는다. 누가 내연구실에 올 것이라는 기대도 없다. 전화벨도 울리지 않는다.

방학 중에도 캠퍼스는 조용하다. 주차장이 한산하다. 지난 20년 동안, 내가 그나마 어느 정도 연구업적을 낸 것도 이런 조용한 때를 잘 활용하였기 때문이다. 평소에는 강의도 하고, 연구실 주변도 어수선하다. 모두 바쁘게 움직이는 가운데, 여러 가지 정리하다 보면 하루가 간다.

그러나 휴일은 너무나 차분하다. 일도 알차게 한다. 특히, 논문과 관련하여 조금은 머리를 써야할 일은 이런 때가 가장 좋다. 일반적으로 논문을 써서 투고하면, 심사결과 2편중에 한편은 수정하라는 메일을 받는다. 일반적으로 투고된 논문의 채택률이 50%가

안 된다. 논문 수정을 통고 받는 경우, 자칫 잘 못 수정하면 낭패 본다. 거절되기 일 쑤다. 이런 일은 주로 휴일이나 공휴일에 처리 한다.

토요일에 학교에 가면, 우리 전자물리학과가 있는 옥의관 5층의 교수들 연구실에 어김없이 나오는 교수님들이 있다. 최은하 교수가 꼭 나온다. 요즈음은 박병주 교수와 권기청 교수도 항상 나온다. 논문을 많이 쓰고, 연구비를 많이 유치하는 교수는 역시 다르다. 가끔은 일요일에도 이들 교수를 만난다.

내가 휴일에도 학교에 나오기 때문에, 내 연구실의 대학원생들도 거의 모두 나온다. 교수가 연구실에 나오는데, 학생들이 나오지 않을 수 없을 것이다. 우리는 휴일에 가장 알차게 일을 한다. 중요한 연구실 업무도 대학원생들과 이때 상의 한다. 우리 연구실의 대학원생들이 지금까지 삼성과 LG와 같은 대기업에 많이 취업한 것도 결코 이와 무관하지 않다. 그냥 이루어지는 것은 없다. 보이지 않고, 작은 일 같지만, 작지 않는 노력의 결과이다. 최은하 교수나, 박병주 교수, 그리고 권기청 교수도 마찬가지이다. 우리가 BK21 프로젝트를 10년씩이나 수혜 하는 이유도 여기서 찾을 수 있다. 그냥 되는 일은 없다. 다른 교수들이 휴일에 집에서 뭘 하는지는 알 수 없다. 우리는 분명하게 지난 10년 동안 휴일 내내 학교에 나와서 뭔가를 하였다.

휴일의 캠퍼스 내의 주차장에는 차량이 몇 대 뿐이다. 조용한 대학이다. 잘나가는 기업체, 특히, 기업부설 연구소는 불이 꺼지지 않는다고 한다. 우리와 비교된다. 엄격하게 보면, 대학 인력이 한 수 위이다. 더 많은 일을 할 수 있고, 능력도 있다. 물론 여건 탓도 있다. 실험실도 변변치 않고, 기자재도 없고, 돈도 없단다. 그러나 대학의 생리가 편한 것을 추구한다. 어느 누구도 그에 대하여 채찍

질 하는 사람이 없다. 그러나 적어도 1년에 논문 2~3편 쓸 요량이면, 늦게까지 일해야 한다. 휴일도 나와서 뭔가를 해야 한다. 그 이상을 이루기를 희망한다면, 명절에도 나와야한다. 얼핏 보면, 조금 부지런 떠는 것이 별것은 아닌 듯하다. 그러나 그것이 쌓여서 차별되는 결과를 가져 온다.

우리 실험실에서는 추석과 같은 명절이나 연말이 되면, 우리 연구실의 복도와 화장실을 청소해주시는 아주머니들, 그리고 옥의관 경비 아저씨들에게 감사의 표시를 한다. 나는 학생들에게 이런 명절에는 반드시 약간의 선물로서 인사를 하도록 한다. 이것도 교육이다. 선물이래야 별게 아니다. 양말 세트, 김 세트, 비누 등 치약 세트, 양념 세트, 등이다. 그런데 이런 작은 선물을 아주머니와 경비실의 아저씨들에게 드리면, 얼마나 고마워하는지를 학생들 스스로 느낀다. 대학의 울타리에서 서로를 생각해 주는 일. 소중하다.

제 3 부

대학과 교육,
어디로 갈 것인가

제3부 : 대학과 교육, 어디로 갈 것인가

한국의 대학과 교수, 그리고 한국의 교육, 어제와 오늘을 살펴보자. 그리고 최근 교수 사회의 이슈들과 우리나라 교육의 문제들을 점검하여 보자.

나는 이 절에서 교수제도의 새로운 방향을 제시하고자 한다. 그리고 한국교육에서 논란의 중심에 있는 사교육 문제를 이야기 하고자 한다.

1 대학과 교수

2008년 어느 날의 일간지 보도이다. 지방의 모 중견 사립대학에서, 지난 3년간 논문이 한편도 없는 교수가 31%란다. 교수 총 600명 중에 약 200명가량이 SCI는 물론 국내 학술진흥재단 등재 논문이 한 편도 없다는 것이다. 당연히 재임용 탈락 교수도 없다. 그리고 보직교수는 전체의 약 25%인 151명이다. 대학원의 부실은 더욱 심각하여, 3명 이하의 강의가 50%다. 그리고 대학원생 3명이 안 되는 학과가 30%인 50여개 학과다.

교수 수가 600명이면, 우리 광운대의 교수 수가 300명 정도이니, 이 대학은 우리 대학의 2배의 규모이다. 이 정도 규모의 대학이 이런 정도이면, 지방의 다른 사립대학은 더 말할 것도 없다. 솔직히 우리 대학이 이 보다는 낫다고 장담하기 어렵다. 우리나라 대학의 상위 몇몇 대학을 제외하면, 이것이 우리나라 대학의 현 주소이다. 그리고 이 현상은 어제 오늘의 일이 아니다. 오래 전부터 고착된 병폐다. 왜 이러한 결과가 아무 일 없는 듯이 지속되는 것일까?

일반 사립대학에서는 교수들의 연구를 그 다지 중요시 않는다. '교육, 즉, 강의가 중요하다.' 라고 주장한다. 이것은 학생들의 등록금 수입으로 운영하는 장사 속이다. 연구해서 무엇에 쓰나. 할 필요가 없다. 전혀 관계없다. 학생 유치가 관건이다. 201개 4년제 대학 중에 20위권 밖의 대학은 실제로 연구에 비중을 두지 않는다. 극소수 교수만이 연구비를 유치한다. 연구비 유치로 뭐한다는 거냐. 실제로 전기세 등 공공비용이 많이 든다고 한다. 심지어 저녁 늦은 시간과 토요일과 일요일은 전기와 수도의 공급을 고의로 차단한단다. 이상할 것 없다. 경영 현실이다. 등록금으로 운영하는데 도리 없지. 등록금 장사 속과 교수들의 해이함이 빚은 합작의 결과이다. 사실이 아니기를 바랄 뿐이다.

미국의 대학을 보자. 교수 봉급은 9개월 동안만 받는다. 여름 방학 3개월은 강의가 없으니 무노동 무임금이 적용된다. 반면에 연구 프로젝트는 봉급의 1.5배를 책정한다. 방학 중의 3개월을 이 비용으로 지급한다. 실지로 프로젝트가 있는 교수와 없는 교수의 봉급의 차이는 2배 이상의 차이가 있다.

나는 미국 동부의 MIT와 서부의 UC Berkeley 대학에서 지낸 적이 있다. 미국 교수들에게 특이한 점이 있다면, 미국 대학 교수 중에 골프를 즐기는 교수를 보지 못하였다. 그 이유를 물어보면, "그럴 시간이 어디 있어."가 대답이다. 아마도 미국인들이 가정적이라는 원인도 있을 것이다. 가족을 놔두고, 휴일에 골프운동 할 수 없다는 것이다. 또 다른 이유는 연간 평균 3건의 논문을 쓰려면, 그런 여유가 없을 것이다.

우리나라의 교수는 직급별로 봉급이 모두 같다. 봉급은 연한에 따라서 차이가 난다. 강의가 없는 방학이라도 똑 같다. 월급 개념이다. 연구는 하나마나 상관없다. 어차피 등록금 나누어 먹기라는데! 이래 가지고 발전이 있겠는가?

그러나 교수들이 그동안 누렸던 좋은 세상도 점차 물 건너가는 것 같다. 여기저기에서 그 변화가 감지되고 있다. 명문 대학에서부터 교수평가에 따라서 대접이 달라지기 시작하고 있다. 과학원과 서울대가 앞장서고 있다. 그 바람은 곧 전국 대학으로 불 것이다.

2009년 2월 일간지 신문 보도이다. '서울대 정교수 승진심사에서 탈락 및 포기가 54%' 라는 제목의 기사이다. 서울대 정교수 승진 심사에서 대상자 중 절반 이상이 탈락하거나 스스로 포기하는 사상 초유의 사태가 발생했다. 이는 서울대가 교수 승진 및 정년보장(테뉴어) 심사를 강화하고 있기 때문으로, 전통적으로 '철밥통' 이라는 비판을 받아 온 국내 대학들의 교수 임용 관행에 큰 영향을 줄 것으로 관측된다.

서울대는 올해 1학기 정교수 승진 심사 대상 부교수 61명 중 28명(45.9%)에 대해서만 정교수 승진을 결정했다. 나머지 33명은 본인이 심사를 유보하거나 단과대학 혹은 대학본부 심사에서 탈락했다. 서울대에서 정교수 승진율이 50% 미만으로 떨어진 것은 이번이 처음이다.

서울대의 최근 3년간 정교수 승진율은 2006년 72.8%, 2007년 63.9%, 2008년 53.8%, 그리고 금년 2009년 45.9%로 매년 급격히 감소하고 있다. 서울대는 이번 심사에서 심사위원이 논문 심사 시 해외 등과 비교해 총평을 하도록 하고, 학과장의 추천서도 예년보다 자세하게 대상자를 평가하도록 하는 등 질적 평가도 강화했다.

이어 서울대는 작년 2학기에 단과대 인사위원회를 통해 심사 대상자들을 1차로 걸렀다. 외부 인사를 포함한 별도 정년보장심사위원회를 구성해 2차로 검증한다. 최종, 대학본부 인사위원회를 개최하는 제도를 도입했고, 단과대 심사 통과자 2명을 또 탈락시켰다. 이에 따라 '좋은 게 좋은 것' 이라는 기존의 승진심사 관행이 크게 바뀌었다. 서울대는 이어 규정을 개정해 정년보장과 승진을 구분해 인사 결정을 내릴 수 있도록 하는 방안도 검토 중이다.

KAIST는 2006년 7월 서남표 총장의 취임 이후, 테뉴어(Tenuer, 정년보장교수직) 심사 강화 등 강력한 개혁의 추진이 대학사회에 큰 파장을 일으키고 있다. 이미 연구 실적이 좋지 않은 일부 교수들이 8년 만에 학교를 떠났다.

교수는 논문으로 말한다.

왜, 논문이 중요한가? 대학에서 교수의 논문은 시작이고 끝이다. 논문은 연구비를 유치하고, 연구 개발은 기업의 관심을 끌게 되고, 이는 학생들의 취업으로 이어진다. 교수의 역할인 강의와 연구의 두 바퀴로 대학이 굴러간다.

연구하자는데 흔히 여건 타령을 한다. 대학에서 아무 것도 갖추어 주지 않는데, 무엇을 할 수 있느냐는 것이다. 연구를 않는 사람들이 흔히 써먹는 반론이다. 그런 사람은 강의도 교안까지 작성해 주어야 강의를 할 수 있다는 사람이다.

연필로 할 수 있는 연구도 얼마든지 많다. 연구논문의 절반은 이론 논문이고, 절반이 실험 논문이다. 연필만 있어도 되고, 거기에다가 컴퓨터가 있으면 충분하다. 국제 저널들을 살펴보면, 실험결과를 게재한 논문들이 부지기수이다. 이런 논문들을 읽고, 그 결과를 해석하는데, 연필만 있으면 된다는 것이다.

실제로 연구의 시작은 이론을 먼저 공부하고, 이론 관련 논문부터 출간해야 한다. 문제는 어떤 테마를 택할 것인가이다. 나는 논문을 쓰는 과정에서 항상 다음 논문을 걱정한다. 다음에는 어떤 내용을 쓸 것인가 하고 고민한다. 논문의 테마로는 기업이 관심 끌 수 있는 것을 택한다.

연필로 시작하여 실적을 쌓아야, 연구비를 유치할 수 있다. 처음에는 국가 기관의 연구비가 우선이다. 그리고 기업의 관심사에 따라서 기업의 지원을 받는 것이 최종 성공단계이다. 기업이 연구비를 지원한다는 것은 곧바로 해당 연구원의 취업으로 연결된다.

연구실적을 평가 할 때, 논문의 수도 중요하지만, 연구비 유치실적도 중요하다. 이때 연구비는 국가기관, 기업체, 해외기관, 등으로 나눌 수 있다. 당연히 기업체로부터의 연구비 유치와 해외수주 연구비에 더 높은 평가를 해야 한다.

대학과 교수는 기업의 평판을 먹고 산다. 어떤 연구를 할 것인가? 국내외 학회를 부지런히 참가하여라. 특히, 기업들이 함께하는 학회가 좋다. 그러한 학회를 찾아다니다보면, 답이 나온다. 가벼운 연구로부터 시작하여, 점차 무거운 연구를 한다. 시간이 많이 걸리는 연구와 장비와 돈이 필요한 연구로 점차 전환한다. 일단, 한 두 편의 논문을 쓰게 되면, 탄력이 생겨서 그 다음부터는 쉬워진다. 어느 분야의 연구는 마치 탄광에서 금맥을 찾은 듯이, 좋은 논문이 줄줄이 나오는 경우도 있다. 노벨상도 처음 한건의 논문으로 받은 것은 극히 드물다. 노벨 수상자도 여러 편의 논문을 쓰는 과정에서 획기적인 논문이 된 것이다.

대학교수가 공부를 않는다고 하여, "십년 전의 강의 노트를 그대로 사용한다."는 말이 있다. 이 의미는 논문 연구가 없다는 말이다.

최신 기술이 없으며, 최신 기술의 정보가 부재하여, 기술 동향을 모른다는 의미이다. 따라서 교과서를 벗어나지 못한다. 교과서 내용만을 완전히 파악한 교수로는 안 된다. 현재의 기술 동향을 모르는 교수는, 교과서에서 무엇이 중요한 지, 무엇을 강조하여야 할지 모르기 때문에 좋은 강의를 할 수 없다. 기술은 살아 있는 생명과 같은 것이다. 기업은 이 생명으로 유지하는 것이다. 기업에 생명을 불어 넣는 연구, 그것을 불어 넣는 강의가 제대로 된 강의이다.

디스플레이 기술만하여도 지난 10년 동안 급속히 발전하였다. 나도 10년 전에는 PDP를 몰랐다. 그때는 관련 기업만이 알고 있었다. LCD도 마찬가지다. 파주가 상전벽해 되고, 탕정의 지도가 완전히 바뀌었는데, 옛 지도를 펴 놓고 강의하면, 그것이 엉터리 강의 아닌가.

세계화가 별거냐. 해외로 나가야 세계화인가. 기술로 세계의 이니셔티브를 잡아나가면, 그것이 세계화이다. 반도체가, 평판 텔레비전이, 모바일 폰이, 세계 시장을 주도한다. 이들 기술의 세계화 없이 세계 시장의 주도가 가능했겠는가? 이러한 것을 대학에서 제대로 강의하기 위하여, 관련 연구 논문 없이 강의가 제대로 되나? 한 박자 늦는 기술을 강의하면, 세계화에서 그 만큼 뒤처진다.

관련 논문을 출간하고, 관련 특허를 출원하고, 기업이 이를 채용할 때, 그러한 연구가 살아있는 생명을 갖는 연구이다. 그러한 강의가 생명이 있는 강의이다. 따라서 교수는 논문으로 말한다는 것. 논문이 모든 것이라는 것. 논문으로 평가 받아야 한다는 것이다.

대학을 평가 하고, 학과를 평가하고, 교수를 평가 할 때, 일차적으로 가장 큰 비중은 논문이 되어야 한다. 그 다음은 연구비 유치, 특허, 취업이다. 흔히, 외부 기관의 대학 평가에서, 학과의 시설과 설비를 평가한다. 그러나 이것은 이차적인 문제이다. 대학에서 공간을 얼마나 할애하고, 기반 시설은 얼마나 갖추어 주었는가하는 것도 두 번째의 평가 항목이다. BK21의 평가 기준이 교수의 SCI 논문을 일차적인 항목으로 정하여 평가하는 것은 매우 바람직하다. 다른 연구비 지원도 이렇게 하는 것이 옳다. 평가 기관이나 평가자의 주관적인 입김을 배재하는 방법이다.

교수! 논문이외는 아무 것도 묻지도 말고, 따지지도 말아라.

오전 11시쯤 교수실에 출근하여, 사환에게 커피 한잔 달라고 하고, 의자에 앉아 빈둥거리다가, 12시쯤 점심을 어디서 누구와 먹을까? 오후에는 연구실에서 컴퓨터 인터넷에서 이것저것 뒤지다가 퇴근한다.

일주일에 3과목 9학점 강의이면, 대개 1시간 20분 단위의 강의가 6번 있다. 월요일~금요일 5일 중에 3일에 걸쳐서 2회 강의하면 된다. 결국 많아야 3일 학교에 나온다. 3일도 하루에 3시간 강의이다. 나머지는 자유다. 일주일에 2일, 휴일 포함 4일은 아예 학교에 나오지 않아도 된다. 집에서 궁굴고 잠을 자던, 외부에서 무엇을 하든, 누가 뭐라고 할 사람 없다.

직업 중에는 가장 자유 시간이 많은 것이 교수이다. 어느 누구의 간섭도 없다. 출근을 체크하는 경우도 없다. 퇴근을 몇 시에 하라고 감시하는 사람도 없다. 나와도 그만, 안 나와도 그만이다. 오로지 주당 강의 6회만 하면 된다. 그리고 시험기간이다 행사다 하여, 일 년 중에 6개월 정도 강의 한다. 나머지 6개월은 방학이다. 이런 직업이 어디 있느냐? 그래도 논문만 쓰면, 따지지 말자.

기업체 임원들을 보자, 웬만한 기업의 임원은 8시 이전에 모두 출근한다. 아침 일찍 업무회의를 하는 회사가 일반적이다. 업무 부진에 대한 스트레스가 이만 저만이 아니다. 매출도 따진다. 기업은 매출이다. 매출 실적이 부진하면, 그만 두어야 한다. 윗사람 눈치는 어떻고? 오라면, 가야한다. 술 먹으라면, 먹어야 한다. 밤새 술 먹고, 곧바로 출근하는 임원도 많다. 윗사람 눈치만 보면, 다행이다. 아래 직원들의 눈치도 보아야 한다. 부하 직원들이 잘 안 따라주면, 자기도 죽는다. 부하 직원이 잘못해도 자신의 책임이다. 부하 직원의 실적이 자신의 실적이다. 50세 초반이 되면, 50% 이상이 물러난다. 55세쯤 되면 80%는 보따리 싼다. 그렇게 스트레스 받아 가지고 50세 넘어 일할 수도 없다. 살아남기 힘들다. 결국 살아남는 자는 몇 안 된다. 물론 기업에서는 살아남아야, 어느 정도 미래의 인생이 보장된다. 50세 후반인 내 또래 친구들, 이미 거의 옷 벗었다.

기업체뿐만이 아니다. 연구소도 마찬가지다. 정부기관도 마찬가지다. 공무원도 마찬가지다. 오래 근무해도 62세 정년이다. 대학은 65세이다. 그 후에도 학교에 나와서 한 과목정도는 강의할 수 있다. 대부분 명예교수다. 완전 백수는 면한다.

대학으로 연구 인력이 몰리는 이유가 여기에 있다. 정년을 65세로 해 달라는 것이 국가기관 연구소의 희망 사항이다. 대학으로 연구 인력이 몰리는 가장 큰 이유는 자기가 하고 싶은 것을 할 수 있기 때문이란다. 한 마디로 편하다는 말이다.

이와 같은 것들, 모두 좋다. 뒤집어 자던지, 놀든지, 무엇을 하든지 간에, 대학교수의 자유함을 인정하자. 아무것도 따지지 말자. 논문만 내놓아라. 일 년에 한두 편 이상의 SCI논문만 내놓으면, 아무것도 따지지 말라. 그것으로 교수는 충분하다. 교수들에게 간섭하지마라. 오로지 논문에 대한 책임만 물어라. 교수는 논문으로 말한다.

SCI 등재 논문 3편

명문 대학에서 우수한 교수는 연간 출간하는 논문 편수가 대개 3편이다. 이는 해외의 명문 대학 교수들도 이 정도이다. SCI 등재 논문 3편은 만만치 않은 작업이다. 논문이란 일차적으로 새로운 내용을 담아야 한다. 그리고 학술적으로나 기술적으로 영향력(impact)이 있어야 한다. 분명한 이슈가 있어야 한다.

논문을 투고하면, 심사를 거친다. 심사과정에서 대개 30%가 거절된다. 50% 이상이 수정을 요한다. 1차 심사에 통과되는 경우는 20% 정도 일 것이다. 나의 경우나 동료 교수의 경우를 보면, 대개 2편중에 한 편은 거절되기 일수다.

나도 외국의 SCI등재 논문의 심사를 매년 3~5건 한다. 내가 심사위원으로서 심사하는 논문들도 거절율이 약 50%인 것 같다. 일차적으로 내용이 중요하다. 그리고 논문의 가치를 따진다. 그 논문이 관심 대상이어야 한다. 관심 대상이기 위하여, 학술적으로나 기술적으로 이슈가 되는 새로운 것이 포함되었느냐가 중요한 심사 기준이다.

관련 학회와 기업체에서 현재 어떤 것들이 이슈가 되고 있는지를 알아야 한다. 그러한 정보가 없으면, 논문을 내기 어렵다. 방안에만 틀어박혀 있으면, 안 된다는 것이다. 학회에 참석하여 귀를 기울이고, 기업체의 기술 동향도 파악해야한다. 이미 다 해놓은 일이나 기술적으로 아무런 가치 없는 내용을 논문으로 써서 투고 하면, 심사위원들은 여지없이 거절한다.

요즈음은 논문의 출판 기간이 매우 짧아졌다. 대부분의 저널들이 심사기간을 2주 이내 심사하도록 요구받는다. 논문의 투고에서 게재까지 걸리는 기간이 과거에 비하여 많이 단축되었다. 일차 심사에 통과한 논문은 빠르면 3개월 이내 게재된다. 대개 빠른 경우는 평균 6개월 정도이다. 이런 경우는 투고 논문의 30% 정도 일 것이다. 일차 심사 결과 수정 통보를 받으면, 수정을 하여 보낸다. 수정본에 대한 재심사에 통과하면, 대부분은 1년 이내 게재된다. 수정된 논문이 재심사에도 통과 못하면, 게재 되는데 1년 이상 소요되는 경우도 많다.

어떤 연구를 하는데 있어서, 실험 데이터가 필요한 경우도 있고, 이론적으로도 관련 데이터를 만들어야 하는 경우가 있다. 데이터를 만드는데 상당한 기간이 요구된다. 이론을 전개하는 것도 상당한 기간이 요구된다. 적어도 6개월 이상 걸린다. 나의 경험으로는 평균 1년이 걸린다. 결국, 어떤 논문은 작성하여 출판하는데 거의 2년 이상이 소요된다.

논문을 작성하는 기간 동안에는 이 논문의 내용만을 생각한다. 자면서도 생각하다가, 벌떡 일어나서 다시 점검해보는 경우가 일수다. 이걸 어떻게 하면, 해결 할 수 있을 것인지를 항상 고민한다. 때로는 별별 가정과 모델을 세워서 계산도 해보고, 따져 본다. 그러한 행위가 그리 만만찮다. 그런 몸부림이 없이 어떤 결과도 없었다. 이것이 나의 경험이다. 우리는 영문으로 작성하는 것도 큰일이다. 국문으로 쓰면, 한결 편하다. 영문으로 애를 써서 작성하여 투고 하면, 심사 위원이 받아들인 것인지를 또 고민한다. 영문 작업의 애로 점을 감안한다면, 우리가 2편 출간하는 것이 외국 교수가 3편 쓰는 것과 맞먹을 것이다.

이런 과정으로 쓰여지는 논문을 일 년에 3편 출간한다고 하자. 항상 논문 3가지의 내용에 골몰하지 않으면 안 된다. 그게 그리 만만한 일인가. 일단 투고하면, 대부분은 심사 결과 수정을 요구받는다. 수정 작업도 만만찮다. 수정 과정에서도 그 논문의 내용에 골몰하게 된다. 그러니 3편의 내용을 항상 생각하게 되는 것이다. 3편의 논문을 작업하는 일이 이렇게 어렵다.

앞에서 언급하였듯이 연간 3편의 논문을 혼자 쓰는데, 온통 거기에만 몰두해야한다. 그러니 논문을 내는 교수가 그 작업에만 집중해야하고, 다른 일에는 신경을 쓰지 못하는 이유가 여기에 있다. 대학에서 보직을 맡거나, 다른 활동을 하면, 논문을 낼 수가 없는 것이다.

논문작업을 수월하게 하기 위하여, 공동 연구를 해야 한다. 혼자서 생각하는 것보다는 동료교수와 세미나를 통하여 상의하면, 자신이 미처 생각하지 못하거나, 잘못된 내용을 찾아내기도 쉽다. 그리고 나의 경우는 대학원생 없이 데이터 작업을 하는 것도 거의 불가능하다. 실험 기자재도 혼자 구축하는 일은 한계가 있다. 동료 교수와 항상 논의하고 세미나를 통하여 문제를 해결한다. 때로는 역할 분담도 해야 한다. 실험은 누가하고, 데이터 정리는 누가하고, 해석은 누가하고, 종합하고 논문으로 작성하는 일을 분담해야한다.

대학원생도 없이, 동료교수와 협력도 없이 혼자서 연간 3편을 쓴다는 것이 얼마나 어려운 일이냐? 그러나 동료교수와 공동연구를 하면, 합계 6편을 쓸 수가 있다. 연구실적이 배가 된다는 뜻이다.

우리나라 대학의 교수들은 같은 학과의 동료교수와도 일을 같이 나누지 않는다. 왜, 그럴까? 혼자서도 잘하기 때문인가? 천만에 말씀이다. 아무 일도 않는다는 뜻이다. 한 학과에서 동료 교수간의 갈등으로 서로 처다 보지도 않는 원인이 뭘까? 연구를 안 하여도, 교수 신분에 전혀 지장이 없기 때문이다. 오히려 연구를 같이 한다는 것이 귀찮아 진다는 것이다. 간섭받는다고 생각한다. 해야 할 이유가 없는데, 같이하자고 해대니, 귀찮은 것이다. 대학의 교수제도가 잘못된 것이다.

논문을 쓰기 위하여 공동 노력을 한다면, 서로 의기투합된다. 그러나 논문을 할 필요가 없고, 나 홀로 아리랑이라면, 상대와 어떤 관계를 가질 필요가 없는 것이다. 오히려 상대가 귀찮은 존재인 것이다. 교수사회가 학과 간에 대학 간에 갈등이 첨예하고 해결되지 않는 이유이기도 하다. 할 일이 없는 곳에서는 갈등 그자체가 일이다. 그것마저도 없다면 존재 의미를 못 찾기 때문이다. 제도를 바꾸어야 한다. 그렇지 않고는 그 학과와 그 대학의 발전은 없다. 그런 학과와 대학은 3류 학과와 3류 대학으로 전략한다.

우리나라의 직업관으로는 교수의 퇴출을 받아들이기는 어렵다. 왜냐하면, 갈 곳이 없기 때문이다. 외국과 같이 대학 간에 교수들이 빈번하게 이동하는 상황이 아니다. 그러나 대학 교수의 문제 해결을 위해서는 극단의 처방도 필요하다.

교수 생활 10년 동안, SCI급 논문 한편 없고, 국가 기관이나 기업체 외부 연구비 한 푼 수혜 못한 교수. 이런 사람은 어떤 사람인가? 대개는 강의만 딸랑하고, 퇴근하는 교수이다. 강의 이외에는 학교에 안 나오는 교수다. 학교에 나와도 어영 구영하는 교수이다. 그러한 교수는 대부분 목소리가 크다. 아니면, 보직을 감투라고 여겨서, 보직에 매달리거나, 오래도록 보직을 한다.

붙박이 보직 교수도 문제이다. 10년 이상을 보직만 하는 교수도 정리 대상이다. 연구하지 않는 교수는 점차 설 자리가 없을 것이다. 기묘한 논리로 교수는 각자 일한다고 변명한다. 이는 안한다는 것이다. 대학에서 교수답지 못한 교수가 득세하면, 그 대학은 혼란만 가중된다. 누가 대학에서 큰 소리 치나. 연구 실적 없는 교수는 모든 위원회에서 배제해야 한다.

정상적인 교수라면 연간 한편의 SCI급 논문을 써야 한다. 연구비도 유치하고, 대학원생도 지도해야 한다. 이러한 교수는 방학 중에도 학교에 나와서 일한다. 휴일이면, 텅 빈 캠퍼스. 방학이면, 아무도 없는 쓸쓸한 교정. 3류 대학이다.

한편, 일 년에 논문 한편이상 출간하는 교수가 있다. 그런데도 지금까지 국가가 지원하는 연구비 한 푼 받지 못한 교수가 있다면, 이것도 문제다. 치사하게 연구비 구걸 않겠다는 것이다. 연구비를 따기 위한 괴로운 노력도 헤아려야 한다.

2 교수정년보장과 교수제도

교수의 정년보장(Tenuer)은 미국에서 시행해온 제도이다. 미국의 교수는 정년을 보장받기 위하여, 그 기간 동안에는 교수활동에 전력을 다 한다. 보통은 3 배수의 교수를 두고, 1명이 정년을 보장받는다. 미국교수의 정년을 보장받기 위한 노력은 처절하다. 정년보장을 받기 위한 노력은 자연스럽게 정년보장 이후에도 계속된다. 연구 활동에 탄력을 받기 때문이다.

일단 정년보장을 받은 사람은 그만큼 교수 자격이 있다고 확인받은 것이다. 그 후에도 훌륭한 교수활동이 기대되는 것이다. 정년을 보장 받으면, 여유를 갖고 교수활동을 자유롭게 할 수 있도록 보장하여야 한다. 정년을 보장 받고도 형편없는 교수생활을 할 것이라고 우려할 필요는 없다. 그 자격을 인증하여도 좋다.

우리나라도 점차 이 제도를 강화하고 있다. 이미 KAIST와 서울대학 등에서 엄격하게 적용하고 있다. 이러한 분위기는 곧바로 다른 대학으로 확산될 것이다.

다음에 교수제도의 개선 방향을 제안한다.

정년보장교수, 예비정년보장교수, 강의전담교수, 그리고 석좌교수 및 명예교수 등으로 교수제도를 정비할 것을 제안한다. 각각에 대한 설명은 다음과 같다.

대학 나름대로 정년보장의 요건이 다를 수 있을 것이다. 정년보장제도에서, 두 가지 요건을 제안한다. 첫째는, 정년 요건도 중요하지만, 정년보장의 비율을 엄격하게 하는 것이다. 둘째는, 퇴출을 전제한 정년보장은 우리의 실정에 맞지 않다. 정년보장제도에 따른 교수신분의 분류체계를 개선할 필요가 있다.

첫 번째 제안은, 정년보장의 최소 요건(minimum requirement)

이다. 연간 SCI논문 1편 이상 및 6년간 6편 이상이 가장 중요하다. 그것만 규정하면, 학술진흥재단 등재 논문과 연구비 유치 및 특허는 추가적으로 평가에 반영하면 된다. SCI논문을 연간 한편 이상을 출간하는 교수가 부수적인 연구 실적이 나쁠 수가 없다. 동시에 매년 정년 보장 대상자의 비율을 명확하게 하는 것이 무엇보다도 중요하다. 그 비율은 50% 이내로 해야 의미가 있다. 모든 교수들에게 정년을 보장하는 일은 없어야 한다. 그렇게 되면 현재와 같이 유명무실하게 된다.

두 번째의 제안은, 교수신분의 분류체계의 개선이다. 우리나라의 현실에서는 교수를 퇴출한다는 것은 어렵다. 외국처럼 교수들의 이동이 빈번한 환경과는 다르기 때문이다. 따라서 교수신분의 분류체계의 개선은 교수의 퇴출을 피하자는 방안이 되어야 한다. 그것이 예비정년보장교수와 강의전담교수이다.

정년보장 교수 요건을 임용 6년 이후부터 실시한다. 임용 6년 이후에도 매년 누적하여 정년보장을 심사한다. 임용 6년 이후에 정년보장을 획득하지 못한 교수는 6년 단위로 재계약 한다. 이러한 교수는 예비정년 교수로 분류한다. 예비정년 교수의 대우는 정년교수에 준하는 대우를 하지만, 6년 단위로 예비정년 교수의 지위를 재평가한다. 물론 이때의 재평가에서 평가 성적에 따라서 정년을 보장하는 길도 주어져야 한다. 그러나 6년 단위의 평가에서 예비정년 신분 유지의 조건을 만족하지 못하는 교수는 탈락하여 강의전담교수로 신분이 변동된다.

'강의전담교수제' 를 시행하여야 한다. 이는 연구 실적을 불문하고, 주당 책임시수를 정하여 책임시수 이상의 강의를 하게 하고, 강의평가만 시행한다. 강의평가에 따라서 최초 임용은 3년 계약, 이후 6년 단위로 재계약한다. 앞에서 언급한 예비정년교수가 6년 단위의 평가에서도 탈락하는 경우도 강의전담교수로 임용한다. 교수들의 희망에 따라서 처음부터 강의전담교수로 출발할 수도 있을 것이다.

현행 각 대학에서 시행하고 있는 '시간강사제도'는 폐지하여야 한다. 이들을 강의 전담교수제도에서 전임강사 이상의 직급분류에 따라서 부여하고, 해당 대학의 교직원으로 대우하여야 한다. 현재 각 사립대학의 강사비율은 거의 40%를 육박하는 경우가 대부분이다. 특히, 교양과목의 시간강사 담당 비율이 70% 이상인 경우가 일반적이다. 시간강사 문제를 그대로 두고, 학생들에게 열심히 하라고 할 수 없다. 이 문제는 대학교육의 부실을 초래하는 심각한 문제이다.

현재 시간강사제도를 쉽게 없애지 못하는 이유가 있다. 그것은 교과부의 교수 인정 요건의 문제 때문이다. 각 대학은 교수 일인당 학생 수가 대학의 평가와 교과부의 대학 재정지원에 중요한 변수이다. 따라서 교수 수에 각 대학이 매우 민감하다. 각 대학의 교수 충원도 각 학과의 학생 수를 기준으로 하여, 교수 일인당 학생 수가 교수 충원의 변수이다.

문제는 교과부의 교수 인정 기준이다. 이 기준에 의하면, 교수에게 지급하는 급여가 교수 평균 급여의 수준으로 지급을 받는 자 만이 교수로 인정한다. 즉, 지급되는 봉급이 정규 교수를 인정하는 기준이다.

시간강사뿐만이 아니라, 대우교수 등 정규 교수의 봉급에 70%를 미치지 못하는 교수는 교수로 인정하지 않는다는 것이다. 이러한 교수 인정 요건을 완화하여야 한다. 정규 교수의 봉급의 50%를 받는 강의전담교수를 준정규교수로 인정하되, 정규교수 수에서 일정 비율 즉, 0.5명으로 인정하라는 것이다.

시간강사를 폐지하고, 강의전담 교수로 전환한다. 이들을 직급에 따라 대우한다. 이때 강의전담교수 초임을 강의전담 정규교수 초임 임금의 50% 이상, 혹은 과기부가 제시하는 최저 급여를 가이드라인으로 하여, 0.5명의 정규교수의 수로 산정하게 한다는 것이다. 물론 4대 보험도 보장하고, 정규 직원으로 고용하는 것을 전제로 한다. 그렇게 하면 시간강사 문제가 해결된다.

그 외에 대학의 필요에 의하여, 다양한 형태의 교수직이 있을 수 있다. 정규교수분류로는 정년보장교수, 예비정년보장교수, 그리고 강의전담교수가 있다. 그 외의 정규교수로는 석좌교수와 특임교수이다. 준정규교수에는 대우교수, 객원교수, 명예교수, 등으로 분류할 수 있다. 이들 교수는 3년을 기본 단위로 계약한다.

석좌교수는 다음과 같다. 정년보장교수에서 퇴임한 교수 중, 업적이 탁월한 교수를 규정에 따라 선발한다. 그리고 연구실적이 우수한 외부에서 초빙하는 교수이다. 그리고 일정금액의 연구비나 특정 프로젝트 유치를 전제한 외부의 교수 혹은 해당 경력자이다. 특임교수도 석좌교수에 준하는 규정을 제정한다.

준정규교수인 대우교수는 산업체 등 특수 분야 종사자 및 그 분야의 퇴직자를 교수요원으로 활용한다. 객원교수는 현직에 있는 국내외의 교수를 일정 기간 동안 임용한다. 명예교수는 본교 혹은 외부의 강의 전담교수 이상의 신분으로 정년퇴임한 교수이다.

그 외에 교수제도에서 특기할 사항은 다음과 같다.

교수간의 공동연구와 공동 출간 논문을 장려하라는 것이다. 그러면 대학의 연구 풍토가 고양된다. 논문의 주저자와 부저자를 너무 심각하게 따지지 말자는 것이다. 학과 내부에서의 교수간, 학내의 교수간, 그리고 대외 교수간의 공동 논문을 장려하는 방향으로 교수제도가 개선되었으면 바람직하겠다.

교수 연봉제를 과감하게 실시하라는 것이다. 연봉제의 방안은 위에서 언급한 교수 분류에 의하면 된다. 정년보장교수, 준정년보장교수, 그리고 강의전담교수로 분류한 체계와 그에 따르는 직급을 반영하면 좋겠다. 직급(직위)이란 종래에 시행하고 있는 전임강사, 조교수, 부교수, 정교수, 등이다.

교수연봉제의 기본 골격은 연공서열의 철폐에 있다. 실제로 대학에서 초임교수의 대우를 높이는 방향으로 시행하는 것이 바람직하다. 철저하게 교수능력을 반영하여 대우한다는 것이 연봉제의 기본 방향이다. 현행제도에서 조교수 초임과 원로교수에 해당하는 정교수간의 봉급의 격차가 너무 크다. 능력에 따른 대접이란, 조교수와 정교수의 업적이 같다면 같은 대우를 하는 것이 기본 정신이다. 교수의 초임이 30세 중반 이후라고 보면, 초임으로 생활을 유지하는 것이 어렵다. 이점이 처우 개선의 방향이다.

그 외에 학과장 및 연구관련 각종 평가 위원은 준정년보장교수 이상으로 하는 것이 바람직하다. 대학의 보직은 총장의 의지에 따라서 개방하는 것이 좋다.

미국의 교수제도가 우리나라와 다른 점은 교수뿐 아니라 학과장, 학장, 총장 등도 모두 공개채용이라는 점이다. 우리나라의 교수초빙은 철저하게 서열을 중시한다. 능력이 있고, 탁월한 실적의 경력자를 교수로 채용하는 일은 거의 없다. 학과 교수의 나이를 감안하여, 최근에 초빙된 교수보다 나이가 적어야 한다는 것이 첫 번째 초빙 요건이다. 서열을 중시하는 학과에서는 임용 순서가 서열이다. 서열 경쟁에서 갈등도 있다. 이제는 그동안의 연구 실적을 평가하여 정년을 보장하는 교수를 대상으로 하는 경력자들을 스카우트하는 개념으로 초빙해야 한다.

총장 차원에서 학장, 학과장을 스카우트하는 방식으로 공개 채용하는 방식도 고려하여야 한다. 물론 객관적으로 그 능력이 평가되는 것을 전제하여야 한다. 각 학과에서도 교수 경력자를 적극 스카우트하는 형태의 초빙이 있어야 한다. 대학에서 학과로 공문을 보낼 때, 초임교수로 임용할 것인지, 경력자를 임용 스카우트할 것인지에 대한 계획서를 제출 받아서, 경력자 스카우트를 우대하는 방향으로 개선해야 한다. 강의전담교수의 초빙도 우수 강의교수 발굴을 위하여 적극 나서야 한다. 대학이 폐쇄적이면 안 된다.

위는 이공계 교수를 기준으로 하였다. 인문사회계 및 예체능 분야는 위에 준하는 기준을 마련하면 된다.

시간강사제도, 폐지하여야 한다.

앞에서 시간강사제를 폐지하는 방안을 제시하였다. 교과부의 의지에 따라서 시간강사 문제가 해결될 수 있다는 것이다. 교과부가 대학교수의 인정 기준을 개선하면, 시간강사의 문제는 완전하게 해결된다.

시간강사 문제는 대학 자체의 강의의 부실을 초래할뿐더러, 사회문제이기도 하다. 고급인력이 갈 곳이 없다. 이들에게 기회를 주어야 한다. 이 문제는 정부의 해당부처에서 일자리 창출 차원에서 결단을 기대한다. 교과부가 교수 수의 산정 방식만 개선하여, 각 대학에 통고 하면 되는 간단한 처방이다.

다음에 시간강사 문제의 심각성을 사회적인 측면에서 일예를 살펴보자.

취업 한파 속에 박사학위 소지자가 환경미화원 모집에 응시했다는 기사가 있다. 서울 강서구청은 환경미화원 공채 시험에 국립 K대 출신 물리학 박사 A(37)씨가 응시했다고 밝혔다. 환경미화원 5명을 새로 뽑기 위해 이틀 동안 응시원서를 접수한 결과, A씨를 비롯한 고학력자들이 몰렸다는 것이다. 지원자 63명 중 4년제 대학 이상 졸업자는 11명, 전문대 졸업자는 12명이었다.

구청 환경미화원 모집에 이처럼 고학력자가 몰린 데는 이유가 있다. 구청의 정규직원 신분으로 정년인 만60세까지 근무할 수 있고, 초임부터 연봉 3200만~3300만원을 받기 때문이다. 주말 근무 초과 수당을 더할 경우 한 해 수입으로 3500만원도 올릴 수 있다. 4대 보험과 퇴직금도 물론 보장된다.

강서구청은 이들을 상대로 '체력검정 시험'을 치를 계획이다. 모래주머니를 나르도록 한 뒤 쓰레기 수거와 상하차 능력을 점검하겠다는 것이다. 체력검정을 통과한 사람은 면접을 치르게 예정돼 있다.

강서구청 관계자는 "물리학 박사가 환경미화원 공채에 응시할 만큼 취업난이 심각한가 싶어 안타깝다."면서도, "공채에서는 쓰레기 나르는 능력을 볼 뿐, 박사학위에 가산점을 주지는 않는다."고 말했다.

2009년 국회의 조사 자료를 보면, 시간강사들의 평균 연봉이 전임강사들의 4분의 1에도 못 미치는 등, 전반적으로 처우 수준이 심각한 것으로 지적됐다. 시간강사의 평균 연봉 추정액은 900만 원에 불과하다. 이는 전임강사 평균 연봉 추정액 4천만 원의 4분의 1도 안 되는 연봉이다.

국공립대학 시간 강사 평균 연봉은 1천100만원으로, 사립대학 시간 강사 평균 연봉 900만원에 비해 다소 높다. 시간당 강사료의 경우 국공립대학은 평균 4만3천원, 사립대학은 3만4천원이다.

또 시간 강사의 계약 기간은 6개월 이내가 88.3%에 달해 신분 불안의 주요 요인으로 작용하고 있는 것으로 나타났다.

아울러 2006년 기준으로 국립대학 42개교 중 시간 강사에 대해

국민연금과 건강보험을 보장한 곳은 전무했으며, 고용보험과 산재보험은 34개교가 보장한 것으로 조사됐다. 사립대학 113개교 가운데 4대 보험 중 어느 한 곳도 가입하지 않은 대학은 59개교에 달했다.

대학에서 시간강사제를 폐지해야 한다. 정당한 대우는 강의 질을 향상하는 첩경이다. 현재 시간강사의 교과 담당 비율이 사립대학의 경우 40%에 육박한다. 이 문제를 대학과 교수들이 외면하면 안 된다. 시간강사 중에는 'Best Teacher' 상을 수상할 정도로 우수한 강의를 하는 강사도 많다.

폐지 방안은 간단하다. 교과부가 그 열쇠를 쥐고 있다. 시간강사를 강의전담교수로 임용하고, 급료를 정규 교수 초임의 반 이상 혹은 4대 보험을 포함하는 연봉 수준 2천만 원 이상의 가이드라인을 주고, 이러한 강의전담교수를 정규교수의 0.5명의 수준으로 인정하라는 것이다. 그들은 일차적으로 강의전담교수이며, 그 대학의 정규교수이다. 물론 그들도 평가에 의하여 준정년이나 정년보장교수로도 임용될 수 있는 길을 열어주는 것은 당연하다.

이 문제는 단순히 시간강사를 폐지하는 문제가 아니다. 고급 청년 인력을 활용하는 일자리 창출 문제의 일환이다. 교과부는 이를 눈여겨보아야 할 것이다.

내가 존경하는 교수, 엄박사님

나의 주위에 있는 과학자 중에, 아주대학의 엄한섭 박사만큼 활발한 연구 활동을 하시는 분을 못 보았다. 지난 교수생활에서 SCI 논문 400여 편을 등재하였다. 지금도 꾸준하게 연구 활동 하신다.

학술분야에서 흔히 대가라고 하지만, 정치적으로 만들어진 엉터리 대가가 많다. 우리나라 과학아카데미 회원들이나 학술원회원 중에는 엉터리가 많다. 실질적으로 학술적 업적이 얼마나 되는지에 대하여 회의적인 경우가 많다.

몇 년 전, 우리대학의 교수회의에서 학술원 회원이 된 어느 분이 강연을 하였다. "여러분들도 나처럼 학회활동을 열심히 하여, 학회회장도 역임하고, 사회활동을 폭넓게 하다보면, 학술원회원이 된다."라고 하였다. 한마디로 학술원회원이라는 것이 연구실적을 얼마나 쌓았느냐는 것은 뒷전이다. 다분히 정치적인 역량으로 회원이 되는 것이 아닌가?

각 대학에는 흔해 빠진 석좌 교수가 있다. 뭐가 석좌냐? 이름이 석자면, 다 석좌냐? 연구실적으로 대접하는 사회가 되어야 한다. 대학교수의 정년이 65세이다. 연구의 활동성과는 무관하게 일률적이다. 정년에 이르러서도 왕성한 연구 활동을 하는 분들도 많다. 나이가 60에 가까우면, 나이 많다고 모든 부문에서 옆으로 내친다. 이제는 구분해야 한다.

각급 기관의 연구소에서 연구원의 정년은 62세이다. 이러한 정년을 둔 이유는, 아무 일도 하지 않으면서 나이가 들어도 자리만 차지하고 있기 때문이다. 최근에 각급 연구소의 정년을 연장하자는 이야기가 많다. 그 법안이 국회에 계류 중이라고 한다. 문제는 연구 능력과 실적이 없으면서, 정년만을 기다리는 사람이 문제인 것이다. 각급 연구소는 정년을 연장하기 이전에, 연구실적을 제대로 평가하는 시스템을 먼저 구축하는 것이 설득력이 있다. 연구 실적이 없으면, 62세 이전에도 퇴출되어야 하고, 능력이 있으면 65세가 아니라 그 이상도 일을 하도록 하는 것이 맞다.

엄박사님은 정년이 된 지금도 일 년에 10편 이상의 논문을 저명 논문지에 게재하신다. 그 수도 수이지만, 같이 논문 연구를 하다보면, 그 분의 대단함을 알 수 있다. 모두 본받아야 한다. 그분에게 과학 '대훈장'이라도 드리고 싶다. 그 동안 남들이 다 받는 상을 드리면, 그분에게는 흠이 될 것 같다.

과학자가 능력에 따라서 대접받는 사회가 되어야 한다. 엄박사처럼 연구비를 후배들에게 빌붙어서 연구하는 대과학자가 없기를 바란다. 너무 정치력에 의하여 능력이 발휘되는 사회가 되어서는 안 된다. 엄박사는 플라즈마 분야에서 많은 연구 실적이 있다. 해외에서 오랫동안 활동하시다가 아주대에 초빙된 지도 10년이 되었다. 그러나 그러한 연구실적을 겸비한 연구경력이 우리사회의 정치력 앞에서는 무용지물이다. 그런 사회가 되어서는 안 된다.

현재도, 국방과학 분야에서 엄박사의 의견과 기획 등의 자문을 통하여, 그분을 활용하고 있는 것은 잘하는 일이다. 플라즈마 관련 연구와 과학기술의 전반에서 그분의 지혜를 국가가 적극 활용하였으면 한다.

3 연구비에 목말라 지쳐버린 교수들

대학에 연구비를 지원하는 기관은 정부기관과 산업체로 나눌 수 있다. 산업체의 연구비는 드문 일이다. 기업의 형편상 대학에 연구비를 제공할 때는 기술 개발에 직접적인 효과를 얻지 못한다면 어렵다. 따라서 대부분의 연구비는 정부기관과 지자체에서 지원한다.

이공계 교수들의 연구비는 대부분 학술진흥재단이나 과학재단에서 지원한다. 그 경쟁률 이 4~5:1이다. 예나 지금이나 그 경쟁률은 변함이 없고 치열하다.

연구비, 교수 개인의 주머니에 들어가지 않는다. 일반인들은 교수의 연구비가 교수 개인이 마음대로 쓰거나 교수 인건비라고 생각한다. 그렇지 않다. 교수 인건비와는 아무런 상관이 없다.

요즈음은 대학 본부에서 교수 연구비를 중앙 관리한다. 과거에는 교수 개인의 통장으로 연구비가 입금되는 시절도 있었다. 이제는 사용 용도도 사전에 명시되어 있다. 용도대로 쓴다. 영수증이 첨부되지 않으면, 대학에서 지급 안 된다. 영수증도 간이 세금 계산서는 어림도 없다. 정식 세금 계산서를 첨부하여야 한다. 나의 경우는 이런 연구비의 집행에서 카드로 결제하는 경우는 거의 없다. 연구비의 용도 비율을 보면, 주로 대학원생들인 연구원의 인건비가 대개 10~20%이고, 20%가 공공요금 등 수용비, 그리고 60%가 연구 직접경비인 용품비, 재료비, 기자재 구입비 등이다.

그러한 연구비의 경쟁률이 4:1~5:1이다. 연구비를 신청한 교수의 5명중 한명이 수혜 한다. 나는 연구비를 지원하는 기관에 심사위원으로 참가한 적이 있다. 지원자들의 실적물을 평가하면, 대부분은 거의 대동소이하다. 따라서 거의 추첨식이나 다름없이 결정한다. 채택된 과제나, 떨어진 과제나 50보 100보이다. 평가에서 별

차이가 없다.

연구비를 신청한 교수들은 나름대로 자신이 있어서 신청한다. 자신이 없으면 아예 신청을 하지 않는다. 대학에서 연구비를 원하는 교수들을 감안하면, 연구비 수혜율은 교수 10명 중에 한 명꼴도 안 될 것이다. 그나마 신청자들은 그런대로 실적을 갖춘 교수들이다. 신청서류를 보면, 그 실적이 거의 같다. 그러나 한정된 예산, 한정된 과제 수이다. 어쩔 수 없이 가려야 한다. 5명중에 4명은 물먹는다. 애써서 신청서를 작성하였는데, 떨어져 보아라. 기분이 좋을 리가 없다. 이후에는 아예 신청조차 하기 싫다. 안 될 것이 뻔한데, 왜 하느냐?

연구비, 다 어디로 갔냐?

대학 신임 교수의 예를 살펴보자. 신임교수들은 외국이든 국내든 나름대로 열심히 하여 학위 얻고, 현직에 임용되었다. 왕성한 의욕으로 교수생활을 시작하였다. 연구를 시작한다. 대학이 여유가 있어서 연구비를 대주는 분위기는 아니다. 물론 요즈음은 각 대학에서도 많이 달라졌다. 최근에는 학내연구비를 지원하는 대학이 부쩍 늘었다.

신진 교수의 연구 지원과제 신청도 5:1이다. 이 정도 실적이면 줄만도 한데, 떨어졌다. 어디 창피해서 말도 못한다. 몇 번을 도전해도 역시 당첨이 안 된다. 경쟁률 5:1이면, 확률적으로 5번을 신청해야 한다. 실적이 나빠서가 아니다. 물론 월등한 실적이면, 대개는 된다. 문제는 비슷비슷하다는 것이다. 대개 신임 교수들의 논문실적이 3~5편 정도가 일반적이다. 그런 정도라면, 연구할 수 있는 정착금은 주어야한다. 연구의욕이 왕성한 신진교수의 기를 꺾어서는 안 된다. 국가적으로도 손해다. 결국 연구비 신청을 포기한다. 연구를 포기한다. 수십 년 동안 양성한 학자의 능력을 썩혀 버리는 결과를 초래한다.

신임교수들에게는 연구비의 액수는 중요하지 않다. 교수 일인당 하다못해 500만~천만 원만 주어도 된다. 이것저것 따지지 말고, 학술진흥재단에 등재된 논문지에 출간할 것을 조건으로 하면 된다. 그 결과 실적이 좋으면, 몇 년 후에 2단계로 천만~2천만 원 정도면 된다. 국가의 재원이 부족하면, 학교에 대응자금을 요구하면 그것도 좋은 효과를 유도하는 정책이 된다.

국가의 연구비, 그 많은 돈 어디 갔냐? 연구비의 규모가 대개는 3~4천만 원이다. 그것이면, 충분하다. 그 이상은 너무 많다. 연구실적을 따져서 비슷비슷하면, 나누어서 지원해야 한다. 요즈음은 대규모 연구 프로젝트가 점점 늘어나는 추세이다. 지난 10년간의 연구비 규모를 보면, 하나의 과제당 그 규모가 급격하게 커졌다. 과제당 1억~2억은 이해가 안 간다. 하물며 10억이다.

연구비 쏠림이 너무 심해졌다. 과제에 따라서는 재원이 크게 소요되는 연구도 있다. 물론, 용도를 밝혀서 연구비를 책정한다. 그러나 애초부터 규모가 수억으로 정해진 연구비는 그에 맞추어서 용도를 정한다. 준다고 하는데 쓸 곳이 없는 연구가 어디 있느냐! 필요하든지 필요가 없든지 장비를 구매하고 보는 것이다. 이미 단위가 정해진 연구비를 누가 엄격하게 용도를 심사하여 그 규모를 줄일 수 있겠는가.

연구비 편중 심각하다

교수 개인의 연구비 수혜의 기회가 점점 더 줄어간다. 연구비 신청과제에 대비하여 확정된 과제의 비가 5:1이라고 하지만, 이제는 아예 지원을 않기 때문에 체감 선정율은 그 이상이다. 나의 경우도 최근 7~8년간 아예 신청할 엄두도 못 냈다.

연구과제가 집단화, 대규모화되고 있다. 그 조직에 들어가지 않으면, 국물도 없다. 물론 공동 연구를 장려한다는 측면에서는 바람직한 면도 있다. 그러나 실제로 그 규모가 너무 크다. 연간 1억 이상의 연구비는 보다 정밀하게 판단하여 그 규모를 결정하여야 한다. 대과제를 줄여야 한다.

지원규모가 10억대인 지정된 국책연구기관의 과제, NRS, SRC, ERC, 우수과학자 지정, 등의 대규모 집단화가 나쁘다는 것은 아니다. 문제는 연구 실적도 저조함에도 수혜하고, 상대적으로 연구실적이 비슷하였으나, 탈락하는데서 오는 박탈감이 심각하다.

연구비 지원자의 능력 평가도 보다 객관적인 자료로 평가해야한다. 평가자의 주관적인 판단은 연구비 용도와 규모를 결정하는데에 만 적용하는 것이 바람직하다. 연구자의 연구실적물을 5년, 10년의 데이터를 토대로 정량화하여 평가하고 지원해야 한다. 연구비 지원결과의 평가도 게재 논문 및 실적물을 객관화하여 정량화해야 한다.

기초과학 분야는 지원하는 전 교수에게 기회가 주어지도록 소규모 지원으로 전환하는 것도 바람직하다. 기초 연구는 연구의 다양성과 미래성을 보고 작은 과제단위로 지원할 필요가 있다. 그리고 기초연구의 성공 여부에 따라서 다음단계를 지원하는 것이 좋겠다.

실제로 우리학과 교수 9명 중에, 지난 10년 동안 국가 기관의 연구비 한 푼 받지 못한 교수가 5분이다. 그렇다고 그 분들의 연구 능력이 없나? 실적이 없나? 아니다. 그렇다면 뭔가 잘 못된 것이다.

국가적인 사업으로 '핵융합' 한다고, 지난 10년간 거의 매년 1,000억 원 이상이 지원되고 있다. 최근에는 핵융합관련 인재를 양성한다하여, 관련 대학에 수10억 원의 인력 양성 프로젝트도 만들어졌단다. 핵융합이 이제 곧 성공할 모양이다.

핵융합이 아닌 플라즈마분야는 소외감을 느낀다. 핵융합만 플라즈마이냐? 오히려 산업계에 적용되는 플라즈마는 더 넓다. PDP. 반도체 공정. 저온 플라즈마. 방전플라즈마. 진공학회에서 플라즈마 교육에 핵융합교육은 한 적이 별로 없다. 일예로 1000억 단위의 프로젝트에서 5%만 일반 플라즈마의 연구에 투자해보라. 국내의 플라즈마 분야에 더 큰 성과와 저변 확대의 목적도 달성된다.

우리학과에는 플라즈마를 전공하는 교수가 5명이 모여 있다. 그러나 플라즈마와 관련하여 아무런 프로젝트도 없다. 다른 대학의 플라즈마 전공 교수도 별로 할 일이 없는 것 같다.

학내 연구비

우리대학은 1993년도부터 학내 연구비 지원제도를 실시하였다. 실시 동기는 교수 개인에게 인센티브를 적용하는 개념으로 시작되었다. 대학에서 인건비나 상여금의 인상분을 교수 개인 연구비로 지원한 것이다. 실질적으로 인센티브형 인건비 성격을 갖는다.

초기에는 외국에 논문을 게재하면, 1편당 100만원, 국내 논문은 50만원 수준으로 지급하였다. 지급 조건은 게재된 논문의 별쇄본을 제출하여 정산하도록 하였다. 우수한 연구자는 1년에 10편을 게재하면, 꽤 괜찮은 인건비가 지급되는 셈이다.

우리대학에서 93년도부터 실시하여 2009년 현재는 지급 규모도 더 커졌다. 그만큼 대학의 교수연구실적이 대학평가에 중요한 작용을 하기 때문이다.

우리대학뿐만이 아니라, 이제는 대부분의 대학에서 이 제도를 실시하고 있다. 어떤 대학은 국제 저명 학술지에 게재하면, 1억 원을 지급한다고 발표하는 대학도 있다. 전북대의 서은경 기획처장은 "연구실적에 따라서 교수들이 받는 인센티브의 차이가 4000만원 이상 됐다."며 "교수 연구실적을 높이기 위하여, 교수 인센티브 제도를 확대하고 있다."고 말했다.

이러한 인센티브 제도가 교수들의 연구에 활력을 불어넣는 계기 되는 것은 분명하다. 그러나 그것만으로는 부족하다고 생각한다. 외국에 논문을 내면 상당액을 지급한다고 하여도, 외국에 논문을 내겠다고 학내 연구비를 신청하는 교수가 많지 않다는 것이다. 즉, 외국 논문게재를 전제로 하는 교내연구비 신청자가 10%도 안 된다는 것이다. 이것은 그동안 연구 환경을 탓하고, 동기 유발을 요구해 온 교수들의 나태함이 여실히 들어난 것이다. 학내 연구비제도가 성공하기 위하여, 너무 느슨한 교수평가에 따른 교수 승진과 재임용 규정을 바꾸지 않고서는 안 된다는 것이 확인된다. 이것이 우리대학의 평가결과 30위권 밖으로 밀려나는 이유이다.

4 대학평가

언론사 가운데 대학평가를 가장 먼저 시작한 곳은 미국의 주간지 'US News World Report' 이다. 이 언론사는 1983년부터 매년 미국 내 대학의 순위를 발표하고 있다. 영국에서는 90년대 초반부터 'The Times' 가, 일본에서는 '아사히신문' 이 대학평가를 하고 있다.

우리나라는 1997년부터 중앙일보가 대학평가를 시작하였다. 대학 간에 건전한 경쟁을 촉진해 교육의 질을 높이고, 학생과 학부모에게 대학 선택에 정확한 정보를 제공한다는 목적이다.
각국 언론사의 대학평가는 강조하는 점이 다르다. US News는 평가지표에 교수의 급여 수준과 SAT성적 등 학생들의 수준도 반영한다. 더 타임스는 평판도(어떤 대학의 졸업생을 뽑고 싶은가에 대한 조사) 비중이 전체 종합점수에서 50%를 차지할 정도로 강조되고 있다. 이에 비해 중앙일보 대학평가는 교수 연구 부문의 비중이 가장 크다. 이는 우리나라 대학의 평가 초기에는 교수평가의 자료가 가장 객관성이 있다할 것이다. 교수의 연구 업적이 대학의 모든 지표에 영향을 미치므로 초기의 평가 비중을 여기에 두는 것은 옳은 방향이다.

중앙일보 대학종합평가 자료를 보면, 1997~2007 사이에 우리나라 30위의 대학을 발표하였다. 우리대학은 98년도에 27위를 기록한 이후에는 종합성적이 30위권에 들지 못하였다. 주요 평가 대상은 교육여건, 연구실적, 사회평판, 재정경영, 등이다. 우리대학의 연구실적은 매년 30위권에 있으며, 평균 24위에 등재되고 있다. 반면에 교육여건(교수당 학생 수, 교수확보율, 교지, 강의실, 연구시설)과 사회평판은 30위권 밖이다. 그 나마 이들 모두 2005

년부터 하락세가 지속되고 있다.

중앙일보의 대학평가는 점차 각 대학의 관심을 끌 수밖에 없다. 각 대학들이 대학의 수준을 가늠할 수 있는 마땅한 지표가 없는 상황에서 중앙일보의 평가가 성공을 거둘 것임에 틀림없다. 그리고 평가를 계기로 각 대학이 자신을 돌아보는 충분한 계기가 될 것이며, 대학발전의 자극재가 될 것이다.

아시아 대학평가

조선일보와 영국의 평가기관 QS (Quacquarelli Symonds)가 공동 실시하여, '2009년 아시아 대학평가' 결과를 발표하였다. 발표 자료를 토대로 그 내용을 여기에 수록한다.

QS는 영국의 유력 일간지 '더 타임스(The Times)'와 함께 2003년부터 세계대학평가를 실시해온 글로벌 대학평가기관이다.

국내 106개 대학을 포함, 아시아 11개국 463개 대학을 분석한 이번 평가는 아시아권 대학을 대상으로 한 유일한 대학평가이다. 평가 항목은, 연구 능력(비중 60%), 교육 수준(20%), 졸업생 평판도(10%), 국제화 정도(10%) 등 4개 항목이다.

종합 1위는 홍콩의 공립대학인 홍콩대학이 차지했다. 특히 홍콩의 3대 공립대학인 홍콩대, 홍콩중문대, 홍콩과기대가 아시아 1, 2, 4위에 올랐다. 3위는 도쿄대, 5위는 교토대이다.

국내 1위는 카이스트(아시아 7위)였으며, 서울대가 2위(아시아 8위)로 뒤를 이었다. 서울대는 학문 분야와 졸업생 평판도 조사에서 국내 1위를 차지했으나, 국제화 점수에서 밀려 2위가 됐다. 국내 순위 3위는 포스텍, 4위 연세대, 5위 고려대, 6위 이화여대, 7위 성균관대, 8위 한양대, 9위 경희대, 10위 부산대 순이다.

아시아의 '톱 100'에는 한국의 대학이 17개, 일본 33개, 중국

11개, 인도 7개, 홍콩 6개, 싱가포르 2개 등이 포함된다.

홍콩의 3개 대학은 외국의 유명 교수들을 스카우트해 연구성과가 뛰어나고, 국제화에서 높은 성적을 받았다.

일본 대학들은 국제화 지표는 높지 않았지만, 연구 능력에서 대체로 높은 평가를 받았다. 특히 도쿄대는 학계 평가(peer review)와 졸업생 평판도(recruiter review), 논문 인용도(citation per paper) 등에서 아시아 최고로 평가됐다.

의과대학이 없는 종합대학 중에서는 서강대가 국내 1위였다. 서강대는 졸업생 평판도에서 서울대와 함께 최고 수준으로 조사됐다. 국내 대학 중 국제화가 가장 잘된 대학은 한국외대였다. 부산대, 경북대, 전남대, 전북대, 등 지방 국립대는 연구실적이 수도권 대학들보다 높아 국내 대학 순위에서 대거 상위권에 오르는 선전을 보였다.

연세대와 고려대의 경쟁에서는 국제화 항목에선 고려대가 더 높은 점수를 받았지만, 연구 능력 등에서 앞선 연세대가 종합순위도 앞섰다.

아시아 대학 평가에서 평가 항목별 평가 방법은 다음과 같다.

- 연구능력(60%) : 정량평가로는 다른 학자들의 연구에서 그 대학 교수의 논문이 얼마나 인용됐는지 (논문당 인용 수), 연구의 생산성은 얼마나 좋은지 (교원당 논문 수) 등을 정량화 한다. 세계 최대 논문 초록 및 인용 횟수 데이터베이스인 '스코푸스(Scopus)' 에 2003~07년 등재된 논문을 대상으로 하였다. 이와 함께 전 세계 학자들을 대상으로 조사를 실시했다 (학계 평가). 아시아 대학의 연구에 대해 잘 아는 전 세계 학자 2417명으로부터 '자신의 학문 분야에서 탁월한 아시아 대학을 자국 내에서 최대 10곳, 자국 밖에서 최대 30곳' 을 선정

하게 한다. 평가를 할 학자들은 세계과학데이터베이스(World Scientific Database)와 국제도서정보서비스(International Book Information Service)에 등재된 연구자, 각 대학이 추천한 학자 중에서 선정한다.

- 교육수준(20%) : 평가 대상 대학의 교원과 학생 수 비율 (교원당 학생 수)을 활용한다. 교수 확보가 학생 교육 투자이고, 교원이 많으면 학생들이 질 높은 교육을 받을 수 있다. 시간강사 등 비전임 교원도 강의 시수 등에 따라 교원 수에 반영한다.
- 졸업생 평판도(10%) : 졸업생이 사회에서 어떤 평가를 받느냐는 것으로 그 대학의 교육 수준을 가늠한다. 아시아 대학 졸업생을 채용해본 경험이 있는 전 세계 기업의 인사 담당자 734명에게 유능한 사원들의 출신대학을 최대 30곳까지 선정하는 방식으로 평가한다.
- 국제화(10%) : 외국인 교원 비율, 외국인 학생 비율, 그리고 교환학생 비율을 평가한다. 교환학생 비율은 아시아 지역 특성을 반영하기 위한 지표다. 비영어권 국가가 대부분인 아시아 지역의 대학에선 정식 학위과정은 아니지만 일정 기간 동안 외국 대학을 다니며 학점을 이수하는 교환학생이 중요한 의미를 갖기 때문이다. 전체 학생 중 자기 대학에서 외국대학으로 파견된 교환학생, 외국대학에서 자기 대학으로 들어온 교환학생을 각각 비율로 산출한다.

교수 실적, 국가적인 관리가 필요하다.

교수들의 연구 결과물의 활용도를 높이고, 인재풀을 효과적으로 활용하기 위한 종합관리가 필요하다. 일차적으로 대학이 관리하고, 이것을 국가가 종합하여 관리하자.

요즈음은 각 대학이 교수들의 연구 실적을 체계적으로 관리하기 시작하였다. 우리대학에서도 데이터베이스화하여 수년 전부터 관리하고 있다. 교수 이외의 산업체 및 일반 과학자들의 연구 실적물도 관리기관을 지정하여 관리할 필요가 있다.

언론사나 국가기관에서 인재 등록요청에 응하는 사람이 드물다. 바쁜 세상에 각 기관의 요청을 교수들이 일일이 대응하지 못한다. 자칫 나중에 인명사전에 등재되었다하여 책을 구입하라고 한다. 상업성이 있는 것이다. 나는 이런 요구에 그동안 일체 응하지 않았다.

대학 자체 관리는 최근에 매우 엄격하고 체계적이다. 이것으로 교수 평가한다고 하니, 성실하고 열성적으로 관련 웹사이트에 올린다. 대학에서 교수 실적의 신고물의 확인도 엄격하다. 이제는 믿을 수 있는 데이터가 되었다.

국가 기간이나 과학기술분야에서 각종 사업을 기획하고 평가하는데, 심사위원이나 평가 위원들의 선발이 제대로 되고 있는지도 의문이다. 관련 분야에 논문 한편 없는 사람들이 앉아서, 엉뚱하게 평가하는 경우도 많다. 해당 기관과 어떤 관계가 있는지 평가위원 선발에 문제가 많다. 관련 담당자가 평가위원의 정보수집에 한계가 있어서, 여기저기 물어서 부탁하거나 추천 받기 때문일 것이다. 평가위원을 부탁하면, 바쁘니까 잘 응해주지 않는다. 그러니까 더욱 우스운 구성이 된다. 연구 인력의 실적물을 국가적으로 관리할 필요가 있는 것이다.

학회의 논문 편집 및 심사 위원도 마찬가지다. 어떤 사람에게 논문의 심사위원으로 논문 리뷰를 부탁하는가? 관련분야에서 논문 실적이 별로 없는 사람에게 부탁하는 경우도 많다. 어이가 없다. 과학기술의 실적물 데이터가 구축되지 않았기 때문이다.

최근에는 학술진흥재단이나 과학재단에서 이런 일에 관심을 갖기 시작 한 것 같다. 다행스러운 일이다. 이제는 개인의 연구 실적이 비밀일 수 없다. 활용되어야할 자료이고 자산이다. 이것을 체계적으로 국가가 지정하는 기관이 관리하고, 적극 활용해야 한다.

실적물 관리 프로그램도 표준화하여 종합적인 관리가 가능하도록 각급 기관에 보급하는 것도 중요하다. 각 대학의 평가 자료 구축에도 국가가 지원하고 대학의 평가에도 반영하여야 한다. 이러한 자료를 활용하면, 대학 평가도 수월해 진다.

5 한국의 교육

조선 말기 나라의 피폐함은 결국 일본 식민지 지배를 받게 되었고, 1945년 해방 이후 1950년에는 한국동란으로 국토가 초토화되었다. 그러나 한국의 근대화는 그러한 잿더미 속에서도 전례가 없을 만큼 빠르고 극적인 것이었다.

근대화의 측면에서, 일본은 75년, 그리고 프랑스와 미국이 각각 200년과 125년에 걸쳐 이룩하였다. 한국은 불과 25년 만에 달성해낸 것이다. 한국이 그 기간 동안 자국의 인적 자원을 질적으로 혁신하는데 성공했다는 것이다.

1950년의 우리나라 사람들은 문맹자는 아니었으나, 교육받은 사람도 아니었다. 소위, 일제 강점기에 일본은 한국의 고등교육을 철저히 말살하였다. 특히 과학 및 기술과 직업 교육을 철저하게 말살하였다.

그러한 가운데 한국은 불과 25년 만에 교육수준이 높고, 업무 성취도가 탁월한, 전문가와 경영가 등 많은 지식 근로자들을 양성해낼 수 있었다. 실로 짧은 기간 동안에 이루어낸 성과치고는 대단한 것이다.

우리는 지난 25년 동안의 한국 교육의 성공에 자부심을 가지고 있다. 우리의 교육열은 세계에서도 유래 없는 것으로 국가 근대화의 운동력이었다. 우리는 입시 지욕도 견디어 왔다. 한국동란 직후의 배고픔을 미군의 구호물품으로 견디면서, 콩나물 교실로 일컫는 열악한 교육환경을 극복하였다. 교육이 성공적이었다.

70년대 교사들은 열정이 있었다. 우리들은 참 많이도 맞았다. 초등학교는 중학교 입시 지욕. 중학은 고등학교 입시, 고등학교에서는 대학입시, 첩첩 관문이다. 그러한 입시지옥을 매번 거쳤다. 초중고 입학에서 무시험 진학은 70년대 중반부터 시행되었다. 없는 나라에서 오로지 할 수 있는 것은 공부뿐이다.

주입식 교육을 쉽게 비난한다. 창의성을 살리라고 이야기 한다. 그러나 없는 나라에서는 돈 들이지 않고 교육하는 최고의 방식이 주입식 교육이었다. 사실은 암기가 학문의 기본 도구이다. 수학도 구구단 암기에서 출발한다. 주입식은 단기간에 값싸게 실시하는 대량 교육이다. 나는 아직도 교육의 첫 단계는 주입식이라고 생각한다. 창의력이니 뭐니 고상한 이야기도 주입식 교육에서 출발한다. 어쭙잖게 실험한답시고 장난감가지고 놀면, 별로 남는 것 없다.

그 당시는 고등학교의 주입식 교육으로 사실상 교육이 끝났다. 대학은 간판을 따는 방편 정도였다. 고등학교 때에 혹독하게 배운 것을 대학가서도 그대로 써 먹었다. 대학에서 배울 것은 없었다. 대학 교육이 제대로 된 것은 80~90년대로 보아야한다. 현대의 학문을 익히고 돌아온 해외 유학파 학자들이, 대학 교육을 바로 세우는데 가장 큰 공로자였다. 좀 괴로웠지만, 콩나물 교실에서의 주입식 교육, 경쟁으로 내모는 입시 지옥, 이러한 것들이 현대화 이전의 교육방식이였다.

이제는 우리도 여유가 생겼다. 산업사회의 규모도 커졌다. 과거에는 고등학교 교육으로 모든 것을 해결하였다. 대학은 그저 폼만 잡는 곳이었다. '대학만 가면, 공부를 않는다.' 는 말이 그때부터 나왔다. 그러나 이제는 달라졌다. '대학만 가면, 공부를 안는다.' 라는 말은 옛말이 되었다. 대학에서도 공부를 열심히 한다. 대학교육이 제대로 되고 있다. 대학이 기능을 하고 있다.

오히려 중고등학교의 교육이 실종이란다. 공교육이 실종이다. 이 문제가 이슈가 되었다. 과도한 사교육은 서민과 중산층의 경제를 위협하고, 선진화에 걸림돌이 되고 있다. 대학의 개혁도 여전히 과제이지만, 중고등 교육도 이제 과감하게 손을 댈 때가 되었다.

대학은 교수평가다, 강의 평가다, 연구를 한다고 시끄럽다. 그러나 중고등교육은 왜 그동안 방치하였는지 모르겠다. 60년대와 70년대 교육에서 달진 것이 무엇이냐? 겨우 교과과정 달라졌냐? 교원 평가해야 한다는 이야기가 언제부터 나왔냐? 중고등 학생들의 과외가 아직도 극성이냐? 중고등학교의 교육이 무너져 있다는데, 어찌된 일이냐?

우리는 교육이 문제라고 하는데, 해외에서는 우리 교육을 부러워하고, 연구 대상으로 여긴다. 그것은 우리의 교육열을 이야기하는 것이다. 교과과정이나 교육 방식을 이야기하는 것은 아니다. 최근의 오바마 미국 대통령의 한국의 교육에 대한 언급을 보자. 우리가 되새기고 귀담아 들어야 할 이야기가 많아서, 그의 이야기들을 수록한다.

오바마 대통령

"한국 아이들이 교실에서 많은 시간을 보낸다면, 우리도 그렇게 할 수 있다." 버락 오바마(Obama) 미국 대통령이 공교육 개혁의 필요성을 강조하며, 한국의 예를 들었다. 오바마 대통령은 워싱턴 DC의 히스패닉계 상공회의소 연설에서, "미래는 시민들을 가장 잘 교육하는 국가의 것."이라며, 경제위기를 극복하는 과정에서 교육개혁을 중요한 정책적 과제로 삼겠다고 밝혔다.

오바마 대통령은 "미국은 다른 어느 나라들보다도 풍부한 자원을 갖고 있음에도 불구하고, 학교가 뒤처지고 교사들의 질이 다른 나라들에 비해 떨어진다."며, 미국의 공교육 현실을 강하게 비판했다.

그는 특히, "잘 들어보라. 미국 아이들은 매년 한국 아이들보다 학교에서 한 달 정도를 덜 보낸다."며, "그렇게 해서는 21세기 경제에 대비할 수 없다."고 말했다. 그는 "교실에서 더 많은 시간을 보내야 한다."고 말했다. 오바마 대통령은 "한국 아이들이 그렇게 교실에서 많은 시간을 보낸다면 바로 미국에서도 그렇게 할 수 있다."고 강조했다.

그는 이와 함께 우수 교사들에게 성과급을 지급하는 시스템을 도입해야 한다는 입장을 밝혔다. "많은 민주당 지지자들이 학업성취도를 올린 교사들에게 성과급을 지불하는 것이, 교실에서 다른 결과를 낳는다는 것을 알면서도 이에 반대해왔다."고 강하게 비판했다. 오바마 대통령의 이날 발언은 대선에서 자신을 지지한 교원노조의 반발이 예상되는데도, 공교육에 대한 강한 개혁 의지를 밝혔다는 점에서 주목된다.

오바마 대통령은 과학의 날을 맞아 워싱턴 DC에 있는 국립과학아카데미에서 행한 연설을 통해, 물리 등 과학에 대한 GDP 대비 투자비율이 지난 25년 동안 절반 수준으로 줄어들어, 미국학교들이 선진국은 물론 개발도상국을 계속해서 뒤쫓아 가는 모습을 보이고 있다고 말했다.

그는 미국 학생들의 과학과 수학 능력이 한국 등 여러 국가의 또래 학생들보다 뒤지고 있다며, 과학 연구와 발전을 위해 국내총생산(GDP)의 3% 이상을 투자하겠다고 밝혔다.

그는 "우리 학생들의 수학과 과학 능력이, 싱가포르와 일본, 영국, 네덜란드, 홍콩, 한국 등의 동료 학생들에 비해 뒤떨어지고 있다."면서, "미국 15세 학생들의 수학능력이 세계에서 15위, 과학에서는 21위를 차지했다는 평가도 있다."고 지적했다.

오바마 대통령이 과학과 수학 교육의 경쟁력을 언급한 것은, 그동안 기회가 있을 때마다 경제 회생 및 발전에 있어 과학과 수학교육의 전략적 중요성을 강조해온 것과 맥을 같이한다. 그는 과학과 수학 분야에서 수준 높은 교육을 받은 인력이 늘어나야, 미국의 국제경쟁력을 향상시킬 수 있다고 주장해왔다.

오바마 대통령은 "미국인들의 참모습은 뒤쫓는 게 아니라, 선도하는 것."이라며 "지금이 바로 우리가 다시 선도해 나갈 때이며, 이런 목표를 제시하기 위해 나는 이 자리에 왔다"고 말했다.

그는 우주과학과 태양전지 등 대체에너지 개발 분야도 다른 국가들과의 경쟁에서 우위를 확보할 수 있도록 하겠다고 강조했다.

오바마 대통령은 "교육훈련 소프트웨어 개발에도 박차를 가해, 소프트웨어가 개인교사나 다름없이 효과적으로 가르칠 수 있도록 하고, 우리 자신과 주변 세계에 대한 지식의 지평을 확대해 나가도록 하겠다."고 말했다.

그는 "오늘 내가 한 다짐은 앞으로 또 다른 50년의 성공을 위한 에너지원이 될 것."이라며, "이 작업은 기초과학과 응용연구 분야에 대한 역사적인 다짐으로부터 시작될 것."이라고 말했다.

그는 미국 국립과학재단과 국립표준기술연구소 등을 포함해 과학 연구 개발에 중추적인 역할을 하는 기관들에 대한 예산을 배로 늘릴 것이라고 약속했다.

오바마 대통령은 "이렇게 어려운 상황에서 과학에 대한 투자를 사치라며 여력이 없다는 사람들이 있지만, 나는 이에 대해 전적으로 동의하지 않는다."면서, "과학은 우리의 번영과 안전, 건강, 환경, 삶의 질을 위해 그 어느 때보다 필요하고 중요하다."고 덧붙였다.

오바마 대통령은 "미국 아이들은 매년 한국 아이들보다 학교에서 한 달 정도를 덜 보낸다. 그렇게 해서는 21세기 경쟁에 대비할 수 없다."는 말로 미국의 교육개혁을 촉구했다. 미국 자동차업계를 향해서는 "미국의 신형 하이브리드카를 움직이는 배터리는 한국산"이라고 자극했다.

이공계 기피, 국가 미래 없다

Peter F. Drucker의 저서 "프로페셔널의 조건"의 몇 구절을 소개한다.

'정보 혁명 이후의 지식 근로자' 편에서 영국이 쇠퇴한 이유를 설명하고 있다. 결론적으로 영국은 기술자(technologist)를 대접하지 않은 것이라고 하였다.

1850년대부터 영국은 강대국으로서의 우월적 지위를 잃기 시작했다. 산업 경제에서의 입지가 흔들리기 시작했다. 처음에는 미국에, 그 다음에는 독일에 밀리기 시작했다.

영국이 뒤처진 주된 이유는, 경제적인 것도, 기술적인 것도 아니다. 주된 이유는 사회적인 것이다. 영국은 제1차 세계대전까지 경제적으로 강대국의 지위 지켰다. 기술적으로도 영국은 19세기 내내 자신의 위치를 지켰다. 현대 화학 산업에서 최초의 생산물인 합성 염료가 영국에서 발명되었고, 증기터빈 역시 마찬가지였다.

그러나 영국은 사회적으로 기술자를 높이 평가하지 않았다. 기술자는 절대로 '신사'가 될 수 없었다.

영국인들은 인도에서 최고 수준의 공업계 학교를 세웠지만, 본국에는 그런 학교를 세우지 않았다. 한편, 영국은 '과학자'를 최고 우대하였다. 영국은 19세기 내내 물리학에서 주도권을 보유했다. 제임스 클라크 맥스웰(James Clerk Maxwell, 1831~1879)과 마이클 패러데이(Michael Faraday, 1791~1867)로부터 어니스트 러더퍼드(Ernest Rutherford, 1871~1937)에 이르기 까지, 모두 최고의 권위자로 숭상하였다.

반면에 기술자들은 '장사꾼'의 지위에 머물러 있었다. 예들 들면, 디킨스는 1853년의 소설 '쓸쓸한 집 Black House'에서 벼락출세한 제철업자를 노골적으로 경멸했다. 영국은 벤처 자본가를 양성하지도 않았다. 예상치 못한 위험을 부담하는 사업, 그리고 증명 안 된 사업에 투자할 자본가들이었다. 그 결과 영국의 몰락을 가져왔다는 것이다.

21세기의 영국처럼 되지 않기 위하여, 어떻게 해야 할까? '지식 근로자'를 우대하는 사회가 되어야 한다는 것이다.

사회의 의식 구조가 근본적으로 변화해야 한다. 마치 철도의 등장으로 산업 경제의 주도권이 '엔지니어'로 바뀐 것처럼, 새로운 산업들이 의존할 수밖에 없는 지식 근로자들을 대우하야 한다는 것이다. 지식에 기초한 산업의 성과에 대하여 지식 근로자들이 매력을 느낄 수 있도록 해주어야 한다. 경영하는 조직에 참여할 수 있도록 하여, 동기를 부여해야 한다. 단순히 지식 근로자들이 물질적으로 만족하도록 하는 것만으로는 안 된다. 지식 근로자들의 가치관을 만족 시켜주고, 사회적으로 인정받을 수 있도록 해주고, 또한 영향력을 발휘할 수 있도록 해줌으로써, 그 사회의 목표를 달성할 수 있다는 것이다.

과학과 기술인을 우대해야 한다.

갈릴레이(Galileo Galilei, 1564-1642)를 박해한 중세 이탈리아는 그 시대의 부흥의 기회를 잃어 버렸다. 그 기회는 뉴턴(Isaac Newton, 1642-1727)을 귀족으로 대접한 영국으로 그 문명의 중심이 이동하였다. 그 결과가 산업 혁명이었다. 그 후 과학의 중심은 독일로 이동하였다. 독일의 부흥은 2차 대전의 패배로 중단되었다. 그리고 과학의 중심은 미국으로 이동하여 현대 과학의 꽃이 만개된 것이다. 현대 과학으로 인한 현대 산업의 부흥은 기술자 중심의 산업으로 변하였다. 그것은 일본이 현대 산업의 주도권을 확보하는 계기가 된 것이다.

이제는 새로운 정보화 시대가 펼쳐졌다. 정보 기술자 시대이다. 컴퓨터 기술자, 윈도우 소프트웨어 기술자. 그들의 성공 시대이다. 그들의 성공시대에 빌 게이트 같은 정보 기술자가 있는 것이다. 21세기에 우리가 나아 가야할 길은 분명하다. Drucker 교수가 지칭한 기술자 중심(지식 근로자)의 사회에서, 기술자를 우대하는 사회가 이공계 기피 현상의 해법이다.

6 사교육 문제의 해결 방안

사교육의 문제는 일차적으로 우리나라의 '교육열'에서 그 원인을 찾는다.

우리나라의 교육열만큼은 세계가 알아준다. 미국의 오바마 대통령까지도 우리나라의 교육열을 부러워하고 있는 것이다. 이러한 교육열은 우리나라가 지난 날 짧은 기간에 선진화를 이룰 수 있었던 원인임에 이견이 없다. 이는 짧은 기간에 우리가 가난을 벗고, 근대화를 이루고, 선진 산업화를 이루는 원동력이다. 이제는 교육열을 식히자고 한다면, 이에 동의할 수는 없다. 교육열은 아직도 우리가 가지고 있는 유일한 자산이다.

문제는 세계 1위의 교육열이 낳은 '사교육'이다. 사교육도 그 자체만 가지고 문제라고 할 것은 못된다. 그 사교육이 너무 비대하여, 국민 경제에 엄청난 부담으로 작용하고 있다. 특히, 서민들의 가계에 큰 부담을 안겨주고 잇다. 서민들 수입의 상당부분이 사교육비로 지출됨으로서, 서민 생활이 거의 파탄 지경이다. 그뿐이냐, 중산층 이상에서도, 그 부담이 만만치 않다.

사교육의 폐해는 학생들을 조기 해외유학으로 내몰았다. 그에 따른 국민 개인의 부담과 국가경제의 손실이 막대하다. 이로 인하여 우리나라가 선진사회로 진입을 방해 내지는 불가능하게 하고 있다. 이 문제를 해결하지 않으면, 세계 10대의 선진국으로의 진입이 어려워 보인다.

문제는 공교육이다

우리는 사교육의 문제를 잘 못 진단하는 측면이 있다.

첫째로 교육열이 사교육의 책임은 분명히 아니다. 교육열이 사교육의 주범이라면, 교육열을 억제하면 된다. 그러나 교육열은 소중한 우리의 자산임에 분명하다. 교육열은 우리가 잘 유지해야하는 국가의 원동력이다. 다만, 교육열의 부작용으로 사교육이 문제가 되었다면, 그 부작용을 치료하면 된다.

두 번째로는 사교육으로 인하여 공교육이 죽어간다는 주장도 잘못된 것이다. 사교육에 의한 공교육의 피해의식이지, 사교육이 공교육을 직접적으로 해친 일이 없다. 그 말은 공교육 스스로 죽어버린 것이다. 공교육 문제에 관하여, 사교육을 탓한다면, 이것은 문제 해결의 실마리를 놓치게 된다. 따라서 사교육 문제는 교육열을 탓할 문제가 아니라, 죽어버린 공교육을 탓할 문제이다.

우리는 교육열은 살려야 하고, 사교육의 열기는 죽여야 한다. 그 처방은 명백하다. 공교육을 살리는 일이다. 공교육을 살리는 문제를 사교육을 죽이는 방향으로 잡으면, 큰 오산이다. 공교육 문제를 그대로 둔 채, 사교육을 잡으려고 하면 안 된다. 결론적으로, 사교육 문제는 공교육을 살리는 문제인 것이다.

그러나 사교육이 문제가 된다고 하니, 사교육의 현실을 살펴보자.

사교육, 무엇이 문제인가?

최근에 모 일간지에 게재된 사교육 문제의 일부를 소개한다. 다음의 글은 서울 장안에서 사교육으로 대성한 사람의 견해이다.

"잘 한다고 더 받는 것도 아닌데, 어느 교사가 열심히 가르치겠는가." 어느 사교육 관계자가 공교육에 던지는 말이다. 그의 진단은 다음과 같이 이어진다.

대한민국의 사교육 경쟁력은 세계 최강이다. 외신들이 한국의 사교육 산업을 주목하고, 다른 나라 업체들이 그 노하우를 배우러 온다. 번창하는 사교육 앞에 공교육은 초라하게 쪼그라들었다. 교사들이 수업 중에, "학원에서 다 배웠지?" 라며, "알제, 알제" 라 하고, 넘어간단다. 공교육은 '알제, 알제' 교육이다. 믿어지지 않는 이야기다.

공교육, 왜 이렇게 약체가 됐나.

교사들이 직업의 안정성에 끌려, 교직으로 가기 때문이다. 일단 교사가 되면, 평생직장이 보장된다. 열심히 해도 특별히 더 받는 것도 없다. 그러니 나태해질 수밖에. 교사 선발 방식부터 문제가 있다. 왜 교대생과 사범대생(교직과목 이수자)만 교사가 되어야 하나. 이것은 산업사회 시대의 기득권 보호 장치다. 학원 강사도 잘 가르친다면, 학교에 갈 수 있어야 한다. 교사들은 연공서열로 보호받는다. 반면, 학원강사는 강의 많이 하고 학생 평가 좋으면, 더 많은 보상을 받는다. 지금의 임용고사 선발 시스템이 잘 못되었다. 학점 관리 잘하고, 시험과목 달달 외우는 사람을 주로 교사로 뽑는다. 학원에서 강사를 뽑을 때는, 시범 강의를 시킨다. 필기시험이 아니라, 실제로 잘 가르치는 사람을 뽑는다. 이렇게 뽑아도 성공 확률은 30%밖에 안 된다. 강사 평가도 1년에 4번 하고, 평가가 나쁘면 바꾼다.

교사만 바뀌면 되는가?

커리큘럼(교과과정) 자체가 학원에 떨어진다. 세상은 엄청 바뀌었는데, 커리큘럼은 그대로 이다. 교사는 수능에도 안 나오는 교과서의 내용으로 씨름하고 있다. 교과서를 펴 보면, "왜, 이런 게 교과서에 들어 있는가!" 하는 불필요한 내용들이 비일비재하다.

현재의 시스템에서 학교가 본질적으로 경쟁력을 가질 수 있는지 근본적 회의가 있다. 다른 걸 떠나 전교조도 한몫을 하고 있다. "전교조가 진취적이라면, 왜 교원평가를 받아들이지 않는가."

대입 제도의 빈번한 수정도 사교육을 부추긴다고 한다.

입시 제도를 바꾸고 복잡하게 만들면, 사교육은 늘어난다. 제도를 어느 정도 유지하면, 공교육도 따라온다. 하지만 자꾸 바꾸다 보니, 학부모가 불안해서 사교육을 찾는 것이다. 사교육은 항상 빠르게 변화하지만, 공교육은 10년 전이나 지금이나 거의 그대로 이다. 학교 현장에서 변화의 노력도 있지만, 여전히 적지 않은 교사를 '편한 직장인' 으로 안주시키고 있다.

위와 같이 진단하는 사교육의 현장 전문가의 이야기도 틀린 말은 아닌 듯하다. 그러나 그이 이야기에서 공교육에 대한 처방을 찾기에는 부족하다.

'사교육비 부담을 절반으로 줄이겠다.' 는 것은 이명박 정부의 핵심 공약 중의 하나다. 이명박 정부는 영어 공교육을 활성화하여 아이들이 학원에 다니지 않아도 영어를 잘할 수 있도록 하겠다고, 1년 전 출범 때 밝혔다. 그러나 정부의 최근 통계는 영어 사교육비가 1년 사이 11% 더 늘어났다고 한다. 듣기와 말하기 위주의 '실용 영어' 수업으로 바꾸겠다는 정부정책이, 도리어 영어 사교육을 조장했을 가능성이 있다는 것이다.

통계청 자료에서, 전국 초중고 학부모 3만 명의 조사에서, 2008년의 사교육비 지출 총액은 약 21조원이다. 1인당 월 사교육비는 약23만원으로 매년 5% 늘어났다. 특히, 영어 사교육비가 대폭 늘어났다. 1인당 영어 사교육비는 월 7만6000원으로 전년도(6만8000원)보다 11% 늘었다. 지난해 학부모들은 자녀의 영어 교육으로 가장 많이 고민했고, 학원비를 그만큼 더 지출했다는 얘기다. 과목별 사교육비는 영어에 이어 수학(월 6만2000원), 국어(2만3000원), 논술(7000원) 순이었다. 지역별로는 서울의 1인당 월 사교육비가 29만6000원으로 읍면지역(12만5000원)보다 2.4배 많다. 이러한 비용의 지출은 중산층 이하 서민의 살림살이를 더욱 곤

궁하게 하는 것이다.

이래저래 정부가 그 어떤 정책을 내어 놓아도 학부모의 사교육비 부담을 줄이기가 그렇게 힘들어 보인다. 이 문제의 해결 없이는 우리 사회가 편안할 것 같지 않다.

사교육 없는 미국

교육 선진국인 미국에서, 사교육이 문제가 안 되는 이유를 살펴보자. 첫째는 교육열이 우리보다 낮다는 것이고, 반면에 공교육이 살아 있다는 것이다.

교육열이 낮다는 것 보다는, 미국인들의 교육에 대한 인식이 우리와는 다르다고 하는 것이 옳다. 우리는 오로지 교육이다. 다른 것 없다. 미국은 풍요에서 오는 여유가 있는 사회다. 그들은 고등학교까지의 의무교육만으로도 살아가는데 지장이 없다. 그리고 가족 중심의 사회이다. 가족이 같이 행복하게 지내는 것이 중요하다. 자식들에게 공부에 열을 올리고, 기를 써서 공부하라고 할 이유가 없다. 방과 후에는 잔디도 깎고, 휴일에는 아버지와 캠핑도 하고, 쇼핑도 간다. 그 지역에서 생활의 모든 것이 해결된다. 일자리도 그 지역에서 해결된다. 그렇게 살아 왔다. 좋은 직장을 가려면, 대도시로 가야하고, 그런 뜻이 있는 사람만 그렇게 하면 된다. 대부분은 그 지역에서 사는데 문제없다. 자원도 풍부한 나라다. 자원이 풍부하다는 것은 일자리가 수월하다는 뜻이다.

우리는 국토가 넓기를 하나, 자원이 있나? 모두 수입을 해서, 거기에 다가 기술을 붙여서, 가치를 부가하여, 팔아먹어야 살아 갈 수 있다. 그러니 교육을 빼면, 살 수가 없다. 교육을 못 받으면, 좋은 직업도 못 갖는다. 시골에서 어머니들이 뼈가 빠지도록 농사지어도, 자급자족이 안 되는데, 그것을 아껴서, 밥 굶어 가며, 모은

쌀을 내다 팔아서, 자식 학비대어 주었다. 오로지 교육으로 승부를 내는 사회가 우리이다. 교육열 높은 우리아이들이 불쌍한 것이다. 그러나 우리는 가진 것이라고는 그것 하나뿐이다.

미국의 공교육이 살아있는 이유는 무엇일까? 그 이유는 교육이 주민 자치이다. 학부모가 하고 싶으면 하고, 하기 싫으면 안한다. 교장도 교사도 얼마든지 맘에 들지 않으면, 바꾼다. 교육비도 그 지역 주민이 주로 부담한다. 부자 동네는 세금을 많이 거두어서 환경이 좋은 학교를 만든다. 가난한 동네는 교육비도 작다. 가난한 지역은 교육에 관심이 덜하다. 지역에 따라서 교육이 천차만별이다. 교육이 학부모의 선택으로 이루어진다. 학부모 자신들이 선택한 공교육을 뒤로 제치고, 사교육을 찾지는 않는다.

우리나라의 사정은 미국과는 판이하게 다르다. 미국에 비하면, 우리는 인구 밀도가 천문학적으로 높다. 우리나라도 최근에 교육자치를 한다지만, 멀었다. 학교에 학부모들의 참여 의식에 차이가 크다. 미국과 같이 학부모가 모든 것을 결정할 수 있는 분위기가 아니다. 교육자치한다고 전교조와 비전교조로 패거리가 나누어진다. 교육감을 선거로 뽑는다지만, 이념 논쟁만 하고 있다. 교육감 선거의 투표율을 보면, 교육자치가 멀었다는 것을 안다. 이것이 우리들의 교육에 대한 의식 수준이다. 시간이 더 필요하다. 그렇다고 마냥 공교육이 잘되기만을 기다릴 수도 없다.

미국과 우리나라의 과목의 수를 보아도 차이가 크다. 미국의 교과목의 수는 적다. 우리는 별것 다 배운다. 하기 싫어도 모두에게 강요한다. 미국은 교과목별로 난이도가 다른 여러 형태의 교과서를 각 학교에 맞게 채택한다. 단계별로 교과서들의 난이도 다양하다.

미국은 학교에서 정해진 반이 없다. 우리는 1학년 1반, 2반, 3반과 같이, 학생들에게 반이 정해져 있다. 마치 군대 조직과 같이 편성되어 있다. 같은 반의 학생들은 똑 같은 시간에 똑 같은 것을 배운다. 교과서도 같다. 교사도 같다. 그러나 미국에서는 학생 개개인이 원하는 과목을 선택하여, 원하는 반에 들어가서 수업을 받는다. 그 수업에는 저학년도 있고, 고학년도 있다. 과목마다 같이 듣는 학생들이 매번 다를 수 있다.

그리고 교사평가가 철저하다. 학생의 요구로 학부모들이 교사를 퇴출시킬 수 있다. 교장도 학부모들이 결정하는 형태이다. 그러니 공교육에 무슨 불만이 있겠는가? 사교육이 있을 수 없다.

그렇다고 미국의 교육이 우리에게 적합하다고 할 수만은 없다. 우리의 여건과 환경이 다르기 때문이다. 다만, 미국의 교육에서 참고할만한 것은 하고, 우리에게 맞는 공교육을 찾아야 한다. 그리고 시행착오를 줄이면서, 정착시키는 것이 중요하다.

콩나물 교실, 콩나물 교육

과거 60-70년대 우리나라 교육의 상징적인 단어는 '콩나물 교실' 이었다.

가난한 시절에 교실도 부족하여, 한 학급에 학생 수가 100명에 육박하였다. 나도 그러한 교실에서 수업을 받은 세대이다. 콩나물 교실은 학급당 학생 수가 많다는 것이다. 콩나물 교실에서 '콩나물 교육' 이 시행되었다. 콩나물 교육이란, 콩나물을 재배하는 방식을 말한다. 콩나물 교육은 영세한 가내수공업으로 다량 생산을 하는 교육이다. 가난했던 시절에 어려운 여건에서 단기간에 많은 학생들을 교육해야 했으니, 콩나물 교실에서 콩나물 교육이외에 달리 방법이 없었다.

콩나물 교육은, 콩나물 상자 바닥에 콩을 뿌리고, 똑같은 조건에서, 주기적으로 물만 주면 된다. 콩나물 교육은 영세한 가내수공업이다. 기업이 뛰어들어서 대량생산하는 산업이 아니다. 우리나라가 가난한 시절에는 그렇게 하여 교육을 성공적으로 해왔다. 또 다른 특징으로는 콩나물을 똑같은 크기로 단기간에 길러 낸다는 것이다. 이 교육은 콩나물 상자와 물을 주는 사람이 변수이다. 이 두 가지 변수로 콩나물이 생산된다. 하나의 상자에서 길어진 콩나물의 크기는, 모두가 동일하다. 상자의 조건과 물주는 사람에 따라서 달라질 뿐이다.

지역 차에 따른 콩나물 상자의 차이로 콩나물이 달라진다. 강남과 강북의 차이가 있는 것이다. 서울과 지방에 차이가 있다. 콩나물 상자는 교육과정이다. 교과목과 같다. 똑 같은 교과목을 가지고, 물을 뿌려주는 교사가 정성을 다하여 주느냐 아니냐의 차이로 콩나물이 다르게 자란다. 이는 피교육자의 선택의 여지가 없는 교육이다. 물을 뿌려 주는 대로, 그 물을 먹고, 모두가 똑 같이 자라나는 콩나물 교육이다.

학습선택권을 돌려주어라

배고픈 그 시대에는 콩나물 교육이 필요했다. 우리가 선진국으로 진입하기 위하여, 더 이상 콩나물 교육으로는 이 시대가 요구하는 인재를 기를 수 없다. 이 시대가 요구하는 학부모들의 교육 수요와 욕구를 만족 시킬 수 없다.

그러나 우리는 아직도 콩나물 교육에서 벗어나지 못하고 있다. 시대가 좋아져서 콩나물 교실을 면한 지 이미 오래 되었지만, 콩나물 교육의 관성은 좀처럼 변하지 않고 있다. 이것이 문제다.

이제는 콩나물도 각계각층의 요구에 맞는 주문형 재배가 필요하다. 용도에 따라서, 목적에 따라서 재배 방법을 다르게 해야 한다. 교육은 그 시대 사회의 요구에 따라야 한다. 그 시대의 정신, 문화,

정치, 산업이 요구하는 교육이 되어야 한다. 그것을 각 분야에서 주문하고 있다. 서로 다른 콩나물을 주문한다. 기다란 콩나물도 필요하고, 굵은 콩나물도 필요하다. 숙주나물도 요구하고 있다. 특수재배 콩나물도 요구한다. 검은콩을 써라. 흰콩을 써라. 다양한 주문이 몰려들고 있다. 그러나 이에 대응 생산은 여전히 영세한 기술을 버리지 못하고 있다. 일방적인 생산이다. 흰콩, 검은 콩, 모두 무시하고 그저 물만 뿌리고 있다. 이것이 우리나라의 공교육이다.

이제는 일방적인 공급형에서, 주문자의 수요에 맞추는 선택적인 공급형으로 전환되어야 한다. 콩이 담길 콩나물 상자를 선택하고, 뿌려야할 물도 선택하고, 물주는 방법도 선택할 수 있어야 한다.

구체적인 방법으로 교과목, 교과 수준, 그리고 수업교사를 모두 선택할 수 있도록 해야 한다. 종래의 교과목은 한결 같이 모두 같았다. 인문계, 자연계, 예체능계로 구분하여 교과사가 모두 같았다. 계열별도 똑 같은 교재로 교육하였다. 학년별로 교과서가 구분되었다.

이제는 학생들이 자유롭게 선택할 수 있도록 해야 한다. 학년별이 아니라, 수준별로, 단계별로, 학생들의 입맛에 맞도록 선택하게 해야 한다. 1학년이 2-3학년과 수업할 수도 있다. 고학년이 저학년과 같이 수업 할 수 있다. 교과 내용에 따라서 수준에 따라서 학생 스스로가 선택한다. 학생별로 학습반이 고정된 '1반, 2반, 3반' 등을 없애야한다.

학생이 해당 과목의 교사도 선택할 수 있어야 한다. 이는 동일한 과목을 복수로 개설하여 여러 선생님이 수업하고, 학생들이 자유롭게 선택하게 한다. 나는 김 선생님, 너는 이 선생님의 수업을 택한다.

그런 연후에 교사를 평가해야 한다. 그래야 평가에 의미가 있다. 어느 교사의 수업을 수준이 다른 학생들이 듣게 하고, 수준이 다른 학생들에게 그 수업을 평가하는 것이 문제이다. 교사가 어느 수준으로 맞추어서 수업을 할 것인가? 헛갈린다. 어떤 학생은 자기 수준에 맞다하여, 좋은 평가를 한다. 다른 학생은 수준이 맞지 않으면, 나쁜 평가가 된다.

교원평가, 공교육 못 살린다.

교원평가가 능사가 아니다. 학생들의 학습 선택권이 선행되지 않고서, 공교육도 없고, 교원평가도 의미가 없다. 교원의 강의평가도 강의 선택권을 갖는 학생이 평가하는 것이다.

피교육자들의 욕구에 맞추어 주는 것이 우선이다. 그렇게 되면, 학생들이 자신의 뜻에 따라서 공부하게 되고, 그 공부에 만족하게 된다. 학생들이 학습에 만족한 성과가 있어야, 올바른 교사평가가 된다. 그러한 평가는 교사들로 하여금 열의 있는 강의의 동기가 되고, 좋은 수업이 된다. 그 결과 공교육이 산다. 그렇게 되면, 사교육은 위축된다. 공교육에 만족을 못하니까, 사교육으로 가는 것이다.

학생들 스스로 자신에게 맞는 학과목을 선택하게 하고, 그 강의를 하는 교사도 선택하게 하여라. 그리고 그 교사를 평가하게 하여라. 학생들에게 교육의 선택권이 없는 콩나물 교육에서, 교원의 평가는 하나 마나다.

개방형 공교육

가능하면, 정규 수업의 프로그램을 완벽하게 갖추는 것이 좋다.

그러나 이러한 정규수업으로 부족함을 느끼는 학생은 또 다시 사교육을 찾을 것이다. 이를 방지하기 위하여, 보충수업을 개설 할 수 있다. 사교육의 실체를 보충학습으로 끌어 들여라.

현재도 일선 학교에서 보충 수업을 하고 있다. 이것은 정규 수업의 연장이지, 보충 수업이 아니다. 정규 수업의 진도를 이어 나가는 것은 보충을 가장한 정규 수업인 것이다. 그렇게 보충 수업 한다고, 사교육이 줄어지지는 않는다.

보충 수업도 철저히 학생들의 입맛에 맞는 메뉴이어야 한다. 과목 선택과 보충수업에서의 교사 선택권을 학생들에게 주어라. 그러면, 사교육 없어진다. 필요시 학교의 문을 개방하여라. 타 학교 학생에게도 개방하고, 재수생에게도 개방하여라. 그리고 일반인에게도 개방하여라.

좋은 교사는 인기 있는 수업을 한다. 인기교사에게 학생들이 몰리는 것을 두려워하지 말라. 당연한 것이다. 인기가 없는 교사의 그 과목은 자연스럽게 퇴출된다. 해당 교사는 죽자하고 가르치는 동기를 갖게 되는 것이다. 당연히 수업의 질이 높아진다. 지금처럼, 잘하거나 말거나 해서는 공교육이 안 된다. 좋은 수업은 학생들로부터 선택받은 교사로부터 비롯된다.

따져보자. 정규 교사가 학원선생보다 실력이 못 미치랴? 학력이 못 미치랴? 말이 안 된다. 원인은 동기가 없기 때문이다. 결국, 교사평가는 동기 부여이지, 선별하여 대접하거나, 퇴출의 목적이 아니다. 선별과 퇴출은 수단에 불과하다. 너무 겁먹지 말자. 사교육, 사교육, 이것을 죽여야 공교육이 산다. 공교육이 살면, 사교육은 죽는다. 사교육 죽이고, 공교육 공고히 하자.

공교육은 과거의 콩나물 교육이어서는 안 된다. 학생들에게 선택하게 하여라. 강의실도 선택하고, 교과목 수준도 선택하고, 강의를 담당할 교수도 선택하게 하는 것이다. 일방적으로 가두어두고, 물을 주듯이 하는, 그런 공교육으로는 안 된다. 학생들의 학습 선택권과 강의평가가 공교육을 살리는 길이다. 공교육이 살아야 교권도 산다.

이명박 정부에서 사교육 문제 해결 못하면 희망이 없다. 건방진 이야기일지 모르지만, 교육과학기술부가 사교육 못 잡겠으면, 나에게 맡겨라. 4년 이내에 사교육 죽여주마. 무엇을 믿고 맡기냐고? 나의 대학 교수 생활을 보면 안다. 지난 20년의 교수 생활 결과를 보아라. 무엇이든지 주어지면 한다. "자신이 없으면, 나와 같은 비전문가에게라도 넘겨라."는 뜻이다.

교과목 축소, 옳은 방향이다

대통령자문 국가교육과학기술자문회의가 '미래형 교육과정 구상안'을 발표하였다. 교과 군을 통합하여 학기당 이수 과목 수를 줄이고, 단위학교별로 과목별 이수 시간을 20%까지 자율로 늘리거나 줄일 수 있게 한다는 것이다. 80개 과목으로 세분화돼 있는 고교 선택과목도 대폭 통합하기로 했다.

과목을 통합해 학기당 이수 과목 수를 줄이는 것은 옳은 방향이다. 우리나라는 음악, 미술, 실과, 도덕 과목을 포함하여 중고교의 학기당 이수 과목 수가 12~13과목이나 된다. 미국과 영국 등은 8과목 이하다.

학기당 이수 과목의 수를 줄이는 것과 동시에 과목의 선택 폭을 넓혀야 한다. 주요 과목은 필수로 묶고, 나머지는 선택하게 하면 된다. 선택과목은 군별로 묶어서 각 군별로 각 학기당 한 두 과목을 선택하게 한다. 이때, 필수 과목과 선택 과목에도 각각 수준별 선택이 가능하도록 단계화해야 한다. 문제는 이러한 선택을 학습반별로 강제해서는 안 된다는 것이다. 학급을 없애고, 학생들이 자유롭게 선택하게 하여라.

국어, 영어, 수학을 필수로 한다면, 각 과목의 단계와 수준별로 선택하게 한다. 선택 과목으로서는 사회, 과학, 예체능, 등으로 대

분류 한다면, 이들 분류에서 세분되는 과목을 학기당 1~2개 선택하도록 한다. 과학을 예로 든다면, 세분된 과목으로는 물리, 화학, 생물, 등이 있다면, 이중 특정 학기에 하나를 선택하게 하되, 각 과목의 단계별 혹은 수준별로 초급과 중급 혹은 고급으로 나누어 선택하게 한다.

미국의 경우 고등학교에서의 물리 교육과정을 보면, 물리 교과가 초급, 중급, 혹은 고급으로 나뉘어져 있다. 초급만 배워도, 웬만한 대학의 이공계에서 수학할 수 있게 되어있다. 그런데, 고급의 경우는 거의 대학물리 이상의 수준으로 가르치고 있다. 고교 시절부터 이공계로 진학하여, 학자나 고급 엔지니어가 될 사람은 이러한 고급물리를 선택하면 된다.

이렇게 고등학교의 교육과정이 바뀌면, 그에 따라서 자연스럽게 각 대학에서 내신으로 반영할 수 있는 근거를 갖게 된다. 우리대학의 물리학과에서는 이러한 고급물리를 수강한 학생은 당연히 우대할 것이다. 물론 고급물리를 하지 않았어도, 우리 물리학과에서 받을 수 있는 것이다. 대학에서는 학생들의 수준에 따라서 다양한 교과과정이 준비되어 있기 때문이다. 그러한 방향으로 고등학교의 교육과 대학의 교육이 연계성을 갖게 된다.

이제는 모든 교과목을 모든 학생들에게 일방적으로 강제 적용하는 방식에서 탈피하여야 한다. 모든 교과를 학생들이 자유롭게 택할 수 있는 선택의 폭을 넓히는 방향으로 개선되어야 한다는 것이다.

공교육, 어떻게 살릴 것인가?

사교육을 억지로 규제한다고 공교육이 사는 것이 아니다. 사교육이란 고무풍선처럼 한 쪽을 누르면, 다른 쪽이 부풀어 오른다. 사교육을 잡아야, 공교육이 바로 선다는 것은 잘못이다. 공교육 자체를 바로 잡아야 한다는 뜻이다.

공교육을 살리는 답은 이미 위에서 나왔다. 기본 개념은, 학생들에게 학습의 선택권을 주는 것이다. 이는 종래에 일방적으로 강요한 학습에서 탈피하는 것이다. 학생 스스로의 판단과 수준에 따라서 교과목을 선택하게 하고, 담당 교사도 선택하게 한다.

그 처방을 다음과 같이 요약한다.

1) 학생들에게 학습 선택권을 보장하여라.

교과목의 선택, 교과 수준의 선택, 그리고 과목교사를 선택하게 하여라. 수준별 교과서를 마련하여라. 동일한 교과를 담당하는 교사들을 복수로 배치하여, 학생들이 선택하게 하는 것이 중요하다. 동일한 과목의 강좌에 학생의 수가 모두 같을 필요는 없다. 어떤 교사가 담당하는 반은 학생 수가 많을 수도 있고, 적을 수도 있다. 종래의 천편일률적인 수업에서 탈피해야 한다.

2) 학점제를 도입하여라.

학점이수 상담 제도를 통하여, 스스로 과목의 선택을 설계할 수 있도록 하여라. 필수과목을 최소화하고, 선택의 폭은 넓혀라.

3) 교과목의 수를 줄여라. 아니면, 필수 이수 과목의 수를 줄여라.

4) 학습반을 폐지하여라. 학습 선택제도에서는 학급의 의미가 없어진다. 학급과 학년을 초월하여 강의를 듣게 된다. 담임제도는 학생지도와 상담역으로 전환한다. 학반은 학생지도를 위해 필요할 뿐이다.

5) 특별활동 반을 운영하여라. 예체능 활동도 선택하게 하여라. 음악, 미술, 실기, 체육을 한 두 과목 선택하게 하여라. 학생들이 하기 싫은데도 억지로 시키지 마라. 하고 싶은 학생들만

하게 하여라. 특히, 체육활동을 장려하여라. 이제는 학생들이 좀 뛰어 놀 수 있도록 보장하여라.

6) 보충학습 강좌를 개방하여라. 보충학습 교과목을 개설하되, 선택할 수 있도록 하여라. 이때에도 강의 교사를 학생들이 선택할 수 있도록 하여라. 보충학습 강좌를 개방하여라. 타 학교에도 개방하고, 재수생에게도 개방하고, 그리고 일반에게도 개방하여라. 인기 있는 보충학습 프로그램을 많이 개발하고, 홍보하고, 강의의 질을 높이기 위하여 부단히 노력하여라. 그 지역에서 소문난 명강의가 많이 나오도록 하라.

7) 모든 강의에 대하여 설문 형식의 평가를 받아라. 그 평가에 따라서 퇴출과 대우를 결정하여라. 그것이 교원의 평가이다. 이것이 공교육을 강화하는 길이다.

7 조기영어교육

사교육비 부담을 절반으로 줄인다는 것이 이명박 정부의 핵심 공약 중 하나다. 이명박 정부는 특히 영어 공교육을 활성화하고, 아이들이 학원에 다니지 않아도 영어를 잘할 수 있도록 하겠다고 정부 출범 때 밝혔다.

그러나 듣기와 말하기 위주의 실용영어 정책이 오히려 사교육을 부추기는 '딜레마'에 빠져있다. 가야할 방향은 맞다. 그러나 회화 강사를 투입하고 있으나, 별 효과를 거두지 못하고 있다. 학부모들의 불안만 커지고, '지금 교사들로는 안 된다.' 하여 학원에 더 의존하는 실정이 되었다.

정부가 영어 교육을 읽기와 문법 위주에서 말하기와 듣기 위주로 바꾼다는 것은 영어 교육의 '대변혁'이다. 대학을 나와도 영어 회화가 제대로 안 된다는 지적을 받아온 만큼 당연히 가야 할 방향이다. 그러나 학부모들은 학교가 아직 '실용영어'를 제대로 가르칠 수 있다고 생각하지 않는 것 같다. 수업이 실용영어 위주라면 학교 시험도 실용영어 위주로 갈 것이고, 그렇다면 실용영어 성적 올리기에 유리한 학원에 아이를 보낼 수밖에 없다는 판단을 내렸다는 것이다.

이는 '과도기적 현상'으로 위안을 삼는다. 영어 교육의 틀을 실용영어로 바꾸어 가는 과정에서, 사교육비가 한시적으로 늘어날 수 있다.

현재 3만4000여명의 초중고 영어 교사 중, 실용영어 교육을 시키는 데 한계가 있는 교사도 적지 않은 것으로 분석된다. 원어민 강사가 학교당 0.5명도 채 안 된다.

교과부가 영어회화 전문 강사 5000명을 학교에 배치하고, 영어

교사 연수를 강화하겠다고 지난해 발표했다. 그러나 정부의 발표에도 학부모들은 냉담했다. 정부는 "학교가 아이들 영어 교육을 모두 책임지겠다."고 했지만 학부모들은 신뢰하지 않고 도리어 정반대의 결과를 유발한 것이다.

사교육업체들은 이 빈틈을 비집고 들어갔다. 작년 경기 침체 속에서도 영어 전문 학원들은 특수를 누렸다. A영어학원은 2007년 매출이 436억 원에서 2008년 786억 원으로 뛰었고, B영어 학원 매출은 628억 원에서 830억 원으로 늘었다.

교과부는 시장 반응에 당혹해 하면서도 영어 사교육과 '전면전'을 벌이겠다는 입장을 굽히지 않는다. "올해부터 학교 현장에 영어 교육 혁신이 본격 시작된다. 학부모 신뢰를 회복해 영어 사교육비를 반드시 줄여나가겠다"고 말한다. 그러나 과연 뜻대로 될 것인지 의문이다.

영어전문 강사 부족하지 않다

두 가지 정책의 방향을 제시한다.

하나는 영어교육도 철저하게 학생들의 선택권을 보장하는 쪽으로 해야 한다. 둘째는 영어 강사의 발굴 문제이다.

그동안 많은 과목들 속에 영어 교육이 보이지도 않았다. 모든 과목을 천편일률적으로 콩나물에 물붓기식으로 하였다. 그리하여 영어교육의 질을 믿을 수 없었다. 학생도 학부모도 모두 만족하지 못하였다. 결국은 학원을 찾기 마련이다. 이제는 영어학습의 선택권을 보장하여, 학부모를 만족시켜라.

"너는 1반이다, 2반이다."하여, "너는 여기에 앉아 있어라."라고 하면 안 된다. 똑 같은 프로그램으로 강제적으로 강사를 배치하면 안 된다. 그렇게 하면, 100% 실패한다.

영어 회화와 듣기 프로그램이라면, 수준별로, 성격별로, 몇 개의 강좌를 개설하고, 그 강좌에 대하여 우선 강사도 배치한다. 그리고 학생들이나 학부모가 상의하여 선택하게 한다.

우선은 강사가 태부족이라고 걱정한다. 당장은 영어 임시교사를 적극 활용하자. 특히, 방과 후 영어교실에 임시교사를 적극 활용하자. 임시교사 요원으로는, 주부교사, 대학졸업자와 졸업예정자를 활용한다. 사범대와 비사범대를 구분하면 안 된다. 일차 영어임시교사의 능력은 각 대학의 어학연구소나 어학센터를 적극 활용하면 된다. 이 연구소에서 영어능력을 평가하여 A, B, C로 분류하고, 이들을 활용하면 된다. 이렇게 능력을 확인 받은 사람을 대상으로 임시교사를 선발한다. 그리고 이들에게 인센티브 부여하고, 현장교사 활동도를 평가하여 연수도 시키고, 일정한 자격 요건을 갖추게 하여, 정식 영어교사로 활용하면, 영어 전문 인력 양성에 시간도 절약된다.

요즈음 대학에는 영어회화에 능숙한 학생들이 많다. 이미 졸업한 학생들 중에 사실상 실업자로 있는 학생도 부지기수이다. 영문과 졸업생만이 아니다. 국문과도 좋고, 이공계 졸업자도 좋다. 학과와 전공을 따지면 안 된다. 그들은 이미 해외 연수를 마친 학생들도 부지기수 이다. 영어능력, 말하기, 듣기 능력만 갖추면 된다. 그리고 인기 있는 강의를 하면 된다. 그들은 예비교사 선발 프로그램에 기회를 준다면, 환영할 것이다. 영어강사 인력이 부족하다는 것은 사실이 아니다. 이명박 정부에서 청소년의 실업 대책이 중요한 정책인데, 이것은 실업정책과도 맞아 떨어진다.

지방에 있는 시골의 학교도 이들을 활용할 수 있다. 우리학교 영문과 졸업생뿐만이 아니라 다른 전공 학생들도 영어회화를 충분히 잘 하는 학생들이 많다. 졸업자도 많다. 언어연구원에서 교육받은 학생도 많다. 그들에게 지방 체류 경비만 지원해주고, 잘하면, 영어 전문교사로 채용한다면, 마다할 이유가 없다.

초중고의 영어교육도 그 프로그램의 경쟁력 확보 없이는 실패한다. 경쟁력이란, 학생들에게 학습 선택권을 부여하는 것이다. 학생들 스스로 고민하여 선택한 프로그램이면, 열심히 하게 된다. 그리고 해당강사의 평가는 질 좋은 프로그램을 위한 동기 부여이고, 선결 요건이다. 그렇게 학습의 선택권이 주어진 교육은 만족하게 된다. 그리고 그들이 만족할 때, 성공한다. 만족하지 못하면, 또 다시 사교육으로 간다.

학교가 사교육을 이기지 못할 이유가 뭐냐? 영어 프로그램을 부단히 개선해 나가고, 평가하고, 수정 보완하는데, 사교육보다 못할 이유가 뭐냐? 강의실이 없냐. 환경이 나쁘냐. 돈이 없냐. 사람이 못하냐? 사교육을 제압할 수 있는 프로그램으로 만들어라. 교장과 교감은 모두 교육의 전문가들이다. 그분들이 왜 사교육 운영자보다 못하다는 말인가! 과기부는 지원을 하고, 그 결과에 대한 책임을 물어라.

영어 교사를 양성하는데 4년이 걸린단다, 언제 그때까지 기다리란 말인가! 세월만 간다. 준비가 안 되어 있다? 교실이 없냐? 사람이 없냐? 돈이 없냐? 돈은 교과부에서 보조하고, 방과 후 학교에 대하여 수요자 부담원칙을 적용하면 된다. 본인이 프로그램을 선택하므로, 본인의 부담을 흔쾌히 받아들인다. 프로그램을 본인이 선택하고, 강사도 본인이 선택한다. 그러나 일방적으로 이렇게 하라고 하면, 안 한다. 따라서 돈도 내기 싫은 것이다. 결국, 또 실패한다. 준비가 안 되었다고 비판 할 일이 아니다. 무엇을 더 준비하라는 말인가?

영어회화 가르칠 수 있는 사람 손들어보라. 구름처럼 몰려온다.

학원에서는 어떻게 영어강사를 구하는가? 사람이 없다는 말, 준비가 안 되어 있다는 말은, 안 하겠다는 뜻이다. 그동안 조기유학, 어학연수, 실업자인 대학 졸업자와 실업예정자인 졸업예정자, 부족이 아니라, 선별하고도 남는다. 이들을 인턴교사로 우선 투입하고, 그 결과를 평가하여, 추후 자격 요건 갖추도록 한다. 써가면서 다듬어라. 그렇게 영어전문요원을 육성할 수 있다. 실업정책에도 한 몫 한다.

영어회화만이 능사 아니다

새 정부 출범 당시에 영어교육 문제로 한창 논란이 일어날 때, 어느 회사원이 기고한 글을 소개한다. 시사하는 바가 있다.

새 정부 인수위의 영어몰입교육이 논란을 빚고 있다. 내가 보기에 영어몰입교육의 취지는 대략 두 가지로 요약되는 것 같다. 하나는 기러기 아빠로 대변되는 조기유학 열풍과 교육양극화의 해소다. 그런데 조기유학은, 개선되지 않는 입시지옥, 획일적인 암기식 교육, 국내 기업 취직에도 도움이 안 되는 국내 대학들의 경쟁력, 줄어드는 직업 안정성, 불확실한 미래에 미국 대학 졸업장이라도 붙들려는 학부모들의 몸부림이 진정한 이유다.
또 다른 이유는 국가경쟁력 강화일 것이다. 영어능력 향상이 국가경쟁력을 향상시킨다면, 아마 이는 다국적 기업들의 한국 투자나 한국산 제품의 구매가 한국인의 향상된 영어능력으로 인해 증가할 것이라는 시나리오에 바탕을 둔 것일 수 있겠다.

필자가 일하는 회사를 보자. 임직원 중 40%가 미국 밖에서 일하는 외국인이고, 미국 내 임직원도 상당수가 필자 같은 외국인 노동자인 다국적 기업이다. 회사의 회의실에서는 세계 각국 출신 기술자들이 발표하고, 토론하고, 때로는 언성을 높이면서 자신들의 주장을 편다. 여기엔 원어민 수준의 영어부터 인도의 시장에서 쓰이는 영어까지 다양한 영어가 혼용되고 있다. 중요한 사실은 이 환경에서 영어발음의 유려함은 전혀 중요하지 않다. 오로지 아이디어 창출능력과 문제 분석 및 해결 능력, 계획 실행능력, 그리고 커뮤니케이션 능력만이 중요할 뿐이다. 글로벌시대 최대 경쟁력은 해당 분야의 실력임을 필자는 매일 몸으로 느끼며 살고 있다.

우리 회사는 수많은 일본 업체로부터 장비와 재료를 공동개발하고 천문학적인 구매를 하고 있다. 이들 업체와의 회의엔 보통 통역이 배석하는데, 이유는 일본 기술자들과 영어로 소통하는 것은 거의 불가능하기 때문이다. 그들의 기술력, 품질, 일 처리의 깔끔함, 고객지상주의 등은 타의 추종을 불허하고, 바로 이것이 일본 업체들, 나아가 일본의 경쟁력이다.

21세기 글로벌한 인재에게 필요한 능력은 자기 분야에서 세계적인 수준의 전문성, 적극성, 조직 적응력, 리더십, 그리고 자신의 분야에서 각국의 전문가들과 난상 토론할 수 있는 커뮤니케이션 능력이지 원어민의 발음을 흉내 내는 생활영어 수준의 영어가 아니다. 인도에 다국적 기업들의 대규모 투자가 이어지고 있는 건 세계수준의 이공계 인력을 낮은 인건비로 고용할 수 있기 때문이다. 이러한 인재들이 없다면 인도에는 미국 소비자들의 불평을 접수하는 '콜 센터(call center)' 만 남게 될 것이다. 내용 없는 영어회화 능력은 다국적 기업의 콜센터로 전락하는 지름길이다.

새 정부가 국가경쟁력 향상을 위해 'Good-to-have(하면 좋은 일/영어능력향상)' 에 매달리다 'Must-have(꼭 해야 할 일/우수 이공계 인력 양성, 정부조직 부정부패 척결, 간소한 행정절차 등)' 을 소홀히 하지 않기를 바란다.

대학의 영어강의

주요 대학에서 영어로 수업을 진행하는 강좌가 크게 늘었다. 최근에 주요 대학이 개설한 영어 강좌 수와 비율은 고려대 1186개(33.76%), 서강대 199개(17.92%), 서울대 592개(12.4%), 성균관대 371개(15.7%), 연세대 668개(27.02%), 한양대 498개(18.3%)라는 비공식 집계이다.

대학들이 영어 강의를 개설하는 이유는 각종 대학평가에서 좋은 점수를 받기 위해서다. 영어 강좌의 수가 대학 '국제화' 수준을 측정하는 잣대로 사용되기 때문이다.

대학마다 영어로 강의하는 교수에게 다양한 인센티브를 부여해 영어 수업을 권장하고 있다. 서울대는 교수가 3학점짜리 강의를 영어로 진행하면, 4학점을 한 것으로 인정해 준다. 매 학기 서울대 교수의 의무 강의 학점 수는 12학점(3학점 4강좌)이지만, 영어로 수업할 경우 3과목만 해도 12학점으로 인정되는 것이다. 또 상당수 사립대에선 영어 강의를 하는 교수에게 금전적인 혜택을 주는 식으로 인센티브를 주고 있다.

영어로 진행되는 강의실 풍경을 모 일간지의 기자는 다음과 같이 묘사하고 있다. 지난 학기에 자진하여 영어강의를 시범 실시한 나도 이 기자의 취재 내용에 공감한다. 다음은 그 기자의 취재 내용이다.

영어 강의를 하는 연세대 경영학과 전공과목인 '마케팅 전략' 강의실에 직접 들어가 보았다. 교수는 강의 내용을 영어로 정리해 칠판 앞에 걸어둔 채, 수업을 시작했다.

"마케팅에서 '포지셔닝(positioning)'이 뭐라고 했죠?" 교수의 영어 질문에 40여명이 자리를 메운 강의실에 침묵이 흘렀다. 학생들은 고개를 숙인 채, 교재로 시선을 떨어뜨렸다.

한참 침묵 뒤에, 앞자리에 앉은 학생 하나가 영어로 대답을 한

후에야 강의가 이어졌다. 영어가 유창한 학생 2~3명이 답변을 전담하고, 나머지는 칠판 베끼기에 바빴다. 교수는 수업 내내 영어로 "다들 따라오고 있죠?" "질문 없나요?" "내 말 이해한 거죠?"를 연발했다.

같은 날 성균관대의 '현대세계와 글로벌 시각' 수업이다. 교수는 영어 교재를 읽고, 한국어로 해석할 뿐, 영어로 수업을 진행하지는 않았다. "강의를 빨리 마치고 영화를 보겠어요." "교실 불 좀 꺼 줄래요?" 같은 말만 영어로 했고, 나머지는 모두 한국말 수업이었다.

서울대 학생 전용 포털사이트엔 "학생들이 못 알아들으니까, 어느새 영어 수업이 한국어 수업으로 변하더라."는 글이 올라 있다. 중하위권 및 지방 대학에선 상황이 더 심각하다. 외국인 교수가 수업을 맡았던 지방 D대학 경영학과에선, 학생들이 과제물을 단체로 내지 않은 일이 발생했다. 교수가 확인해보니, "○○일까지 과제물을 제출하라"고 한 그의 말을 알아듣지 못해 생긴 일이었다.

한 지방대학 사회학과 교수는, "학교 측이 모든 과에서 매년 2과목씩 의무적으로 영어 강의를 개설하도록 해서 어쩔 수 없이 영어 강좌는 만들지만, 학생들이 알아듣지 못하니, 결국 영어 교재를 읽고 해석해주는 것밖엔 달리 방법이 없다."고 했다.

물론 모든 영어 강의가 이렇게 캄캄하지는 않다. 자연과학 분야에서는 그런대로 영어강의가 잘 이루어진다. 11일 이화여대 화학과 영어 수업인 '유기 합성' 강의에선, 교수가 칠판 앞 전자스크린 위에 뜬 유기 화합물 모형과 분자식을 전자빔으로 하나씩 비춰가며 영어로 설명했다. '응축 반응', '가역 반응', 등 전문용어가 생소했지만, 화학식을 보고 푸는 수업이라 학생들은 용어에 익숙해지면, 이해하는 데 큰 어려움은 없어 보였다.

100% 영어로 수업을 진행하는 '서울대 글로벌 MBA' 강의 평가에서, 최고 점수를 받은 경영학과 송재용 교수는, "한국인 학생을 대상으로 영어 강의를 할 경우, 학생들의 이해 수준은 한국어 강의의 절반 수준으로 떨어지기 때문에, '지식 전달' 이냐 '영어' 냐를 두고 늘 갈등한다." 고 말했다.

전공 수업 대부분을 영어로 강의하는 KAIST의 메리 캐서린 톰슨(여, 29), 건설 및 환경공학과 교수는, "학생들이 영어 수업에 익숙해지는 데 2개월 정도 걸렸지만, 그 후엔 놀랄 만큼 실력이 늘었다." 며 "학생들이 세계무대에서 경쟁해야 하는 만큼 영어 수업은 꼭 필요하다." 고 했다.

고려대 교양관 201호 강의실. 사학과 전공과목인 '한국사회운동사' 강의가 진행되고 있었다. 영어로 수업하는 강의다. 영세농민에 대한 마르크스의 관점을 설명하던 강사가 영어로, "중국과 베트남의 혁명은 누가 주도했나?" 라고 질문하자, 학생 19명 전원이 일제히 고개를 숙이며 강사의 시선을 외면했다.

강사가 한 학생을 지목하자, 해당 학생은 당황하며 한국말로, "사회주의자 아닌가요?" 라고 답했다. 영어 질문이 떨어질 때마다, 교실엔 침묵이 흘렀다. 강의 중간에 "그러면 한국어로 이 대목을 말해 볼 사람?" 이란 말이 다섯 번이나 나왔다. "내 말 알아듣겠어요?" 라는 영어 질문은 수업 내내 반복됐다.

대학의 영어강의가 늘어나는 것은 바람직하다. 그러나 영어강의를 위한 준비와 성공을 위한 전략이 필요하다. 결국, 영어강의는 준비된 학생이 아니면, 못 알아듣는다. 실패한다. 이것도 준비된 학생들이 선택할 수 있도록 해야한다.

대학의 영어 강의의 성패도 마찬가지다. 강좌를 개설하고, 학생들에게 무조건 그 강의를 듣게 하면 실패한다. 준비가 안 된 학생들에게는 무리가 따르고, 흥미를 잃고, 결국 그 과목은 실패한다. 사전에 영어 강의라는 것을 명시하여라. 준비된 학생이 듣게 하여라. 준비된 학생이 선택하게 하여라. 무조건 듣지 않으면 안 된다는 식의 일방적인 영어강의가 실패의 원인이다.

우리학과에서도 영어강의를 시범으로 실시하였다. 우선 1학년 교양과목으로 대학물리학 과목이다. 우리 자연과학대학은 신입생을 대상으로 물리학강좌가 N1, N2, N3의 3개 반으로 편성되었다. 실험적으로 내가 맡은 N1반과 동료교수 한분이 맡은 N2반에서 영어강의를 실시하였다. 물론 다른 인문사회과목보다는 전문용어가 많으므로 영어 강의에 큰 무리는 없다고 느꼈다. 중간고사를 치르고 설문을 조사하였다. 영어강의에 찬성과 반대가 50:50이었다. 상당히 의외라고 생각하였다. 내심으로는 영어강의를 환영 할 것이라고 생각하였다. 결과는 실패다.

그 원인은 무엇일까? 학생들에게는 한국어로 강의하여도 50% 정도는 물리학 과목을 따라가지도 벅차다. 즉, 영어강의를 반대한 50%의 학생들을 엄밀히 살펴보면, 영어로 하기 때문이 아니라 물리학 과목 자체를 못 따라온다는 것이 원인이다. 영어강의가 성공하려면, N1~N3 세 개의 반에 대하여 사전에 영어강의를 고지하고, 원하는 학생들에게 선택할 수 있도록 하면 성공 할 것이다. 그러면 150명 중에 30%는 영어 강의를 선택할 것이다. N1~N3 반 중에서 한 개의 반만 영어강의를 개설하여, 학생들에게 선택하게 하면, 성공한다.

본인스스로 선택한 영어강의는 듣고자하는 의욕이 있기 때문에, 그 영어강의는 성공한다. 준비되지 않은 학생에게 강제로 시행하면, 실패한다. 결국 학생의 선택권을 보장해야 성공한다는 것이 여기에서도 확인된다.

8 사학 분규, 해결책 없나?

전국 대학의 수가 360여개이다. 4년제는 155여개, 전문대학은 200여개이다. 4년제 155개 가운데 국립은 42개, 사립은 113개이다. 국립과 사립의 비가 1:3이다. 4년제 대학만 따져도, 우리나라 교육의 사학이 담당하는 비율은 약 70%이다. 전문대학은 사립이 더 많으므로, 이를 감안하면, 사립이 우리나라 교육의 70%를 이상을 담당한다. 그동안 사학들은 우리나라 교육의 한 축을 잘 감당하여 왔다. 국가가 고등교육을 전적으로 다 책임질 수 없는 상황에서, 사학의 공로를 인정해야 한다.

사학에서 여러 형태의 분규가 일게 마련다. 때로는 그것이 쉽게 해결되기도 한다. 그렇지 않는 경우는 10여년이 지나도록 해결되지 않는 경우도 많다.

2008년 5월을 기준으로, 임시이사가 파견된 대학은 22개 대학이다. 전문대 8개와 4년제 대학 14개이다. 사립대학의 10% 이상에 임시이사가 파견되어 있다.

임시이사 파견 기간이 10년 이상이 5개 대학(조선대, 영남대, 대구대, 광운대, 탐라대), 5년 이상은 11개 대학(덕성여대, 경기대, 나주대, 서일대, 대구외대, 한중대, 대구예대, 등), 그리고 5년 미만은 6개 대학(세종대, 목원대, 상지대, 등)이다.

파견 사유는 임원들 간의 분쟁 등 이사회 부실 운영, 재단의 비리와 회계부정 등이다. 대부분 사학 법인의 경영자들의 도덕적인 해이에서 비롯된 것이 많다.

이러한 사학의 문제는 쉽사리 해결되지 않는 경우가 대부분이다. 임시이사가 파견되면, 장기간 임시이사 체제를 벗어나기 어렵다. 그 이유는, 법인 산하 전체 구성원들의 첨예한 갈등과 겹치면서, 또 다른 형태의 분규로 변질되어, 걷잡을 수 없이 증폭되기 일수이다.

사학 분규의 원인 제공은 대부분 법인 경영의 도덕적 해이 이지만, 이것이 사학 전체 구성원의 참여로 더 큰 문제로 발전한다. 이것은 우리 사회의 민주적 참여 욕구가 갈등의 소용돌이에 크게 작용한다. 구성원의 참여 의식뿐만이 아니라, 최근에는 이 사회의 좌우 대립이 추가되어 복잡한 양상으로 변한다.

분규가 발생하면, 과기부는 임시이사를 파견한다. 그러나 그 임시이사가 오히려 대학분규를 더욱 불붙이는 경우가 허다하다. 임시이사진과 과기부의 사학분쟁조정위원회도 시대적 갈등과 내부의 좌우 대립이 서로 맞물려서, 그 갈등은 더욱 증폭되는 것이다.

무엇이 문제인가

과거 10년간 대책 없는 임시이사의 파견이 많았다. 임시이사가 무작정 파견된다. 즉, 구체적인 치유 프로그램이 없이, 파견된다는 것이다. 그리하여 임시이사의 파견이 오히려 더 큰 분규로 발전하는 것이 허다하다. 어떤 문제로 인하여 임시이사를 파견하였다면, 그 문제만 해결되면, 파견을 철수한다는 분명한 프로그램이 없다는 것이다. 아무런 대책 없이 임시이사 2년의 임기가 지나면, 또 다른 임시이사에게 인계하는 것으로 10년 이상을 넘긴다. 그 과정에서 공연한 부작용만 더 유발시키는 경우가 허다하다.

회계부정으로 인하여 파견하였다면, 회계문제의 원상회복과 벌칙을 부과한다. 그것이 이행되는 것을 감독하고, 그 조건을 만족하면, 철수하면 된다. 그러나 그 회계부정이 엉뚱하게도 산하 기관의 경영과 관련하여, 더 큰 문제로 발전하는 것이다. 임원간의 분쟁이 원인으로 파견되었다면, 임원들의 의견을 들어서 조정하고, 철수한다. 임원 간의 분쟁으로 파견되어서, 엉뚱한 사람들의 의견을 들고, 그것도 구성원 전체의 의견을 듣는 과정에서 건잡을 수 없는 분규로 변한다는 것이다.

법인의 비리가 있었다면, 그것을 시정하고 철수한다는 프로그램이 없다. 과태료 개념으로 비리 내용에 따라서 벌금을 물린다든지, 어느 누구를 향후 몇 년간 법인의 운영에 참여 못하게 한다든지, 그러한 프로그램이 없다.

막연하게 법인에 와서 안방 차지하고, 살림살이 하는 꼴이다. 치료하라고 보냈더니, 되레 긁어 부스럼만 키운다. 그 과정에서 혼란과 갈등만 조장한다. 민주적으로 의견 수렴한다고 하여, 법인관계자, 대학관계자, 직원, 학생들, 모든 사람들의 의견을 모두 듣는다. 목소리 큰 사람의 의견은 더 크게 들린다. 그렇게 모든 사람들의 의견을 모두 수용할 것인가? 이 기회에 민주적 운영에 대한 요구가 봇물처럼 떠진다.

예컨대, 위의 사학가운데는 20억 원의 회계 부정으로 이사회 임원을 승인 취소하고 임시이사가 파견된 경우가 있다. 그 처방으로 20억 원의 수배를 물린다든지 하는 프로그램을 마련하고, 그 조건이 이행되면 된다. 임원간의 분쟁으로 이사회가 결원이 되었다면, 결원된 임원을 보충하고 철수한다는 프로그램을 가동하면 된다.

그러나 임시이사가 파견되면, 일단 모든 구성원들이 목소리를 낸다. 각양각색의 소리와 다양한 요구의 처방전을 들이 민다. 각자의 주장을 관철하고자 필사적으로 들고 나온다. 분규만 증폭되는 것이다.

한편으로는, 이런 저런 이유로 그 법인을 사실상 경영한다. 이러한 장기간의 임시이사의 법인경영은 또 다른 부작용으로 나타난다. 그들 중에 비양심적인 사람은 산하 학원의 인사문제나 경영상의 문제에 개입하여 영향력을 행사하는 비도덕성도 있다. 임시이사가 해당 대학에 자신의 친족을 교수나 직원으로 채용하도록 하는 예는 우리대학에서도 있었다.

대책 없이 파견되는 임시이사는 해결책이 아니라, 혼란의 시작이고, 그 혼란은 증폭되어 10년이 가도, 20년이 가도, 대책이 없다.

사학분규 형태의 한 단면을 최근의 신문기사를 통하여 살펴보자.

해당 일간지의 관련 기사의 소제목은 다음과 같다. "2007년 신설 사학분쟁조정위 좌우 대립으로 기능 마비". "퇴임 앞둔 구정권 임시이사들 '코드인사' 하자, 옛 재단 측 반발". "임기가 끝난 임시이사들이 무슨 자격으로 총장을 뽑겠다는 것인가?". 이와 같은 소제목으로 다음과 같이 기사화 되었다.

2008년 5월 서울 소재 중견 사립대학인 S대의 일간지 취재 기사이다.

16일 오전 서울 S대학 캠퍼스. 이 학교 교수와 학생 50여명은 기자회견을 열고, 학교 집행부를 성토했다. 이들은 이날 학교 임시이사들이 17일 임기가 끝나는 Y모 총장 후임을 뽑으려고 이사회를 소집하자, 저지에 나섰다. 회견을 주도한 쪽은 통합교수협의회와 S사랑 학생회 소속으로 옛 재단 측 인사들이다. 반면, 이날 만난 이 학교 교수협의회 인사는 상반된 주장을 했다. 현 학교 집행부를 지지하는 이 인사는 "비리를 저지른 옛 재단 사람들이 학교를 다시 장악하려고, 이사회의 총장 선임권을 방해하고 있다"고 주장했다.

발단은 이렇다. 최근 몇몇 사립대학에서 임기가 끝난 임시이사들이 '긴급처리권'을 통해 총장을 뽑았거나, 뽑으려 한 것이다. 임시이사의 임기가 끝나면, 새 임시이사나 정이사를 임명해서, 총장을 뽑아야 하는데, 이 문제를 다루는 사학분쟁조정위원회가 위원들 간 이념대립으로 그 기능이 마비되어 해결책을 내지 못하기 때문에, 이런 상황이 빚어진 것이다.

이날 S대 이사회에 참석한 임시이사들의 임기는 지난해 6월 만료된 상태였지만, 이사회는 '긴급처리권' 을 통해 학교 안건을 처리할 수 있다는 입장이다.

'긴급처리권' 은 임시이사들 임기가 끝났을 경우, 학교의 긴급안건을 처리할 수 있도록 이사들에게 주어지는 권한이다. 학사일정 차질 등이 빚어지지 않도록 마련한 제도다. 그러나 지난 정부 때 임명된 임시이사들이 이 제도를 후임 총장 선임에 이용하려고 한다고 옛 재단 인사들은 주장하고 있다.

S대 전 이사장은 "과거 학교를 장악한 좌파세력들이 자신들과 코드가 같은 인사를 총장에 앉히려고, 긴급처리권을 동원하려고 한다."고 말했다. 교과부도 "긴급처리권으로 총장을 뽑는 것은 적절치 않다."는 의견을 학교 측에 보냈다.

반면 대학 본부 측은, "긴급처리권은 민법에 근거한 합법적 권한이다."라고 반박했다. 결국 이날 S대 이사회에서는 후임총장 안건을 상정하지 못했다.

이 같은 상황은 올해 초 T대에서도 있었다. 지난해 임기가 만료된 T대 임시이사들은 지난 1월 '긴급처리권' 을 통해 총장을 선출했다. 이에 반발해 T대 옛 재단 측은 "총장 선임은 원천 무효"라며, 정부중앙청사 앞에서 시위를 했다. T학원 정상화 추진위원회는 '교과부가 임기가 끝난 임시이사들에게 긴급처리권을 준 것은 월권' 이라고 주장했다.

이들 학교에서 옛 재단 측은 "임기가 만료된 임시이사들이 자신과 코드가 맞는 인사를 총장으로 앉히려 하고 있다."고 주장한다. 그러면서 이들은 현 임시 이사진에 지난 정부의 코드 인사들이 다수 포함돼 있다고 주장하고 있다.

S대의 경우, 변호사인 전 통일민주당 공천심사위원장과 언론개혁시민연대 대표, 참여연대 정책자문부위원장 등이 이사진에 포함

돼 있다. T대에는 전교조 성향의 경기도 교육감 당선자가 이사로 있다.

한 사학 관계자는 "지난 정부에서 대학 임시이사로 앉은 좌파인사들이 아직도 대학을 좌지우지한다."고 말했다. 교과부 고위 관계자도 "지난 정부를 거치면서 임시이사 파견 대학에 진보 성향의 인사들이 이사에 임명된 것은 사실이다."라고 말했다.

사학분쟁조정위원회

이러한 최근의 학내 갈등의 원인은 노무현 정부가 정권 말기에, 사학 문제를 다루는 국가기관으로 '사학분쟁조정위원회' (사분위)라는 '대못' 을 만들고 떠났기 때문이다. 노무현 정권 말인 2007년 12월 말, 2년 임기로 임명된 사분위 위원은 11명이다.

법대로라면 사분위는 지난해 6월 임기가 끝난 T대와 S대 등에 임시이사를 재 파견하거나 정이사를 임명해 학교정상화가 이루어지도록 해야 한다. 하지만 이 결정을 해야 하는 기관인 사분위가 사실상 기능정지 상태다. 위원들이 좌우 성향으로 나뉘어 사사건건 대립하고 있기 때문이다.

사분위 11명 위원 중, 진보성향 인사는 4명으로, 한미자유무역협정 저지 교수학술단체 공동대책위원장, 사학법 시행령 개정위원장을 역임하신 교수, 나머지 두분은 교수 노조와 민주화를 위한 교수협의회에서 활동하였다고 모 일간지가 보도 한 바 있다.

실제로 지난 15일 오전 서울시내 한 호텔에서 사분위 전체 회의가 열렸지만, 문제가 된 대학들의 이사 파견 문제를 결정하지 못했다. 당초 사분위가 임시이사 안건을 처리하려고 했으나, 진보 인사들이 안건 상정을 반대해 2시간 만에 회의가 성과 없이 끝났다고 참석했던 한 관계자는 전했다. 이 관계자는 "다수결로 문제를 해결하자는 주장도 일부 있었지만, 전원 합의를 고집하는 위원들이 있어 사태 해결에 전혀 진전이 없는 상황이다."라고 말했다.

사분위가 오는 23일 전체 위원 회의를 재소집해 놓고 있지만, "현재로선 특별한 진전이 없을 것이라는 것이다."는 교과부 안팎의 전망이다. 결국 현 사분위 위원들의 임기가 끝나는 올해 12월 말까지 분규 사학들의 문제가 해결될 가능성이 희박하다는 것이다. (2008년 05월 기사)

종전에는 학내 분규가 발생하거나 비리 문제가 발생한 학교의 경우, 대학은 교과부가 중고교는 시도교육청이 임시이사를 파견해 왔다. 그러나 지난해 7월 사립학교법이 재개정되면서 사학분쟁조정위원회가 임시이사 선임 및 정상화 방안을 심의하도록 기능과 권한이 이양됐다.

당초 임시이사는 분규가 발생한 학교법인을 조속히 정상화시키기 위한 취지였지만, 한번 임시이사 체제가 되면 좀처럼 정상화하기 힘들었다. 이는 학내 분규에 대한 구성원의 이해관계가 다르고, 문제의 법인이 쫓겨난 뒤 새로 들어선 임시이사나 교수들이 학교를 차지하면서 구재단이 다시 들어오는 것을 막는 사례가 많았다.

정이사 전환 요건이 까다로워, 임시이사 체제가 장기화하는 부작용이 있었다. 사학법이 임시이사의 임기를 제한해도, 계속 새로운 임시이사가 선임돼 사실상 임시이사 체제의 영구화를 막을 길이 없었다. 그리하여 임시이사 파견은 문제의 해결이 아니라, 새로운 문제의 시작이란 지적이 많다.

임시이사가 일방적으로 정이사를 선임해 문제가 된 경우도 있었다. T대의 경우 옛 교육인적자원부가 파견한 임시이사들이 2003년 정이사 9명을 선임했다. 이에 대해 대법원은 지난해, "임시이사는 임시적인 위기 관리자에 불과해 정이사를 선임할 권한이 없다."며 이사회 결의를 무효로 확정한 바 있다. 그럼에도 불구하고 일부 대학에선 임시이사들이 정이사를 선임하려는 움직임이 있어 논란이 예상된다.

임시이사의 성향을 둘러싸고, 시비도 끊이지 않았다. 특히 참여정부 들어, 여권 인사와 특정 시민단체 인사 등이 임시이사로 대거 파견돼, 편향 인사나 낙하산 인사라는 지적도 이어졌다.

자유주의교육운동연합은 임시이사회가 설립자와 협의 없이 학교를 매각하기로 의결하거나, 임시이사장의 급여로 수억 원을 지원한 법인들의 사례를 들어, 감사원에 감사를 청구하기도 했다.

옛 교육인적자원부가 정이사 전환을 위한 요건을 너무 까다롭게 심의해, 오히려 학교 정상화를 가로막았다는 지적도 있었다.

사학분쟁조정위는 대통령 추천인 3명, 국회 추천인 3명, 대법원장 추천인 5명 등 11명으로 구성된다. 사학분쟁조정위는, 학교 발전에 기여한 자, 학교법인 재산액의 3분의 1 이상을 낸 자, 임시이사 선임 전에 선임됐다가 퇴임한 정이사, 해당 학교법인의 임직원, 교직원, 이해관계인 등의 의견을 들어 정상화 여부를 심의하게 된다.

임시이사가 교체될 21개 법인 중 정상화 추진 계획을 제출한 10개 법인의 경우 사학분쟁조정위의 심의가 원만하게 이뤄질 경우 곧바로 정이사 체제로 전환될 가능성도 있다.

교과부도 해당 사학에 정이사가 파견되도록 적극 유도하겠다고 밝혔지만, 오랜 분규로 학내 구성원 간의 갈등이 깊어져 정상화 계획을 제출하지 못하는 법인도 많아 쉽지 않을 것으로 보인다.

재개정 사학법 시행령이 정이사 전환 요건을 명확히 규정하지 않은 것도 관건이다. 정상화를 위해 의견을 들어야 할 이해관계인의 범위나 옛 재단 관계자 배제 여부 등이 명확하지 않아 심의 과정에서 논란이 예상된다.

우리나라 대학교육을 사학이 담당하는 비율은 70% 이상이다. 국가 재정으로 대학의 교육을 감당하는데 한계가 있다. 국가는 초등학교의 의무 교육 재정도 힘겨운 시절이 있었다. 이제 겨우 중학교의 의무 교육이 시작되었다. 언젠가는 선진국처럼 고등학교의 의무교육도 실시하여야 한다. 대학교육을 전적으로 국가가 담당할 여력은 없다.

사립학교의 운영은 학생 정원의 확보와 학생 유치가 관건이다. 이로 인하여 우리나라의 사학들이 과거에 기부금, 청강생, 정원 외 입학 등, 많은 문제를 야기하였다. 그 외에도 악덕 행위로서 교수채용 장사도 있었다. 대학 운영에 있어서 건축 비리나 기자재 도입과정의 비리도 있었다.

이제는, 사학의 운영을 어느 개인이 마음대로 좌지우지하거나, 부정을 저지르기 어렵게 되었다. 재정 운영의 투명도를 높이라고 야단들이고, 교육부에서도 관리감독이 철저해 졌다. 이제는 금방 들통 난다. 그리고 사학을 운영하는 사람들의 운신의 폭도 극히 좁아졌다. 아마도 이제는 사학을 하겠다고 선뜻 나서는 사람을 찾기가 쉽지 않을 것이다. 누가 이런 곳에 수백억을 투자하려고 할까? 순수하게 국가 장래를 위하여 후학을 기르고자 하는 사명을 감당하고자 하여도, 이 사회가 그렇게 받아들이지 않는 분위기다.

근자에 중앙대학교의 법인 경영진이 바뀌었다. 두산 그룹의 박용성 회장이 중앙대학의 이사장이 되었다. 박용성 회장은 최근의 신문 기고에서 다음과 같이 지적하고 있다. "대학의 특수성은 인정하지만, 교직원과 학생이 주인일 순 없다. 의무와 역할보다 권리를 내세워서는 세계적인 명문대학의 꿈은 멀어진다."라고 하였다. 물론 이 말도 맞다. 그러나 사학경영인에게 더 높은 도덕성이 요구되는 시대임이 분명하다.

부록

부 록

I. 조광섭 교수 국제학술인증(SCI) 논문 리스트

1. Tilting Mode Stability of Spheromak, J. Kor. Phys. Soc., Vol.16, p.128 (1983).
2. Compressional Effects on Drift-Resistive Instabilities in General Toroidal Plasma, IEEE Trans. Plasma Sci., Vol. PS-15, No. 4, p. 452-459 (1988).
3. Numerical study of drift-resistive modes in general toroidal geometry, J. Appl. Phys., Vol. 31, No. 9, p. 2659-2669 (1988).
4. Monte Carlo simulation of electron beam lithography in Resist Films Containing Heavy Metals, J. Kor. Phys. Soc., Vol. 21, No. 3, p. 267-278 (1988).
5. Electrical Transport Studies of the Two-dimensional Electron Gas in AlxGal-xAs/GaAs(x=0.3) Single Quantum Wells and Heterostructures, J. Kor. Phys. Soc., Vol. 23, No. 1, p. 51-57 (1990).
6. Monte Carlo simulation of energy dissipation in electron beam lithography including secondary electron generation, J. Appl. Phys., Vol. 67, No. 12, p. 7560-7567 (1990).
7. Electric field solutions between an emitter tip and a plane extractor in LMIS, J. Phys. D: Appl. Phys., Vol. 23, p. 85-89 (1990).
8. Modified Paraxial Ray Equation in LMIS for Model Field Configuration, J. Kor. Phys. Soc., Vol. 23, No. 5, p. 409-414 (1990).
9. Aberration Characteristics of Einzel Lenses, J. Kor. Phys. Soc., Vol. 25, No. 5, p.450 (1992).
10. Liquid metal ion sources : The shape and size of the ion emitting area, J. Appl. Phys., Vol. 72, No. 12, p.5892 (1992).
11. Angular distributions of current density in liquid Ga-ion sources, J. Appl. Phys., Vol. 74, No. 5, p. 3503-3505 (1993).
12. Shift of Peak Energy Distribution in Field-Emitted charged Particle Beams, Phys. Plasmas, Vol. 1, No. 12, p.4105(1994).
13. On the Aberrations of Submicron Ion Beam Deflector Systems, J. Kor. Phys. Soc. Vol. 28, No. 3, p289 (1995).

14. Pulse width and Rising Time of Relativistic Electron Beam in Gas–Filled Diode, IEEE Trans. Plasma Sci., Vol. 25, No. 2, p. 400–404 (1997).
15. Pulse width and Rising Time of Relativistic Electron Beam in Gas–Filled Diode, J. Kor. Phys. Soc. Vol. 31, p. 201–205 (1997).
16. Propagation and Beam–induced Plasma Channel Characteristics of Mildly Relativistic Electron Beam in Sub–Torr Air Pressure, J. Kor. Phys. Soc. Vol. 31, p. 231–236 (1997).
17. Ion density of plasma channel induced by relativistic electron beam from a gas–filled diode, Physics Letters A, Vol. 241 (1998).
18. An Analysis on the Virtual Cathode Oscillation in a TM Resonant Cavity, J. Kor. Phys. Soc. Vol. 32, No. 5, p. 744–746 (1998).
19. Conductivity and ion density of a plasma channel induced by a mildly relativistic electron beam from a gas–filled diode, Physics of Plasmas, Vol. 5, No. 5, p. 1514–1521 (1998).
20. Energy Distribution of Liquid Metal Ions Normal to the Emission Surface, J. Kor. Phys. Soc. Vol. 32, No. 6, p. 811–814 (1998).
21. Computer–controlled fabrication of ultra–sharp tungsten tips, J. Vac. Sci. Technol. B 16 (4), p. 2079–2081 (1998).
22. Analysis of Firing Voltage in a Plasma Display Panel of Coplanar Electrodes, Jpn. J. Appl. Phys. Vol. 37, No. 10A, L1178–L1180 (1998).
23. Surface Temperature effects on the Energy Distribution in Liquid Metal Ion Sources, J. Kor. Phys. Soc. Vol. 33, No. 5 (1998).
24. Energy Distribution Normal to the Liquid Metal Ion Emission Surface, Physics of Plasmas, Vol. 5, No. 11, p. 4055–4060 (1998).
25. Energy Distribution of Field Emitted Charged Particles during Beam Propagation, Jpn. J. Appl. Phys. Part–1, Vol. 37, No. 12B, p. 6769 (1998).
26. Measurement of Secondary Electron Emission Coefficient of MgO Protective Layer with Various Crystallinities, Jpn. J. Appl. Phys. (1998).
27. Temperature Effects on the Energy Spread in Liquid Metal Ion Sources, J. Phys. D: Appl. Phys. Vol. 31 (1998).
28. An Analytical Theory of Gas–Filled Diode, Physics of Plasmas, Vol. 5, No. 12, p.4401–4407 (1998).
29. Effects of the Dielectric Layer on a Planar and a Coplanar Discharge Breakdown, Jpn. J. Appl. Phys., Vol. 37, No. 12B (1998).

30. Influence of ion density on electron-beam propagation from a gas-filled diode, J. Plasma Physics, Vol. 61, part 1, p. 31-41 (1999).
31. Analysis of Striations in a coplanar Discharge, Jpn. J. of Appl. Phys. Vol. 38, No. 7B, p. L830-832 (1999).
32. Influence of Driving Frequency on the System Parameters in Surface Discharge of AC Plasma Display Panels, Jpn. J. Appl. Phys. Vol. 38, Part 1, No. 10, p. 6073-6076 (1999).
33. An analytical expression of plasma density at electrical discharge in high-pressure gas, Physics of Plasma, Vol. 6, No. 11 (1999).
34. Secondary electron emission coefficient of a MgO single crystal, J. Appl. Phys. Vol. 86, No. 11 (1999).
35. An analytical expression of plasma density at electrical discharge in high-pressure gas, Physics of Plasmas, Vol. 6. No. 11, p. 1384 (1999).
36. Radiation growth characteristics of a two-dimensional micro-Cherenkov free-electron laser, J. Phys. D: Appl. Phys. Vol. 33, p. 654-657 (2000).
37. Ion-Induced Secondary Electron Emission Coefficient of Bulk-MgO Single Crystals, Jpn. J. Appl. Phys.Vol. 39, No. 4A, p. 1890-1891 (2000).
38. Striations in a coplanar ac-plasma display panel, J. Appl. Phys. Vol. 87, No. 9, p. 4113 (2000).
39. Transition of Space Charge to Wall Charge by Control Pulse after Self-Discharge in AC-Plasma Display Panel, Jpn. J. Appl. Phys.Vol. 37, No. 5A (2000).
40. Influence of Inertial Force on Electron Trajectories in the Surface Conduction Electron Emitter Displays, Jpn. J. Appl. Phys.Vol. 39, No. 7A (2000).
41. Energy Distribution of Low-Energy Plasma Ions Reflected from metal Surfaces by Using a Monte Carlo Calculation, J. Kor. Phys. Soc.Vol. 37, No. 3, p. 232-235 (2000).
42. Influence of sustaining pulse-width on electro-luminous efficiency in AC PDPs, Jpn. J. Appl. Phys. Vol. 39, part 1, no.7A, p. 4176-4180 (2000).
43. Influence of gas mixture ratio on the luminous efficiency in surface discharge AC-PDPs, J. Appl. Phys. Vol. 87, No. 11, p. 8045 (2000).
44. Transition of space charge to wall charge by control pulse after self-discharge AC-PDP, Jpn. J. Appl. Phys. Vol. 39, part 1, No. 5A,

p. 2825-2828 (2000).

45. High power microwave generation from an axially extracted virtual cathode oscillator, IEEE Trans. Plasma Sci., vol. 28, No. 6, p. 2128 (2000).

46. Properties of high-pressure discharge plasmas, J. Plasma Phys. Vol. 64, part 3, p. 275-285 (2000).

47. Influence of secondary electron emission on breakdown voltage in a plasma display panel, Appl. Phys. Lett. 78, p. 592 (2001).

48. Influence of Vacuum-Annealing Process on the Secondary Electron Emission Coefficient from a MgO Protective Layer, Jpn. J. Appl. Phys. Vol. 40, p. 1433-1434 (2001).

49. Transport efficiency of intense relativistic electron beam in preformed plasma channel, Jpn. J. Appl. Phys. Vol. 40, part 1, No. 2B, p. 949-951 (2001).

50. Virtual Cathode oscillator under various cathode radii with intense relativistic electron beam, Jpn. J. Appl. Phys. Vol. 40, part 1, no. 2B p. 1130-1135 (2001).

51. Plasma Propagation Speed and Electron Temperature in Surface-Discharged Alternating-Current Plasma Display Panels, Jpn. J. Appl. Phys. Vol. 41 (2002).

52. Plasma Properties in a high-pressure Gas Mixture for a Plasma Display Panel, J. Plasma Physics, Vol. 67, No. 1 (2002).

53. Capacitive Coupled Electrode-less Discharge Backlight Driven by Square Pulses, IEEE Trans. Plasma Sci., Vol. 30, No. 5 (2002).

54. Vacuum Ultraviolet luminous efficiency and plasma ion density in alternating current plasma display panels, Appl. Phys. Lett. Vol. 81, No. 18 (2002).

55. Characteristic Properties of Fluorescent Lamps Operated Using Capacitive Coupled Electrode, Jpn. J. Appl. Phys. Vol. 41 (2002).

56. Electron Temperature and Plasma Density in Surface- Discharged Alternating-Current Plasma Display Panels, IEEE Trans. Plasma Sci., Vol. 30, No. 6 (2002).

57. Effects of electrode length on capacitive coupled external electrode fluorescent lamps, Jpn J. Appl. Phys. 41, part2, no. 3B, p. L355-357 (2002).

58. Plasma properties in a high-pressure gas mixture for a plasma display panels, J. Plasma Physics, vol. 67, part 1, p. 49-58 (2002).
59. Self-discharge synchronizing operations in the external electrode fluorescent multi-lamps backlight, J. Phys. D: Appl. Phys. Vol. 36, p. 2526-2530 (2003).
60. Work function change on O-plasma treated indium-tin-oxide, Materials Science and Engineering B100, p. 275-279 (2003).
61. Coexistence of superconductivity and ferromagnetism in UGe2, Modern Physics Letters B, Vol. 17, No. 26, p. 1385-1389 (2003).
62. The spin-gap in high Tc superconductivity, Journal of Physics: Condensed Matter, Vol. 15, p. L729-L733 (2003).
63. Work function of MgO single crystals from ion-induced secondary electron emission coefficient, J. Appl. Phys. 94(1), July 1, p. 764 (2003).
64. Subgap induced by bilayer effects of CuO2 Planes in high Tc Superconductors, Modern Physics Letters B, Vol. 17, Nos. 29 & 30, p. 1495-1500 (2003).
65. Axially extracted virtual cathode oscillator with an annular cathode for enhancement of the microwave conversion efficiency, J. Kor. Phys. Soc. Vol. 44, No. 5, p. 1256-1260 (2004).
66. Magnetic field dependence on transition temperature Tc in cuprate superconductors, Solid State Communication, Vol. 129 p. 191-193 (2004).
67. Another approach to mechanism of ferromagnetic superconductor UGe2, Solid State Communication, Vol. 132 (2004).
68. Pinhole formation in capacitive coupled external electrode fluorescent lamps, J. Phys. D: Appl. Phys., Vol. 37, p. 2863-2867 (2004).
69. Checkerboard patterns and magnetic resonance peak in cuprate superconductors, Solid State Communication, Vol. 134, p.287-289 (2005).
70. Glow Discharge in the External Electrode Fluorescent Lamp, IEEE Trans. Plasma Science, Vol. 33, No. 4, p. 1410 (2005).
71. CRITICAL MAGNETIC FIELD IN CeCoIn5 SUPERCONDUCTOR, Int. J. Mod. Phys. B, Vol. 19, No. 20, p. 3243-3248 (2005).
72. THE GENERAL KONDO RESISTIVITY BY RENORMALIZED INFINITE SERIES METHOD(RISM), Modern Physics Letters B, Vol. 19, Nos. 19&20, p. 949-955 (2005).

73. Isotope Effects of Mn and O in Colossal Magneto-resistive Magnetes, Mod. Phys. Lett. B, Vol. 19, No. 30, p. 4427-4436 (2005).

74. PHONON-ENHANCED KONDO LATTICE MODEL IN COLOSSAL MAGNETORESISTIVE MANGANITES, Mod. Phys. Lett. B, Vol. 20, No. 1, p. 25-29 (2006).

75. Measurement of Excited Xe Atoms Density in Alternating Current Plasma Display Panel by Means of Laser Absorption Spectroscopy, IEEE Trans. Plasma Sci., Vol. 34, No. 2, p. 317-323 (2006).

76. Phononic Approach to Ferromagnetic Semiconductors, Modern Physics Letters B, Vol. 20, No. 8 (2006).

77. Origin of Curie-Weiss Law in Ginzburg-Landau Functional, Modern Physics Letters B, Vol. 20, No. 9, p. 481-484 (2006).

78. SHORT COHERENCE LENGTH IN CUPRATE SUPERCONDUCTORS, Modern Physics Letters B, Vol. 20, No. 10 (2006).

79. General Resistivity In Normal Metallic States, Modern Physics Letters B, Vol. 20, No. 11, p. 617-622 (2006).

80. Enhanced Out-coupling Factor of Microcavity Organic Light-emitting Devices with Irregular Manganite Array, OPTICS EXPRESS, Vol. 14, No. 14, p. 6564-6571 (2006).

81. Superexchange Interaction in Colossal Magnetoresistive Manganites, Tl2Mn2O7, Modern Physics Letters B, Vol. 20, No. 10, p. 1093-1097 (2006).

82. The Possibility of Magnetic Field Induced Superconductivity in Colossal Magnetoresistive Manganites, Modern Physics Letters B, Vol. 20, No. 19, p. 1147-1151 (2006).

83. Effective Photon Exchange Correlations in Ferroelectrics, Modern Physics Letters B, Vol. 20, p. 3247-3255 (2006).

84. Similarity Between Colossal Magnetoresistive Manganites And CeCoIn5 Superconductor,Modern Physics Letters B, Vol. 20, p. 3547-3554 (2006).

85. Enhanced Light Emission from One-layered Organic Light-emitting Devices Doped with Organic Salt by Simultaneous Thermal and Electrical Annealing, Applied Physics Letters, Vol. 89, p. 103507 (2006).

86. Highly efficient green phosphorescent single-layered organic light-emitting devices, Applied Physics Letters, Vol. 89, No. 21, p. 213511-3 (2006).

87. Double interlayers for highly efficient organic light-emitting devices, Appl. Phys. Lett. 90, 153508 (2007).

88. The Connection Between Integer Quantum Hall Effect and Fractional Quantum Hall Effect, Modern Physics Letters B, Vol. 21, Nos. 2&3, p. 109-113 (2007).

89. Metallic ferromagnetism driven by phonon-enhanced spin fluctuations, Modern Physics Letters B, Vol. 21, p. 857-869 (2007).

90. Electron drift velocity diagnostics in fine tube external electrode fluorescent lamps, J. Phys. D: Appl. Phys., Vol. 40, p. 3945-3950 (2007).

91. Magneto resistance In Double-Perovskite Structure For Sr2FeMoO6, Modern Physics Letters B, Vol. 21, No. 24, p. 1593-1598 (2007).

92. Glass tube of high dielectric constant and low dielectric loss for external electrode fluorescent lamps, J. Appl. Phys, Vol. 102, No. 11, 113307-7 (2007).

93. Plasma density, electron temperature, excited Xenon density and ion-induced secondary electron emission coefficient for the vacuum ultraviolet luminous efficiency in an AC-PDP, J. Kor. Phys. Soc. Vol. 51, no. 3, p. 951-955 (2007).

94. Organic light emitting diode (OLED) in charge density wave (CDW) picture, Asian J. Phys. Vol. 16. No. 4, p. 415-422 (2007).

95. Electron plasma wave propagation in external-electrode fluorescent lamps, Applied Physics Letters, Vol. 91, No. 2, p. 21501 (2008).

96. Excited Xenon density and ion-induced secondary electron emission coefficient for VUV luminous efficiency in AC-PDP, Thin Solid Films, 516, 3601-3604 (2008).

97. One-dimensional birefringent photonic crystal laser, J. Appl. Phys., Vol. 103, No. 3, p. 33103 (2008).

98. Spatiotemporal Behavior of Excited Xenon-Atom Density in Accordance With Xenon Mole Fraction to Neon in Alternating-Current Plasma Display Panels by Laser-Absorption Spectroscopy, IEEE Trans. Plasma Sci., Vol. 36, No. 3, p. 816-820 (2008).

99. Electrically Controllable Omni-directional Laser Emission from a Helical-Polymer Vetwork Composite Film, Advanced Materials, Vol. 21, p. 771-775 (2008).

100. Transportation of pinned charge density waves, Solid state communications, Vol. 149, p. 142–145 (2008).
101. Influence of Closed Barrier Ribs on the Density of Excited Xe Atom and its Spatiotemporal Behavior in an Alternating Current Plasma Display Panel, J. Kor. Phys. Soc., Vol. 53, No. 5, p. 2431–2437 (2008).
102. Influence of Insulator Length on the Downstream Electron Temperature and Density in the Coaxial Plasma Focus Device, IEEE Trans. Plasma Sci., Vol. 37, No. 1, p. 184–189 (2009).
103. Secondary electron emission from MgO protective layer by Auger neutralization of ions, Applied Physics Letters, Vol. 94, No. 3, p. 31501 (2009).
104. Finite block spin phenomenology of spin glass, Solid State Communications, Vol. 149, p. 827–829 (2009).
105. Anomalous spin density wave superconductivity in cuprate high–Tc superconductors, Modern Physics Letters B, Vol. 23, No. 12, p. 1533–1538 (2009).
106. Plasma Diffusion Along a Fine Tube Positive Column, IEEE Trans. Plasma Sci., Vol. 37, No. 3 (2009).
107. Electron collision ionized plasma waves in the positive column of a fine discharge tube, J. Phys. D: Appl. Phys42, 202001 (2009).
108. Correlation between the secondary electron emission coefficient of MgO in AC–PDP, Mol. Cryst. Liq. Cryst. Vol. 524, p. 180 (2009).
109. Non–isothermal plasma equations for a fine tube positive column discharge, J. Kor. Phys. Soc. , Vol. 55, No. 4, p. L1323–1326 (2009).
110. A low–temperature driving scheme of EEFLs inverter for LCD–TV backlights, IEEE Trans. on Consumer Electronics, Vol. 55, No. 2, p. 699–706 (2009).
111. Improvement of luminance and luminous efficiency using new electrode structures in AC plasma display, IEEE Trans. Plasma Sci., Vol. 37, No. 5, p. 674–677 (2009).
112. Propagation of a light–emitting wave–front in a fine tube positive column, Jpn. J. Appl. Phys. Vol. 49, No.2 (2009).

▶ SCI–journal 총 논문 수 : 112 편

글쓴이 **조광섭 교수**(1954. 03)

- 대구경북중학교 (54회)
- 광주제일고등학교 (49회)
- 서울대 학사
- KAIST 석박사 (플라즈마 물리)
- (2010 현재) 광운대 전자물리학과 교수
- 1992, 미국 MIT 전자연구실
- 2004, 미국 UC Berkeley 객원교수

- **저 서** : '대학과 교수 사회 이대로는 안 된다' 1994. 03
- **연구분야** : 방전 플라즈마 관련 연구 등, SCI 논문 112편 게재 PDP, LCD, OLED, 디스플레이 기술 연구
- **연 락 처** : 광운대학교 전자물리학과, 노원구 월계동 447-1
- **전 화** : 02-940-5233
- **홈페이지** : gscho@kw.ac.kr

대학과 교육 어디로 갈 것인가

2010년 02월 10일 1판 1쇄 인쇄
2010년 02월 22일 1판 1쇄 발행

저 자 조광섭
발행인 연규산
발행처 청범출판사
등 록 1991년 8월 13일 No. 5-282
주 소 서울시 노원구 공릉1동 598-7
전 화 02-971-5385
팩 스 02-977-8967
I S B N 978-89-88247-61-7
가 격 13,000원